주말에
어디가
?

자동차로 떠나는 대한민국 금토일 코스여행

글·사진 이주영

• PROLOGUE •

우연한 기회에 여행에 대한 글을 쓰기 시작했습니다. 그로 인해
여행의 횟수는 늘었지만 즐거움과 설렘은 줄어들었습니다.
여행을 계획하며 느끼는 설렘보다 부담이 커져갈 무렵,
지친 일상에 여행이 얼마나 큰 위안이 되는지 알았습니다.

이 책의 원고를 마무리하던 즈음, 몇 장의 사진을 찍기 위해 부산을 찾았습니다.
긴장을 내려놓고 나도 일 말고 여행이라는 걸 해보자 마음먹고 '일정 따위!'라는 생각으로
차표 한 장과 카메라를 들고 KTX를 타고 부산으로 향했습니다.
부산역에 덩그러니 도착한 저는 속된 말로 멘붕. 이미 여러 번 다녀간 부산인데도
일정도 코스도 없으니 한참을 멍하니 앉아 있게 되더군요.

완벽한 여행코스니 이 책만 따라 여행하라는 말은 하지 않겠습니다.
제게 편치만은 않았던 숙소가 누군가에겐 포근할 수 있고 제 입맛에 맞지 않는 음식이
누군가에겐 꿀맛일 수도 있으니까요.
제겐 무미건조한 장소가 누군가에게 애틋한 추억이 담길 수도 있고
전 그냥 스치듯 지나온 장소에 누군가는 오래 머무르고 싶을 수도 있으니까요.

지루하고 힘든 매일도 달리 생각하면 감사한 하루입니다.
1년에 한두 번 금쪽같은 시간을 만들어 여행을 계획하는 분들께 조금 더 큰 선물을
준비해드리고 싶었습니다. 처음 여행하거나 아직은 우리나라에 낯선 곳이 많은 분들이
이 책으로 조금 쉽게, 가볍게 여행을 계획하셨으면 합니다.

전쟁 같은 하루를 보내고 맞이하는 휴식의 달달함.
빠듯한 일상에서 때때로 즐기는 여행은 선물일 겁니다.
검사받아야 할 숙제를 하듯이 여행하지 마세요.
내 마음의 템포에 따라 때론 달려가고 때론 멈추기도 해야
그게 여행 아니겠어요?!

2013년 가을 여행가기 좋은 날에 이주영

• CONTENTS •

PROLOGUE • 004
당부의 말 • 008
일러두기 • 010

PART 1 　　　　강원도
　　　　　　　　　경기도

가까이, 때로는 멀리

속초·양양　　파도, 거칠거나 혹은 부드럽거나 • 015
강릉·동해　　바다 그리고 커피 한잔의 여유 • 029
태백·삼척　　백두대간을 넘나들며 산 찍고 바다 찍고 • 045
정선·평창　　찍고 보고 맛보고 즐기고 산골 여행 • 061
가평·춘천　　알콩달콩 추억 담기 • 075
양평·횡성　　마음 치유 • 087
화성·안산·덕적도　멀리 가야만 여행이 아니다 • 101

PART 2 　　　　인천광역시
　　　　　　　　　충청도

마음에 찍는 쉼표

인천·강화　　무미건조한 일상에 돌을 던지자! • 115
서산·태안　　마음의 빗장을 열다 • 127
아산·예산　　공기도 맛있다 • 139
단양·영주　　고고한 바람과 다정하게 안녕! • 153

PART 3 　　　　경상도
　　　　　　　　　부산광역시

시간을 담는 여행

영덕·울진　　시리도록 아름다운 쪽빛 • 167
문경·예천·안동　마음도 슬렁슬렁 • 181
봉화·청송　　짙은 숲, 맑은 물 • 195
울릉도　　시간이 그린 풍경화 • 211
경주　　지천이 보물, 노천 박물관 • 225
합천·창녕　　유유자적 시간 여행 • 243

부산	싱싱, 생생 · 257	
통영·거제	안구 정화, 마음 정화 · 271	
사천·남해	도란도란 다도해 · 283	

PART 4 전라도
오감만족!

구례·하동	마음을 데우는 햇살 · 299
전주·완주	여유 그리고 사색 · 313
서천·군산	바람이 마음에 스친다 · 327
부안·고창	세월이 만든 풍경 · 339
보성·담양	공기, 그 청량함에 대하여 · 357
목포·진도	역사, 때론 낭만 · 369
해남·보길도	끝 그리고 시작 · 385
여수·순천	싱싱한 자연 · 399

PART 5 제주도
단언컨데

제주	이보다 더 좋을 순 없다 · 415
제주 걷기	걸음걸음 머리 비움 · 430

부록
저자가 꼽은 테마별 BEST 여행지

마음에 위안을 주는 여행지 BEST8 · 440
숨겨두고 싶은 보물같은 여행지 BEST8 · 442
일상에 활력을 주는 비타민 여행지 BEST8 · 444
힐링이 필요한 당신을 위한 여행지 BEST8 · 446
함께 즐기는 추억을 주는 여행지 BEST8 · 448
맛을 찾아 떠나는 식도락 여행 코스 BEST8 · 450

• 당부의 말 •

① 조금만 부지런을 떨어보세요

서울 출발의 경우 지방으로 빠져나가는 고속도로가 붐비기 시작하는 시간은 오전 7시경이다. 차 막힘은 여행의 모든 일정을 좌지우지한다. 특히 주말을 포함해 가는 여행이라면 이른 출발은 필수! 어렵게 시간을 낸 금쪽같은 여행에서 차 막힘은 스멀스멀 올라오는 짜증을 동반하며 급기야는 일행과의 다툼을 일으키기도 한다. 중간에 쉬어가더라도 조금 일찍 출발하자.

② 인터넷의 정보를 맹신하지 마세요

IT 강국 우리나라에 블로그와 카메라 열풍이 더해지면서 기하급수적으로 늘어난 것은 다름 아닌 맛집과 숙박, 여행지의 후기들이다. 여행을 떠나기 전 정보 수집을 위해 검색은 필수라지만 다른 사람이 써놓은 후기를 100% 맹신하진 말자. 나는 정말 재밌었던 영화가 다른 사람에게 별로일 때가 있지 않은가. 맛있음, 즐거움, 편안함의 만족도는 각자 그날의 컨디션과 상황, 함께하는 사람들의 분위기에 따라 천차만별이다.

> **TIP.** 불교 신자일 경우 신도증을 지참하면 무료 입장이 가능한 사찰이 있고 지역 주민일 경우 신분증을 가져가면 입장료가 할인되는 명승지도 있다. 숙박시설이 있는 안동 하회마을이나 영주 선비촌 등은 숙박을 하면 입장료를 받지 않는다.

③ 시간을 효과적으로 사용하세요

세상의 모든 시계보다 정확한 건 배꼽시계. 여행지라고 다르겠는가. 식사 시간에 딱 맞춘 음식점은 직장인들이 잔뜩 몰리는 사무실 밀집지역 식당보다 더 어수선하다. 가족끼리 친구끼리 혹은 단체 여행객들로 꽉 찬 음식점에서의 식사는 밥이 코로 들어가는지 입으로 들어가는지 모를 정도로 소란스럽다. 사람이 몰리는 시간을 피해보자. 조금 더 나은 서비스와 음식을 즐길 수 있을 것이다.

④ 숙제하듯 여행하지 마세요

'어떻게 온 여행인데 다 보고 가야지! 책에서 소개한 코스대로 다 다녀봐야겠어~!' 공감한다. 어떻게 시간을 내서 온 여행인데 하나라도 놓치고 가긴 아까운 건 당연지사. 그러나 모두 다 가질 수는 없다. 적당히 취하고 적당히 포기하자. 피곤해 죽겠는데 다 들러보겠다고 꾸역꾸역 움직여봤자 나중에 남는 건 짜증스러웠던 여행의 기억뿐이다. 한 곳을 여행하더라도 즐거웠던 기억이 좋지 않겠는가. 여행은 또 오면 된다. 아쉬움이 남은 여행이 더 맛있다.

⑤ 아는 만큼 보여요

명승지의 간판 앞에서 기념 인증샷만 찍고 돌아올 생각이 아니라면 공부하고 여행 가자. 여행을 다녀와서 "그거 봤어?"라고 물으면 "그런 게 거기에 있었어?"라고 되묻는 경우가 많다. 그래도 즐거웠다면 보물, 국보쯤은 못 보고 와도 좋다. 여행을 계획할 때 각 지역 문화관광과 홈페이지에서 관광지도와 안내서를 받아볼 수 있고 조금만 손가락 품을 팔면 명승지를 알뜰하게 이용하는 방법도 있다. 요즘은 다들 스마트폰이 있으니 틈틈이 알뜰하게 정보를 찾아보자.

> • 일러두기 •

이 책은 내비게이션에 해당 스폿의 주소를 찍고 떠나는 자동차 여행자를 위한 코스북입니다. 각 스폿별 주소가 상세히 나와 있으니 참고하시길 바랍니다. 각 코스는 스폿별 운영 시간, 도로 이동의 편리성 등을 고려하여 짜여진 동선이니 코스대로 여행하면 매우 효율적입니다.

이 책에 실린 정보는 2013년 8월까지 수집한 정보를 바탕으로 하고 있습니다. 따라서 볼거리·식당·숙소 등의 요금과 운영 시간, 정보 등이 바뀔 수 있습니다. 저자가 발 빠르게 움직여 정보를 수집해 반영하지만 미처 수정하지 못한 정보가 있을 수 있으니 혹여 여행 중 불편이 있더라도 양해 부탁드립니다. 새로운 정보나 변경된 정보가 있다면 아래로 연락주시기 바랍니다.

저자 이메일 cles7948@naver.com | 편집부 전화 02-3015-4524

1. 2박 3일 코스 완벽 가이드

주말을 이용해 국내 여행을 계획하는 여행자들을 위해 완벽한 2박 3일 여행 루트를 제시한다. 저자가 직접 발품을 팔아 짠 2박 3일 코스에는 꼭 가봐야 할 최고의 명소와 맛집, 유용한 여행 정보가 담겨 있다. 어디를 갈까 고민할 필요 없이 짜여진 코스대로 다니기만 하면 최고의 여행을 경험할 수 있을 것이다.

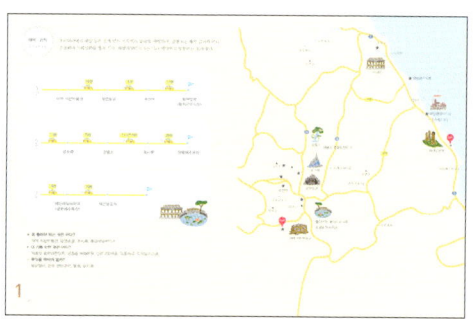

2. 저자가 꼽은 베스트 여행지 추천

좀 더 여유롭고 느린 여행을 원한다면 저자가 꼽은 베스트 여행지를 살펴보자. '느리게 걷는 여행지 BEST', '활력을 주는 여행지 BEST' 등 테마별로 여행지가 정리되어 있어 원하는 주제의 여행지를 골라 갈 수 있다. 한 곳만 가도 좋은 여행지들을 모아두었으니 그곳에서 여유롭고 알찬 시간을 보내보자.

3. 간략 정보로 원하는 여행지 쉽게 찾기

각 여행 코스(지역)를 소개하는 도입부에는 여행 테마, 여행하기 좋은 시기, 서울에서 여행지까지의 소요 시간, 가는 방법을 알려주는 핵심 아이콘이 있다. 이 아이콘 속 내용을 살펴보고 원하는 테마와 시기, 소요 시간을 참고해 나에게 맞는 여행지를 손쉽게 선택해 보자.

4. 한눈에 보는 대한민국 여행지 지도

부록으로 수록된 대한민국 여행지 지도를 참고하면, 국내 여행지 정보를 한눈에 파악할 수 있다. 지도에서 원하는 장소를 고르고 표기된 페이지를 참고하면 바로 해당 여행지의 볼거리·먹거리·숙소 등의 정보를 살펴볼 수 있다.

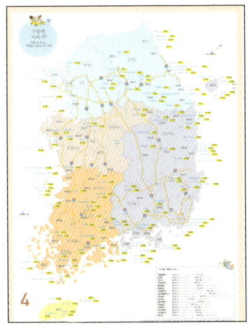

5. 지역별 볼거리·쇼핑·식당·숙소

지역별 세부 볼거리, 소문난 맛집, 편안한 숙소 등 여행자의 시선에 맞춘 다양한 스폿들을 소개한다. 저자가 코스에서 소개하는 것 외에 추가 정보도 제공하니 마음에 드는 식당이나 숙소를 방문해보자.

6. 각 스폿별 테마 소개

이 책에서 소개하는 각 스폿에는 각 스폿의 테마를 나타내는 아이콘이 표시되어 있다. 테마를 잘 살펴보고, 본인에게 맞는 여행지를 선택해 보자.

PART
1

가까이, 때로는 멀리

강원도 · 경기도

속초·양양

부산스럽지 않은 한적한 바다를 원한다면 속초와 양양으로 떠나보자. 동명항과 남애항에서 거칠면서도 부드러운 동해 바다를 바라보면 마음까지 시원해진다. 갓 요리한 생선구이를 먹고 바닷가 마을의 시장을 어슬렁거리는 재미도 좋다. 소박한 삶이 녹아든 아바이마을 골목길 산책은 마음의 속도마저 늦춰준다.

여행테마	**바다**
좋은시기	**9~10월**
서울에서 이동시간	**3시간**
가는 방법	서울춘천고속도로→동홍천IC교차로에서 '속초, 인제' 방면→설악로를 따라 이동→한계교차로에서 '간성, 속초' 방면으로 좌회전→미시령로를 따라 이동→수복탑삼거리에서 '고성, 영금정, 동명항' 방면으로 좌회전

속초 · 양양 Course

오래 걷거나 힘든 스폿이 없는 여유로운 코스이다. 중앙시장에 들러 속초의 먹거리를 탐닉해보기도 하고 어촌 마을을 거닐며 여행의 여유를 만끽하자.

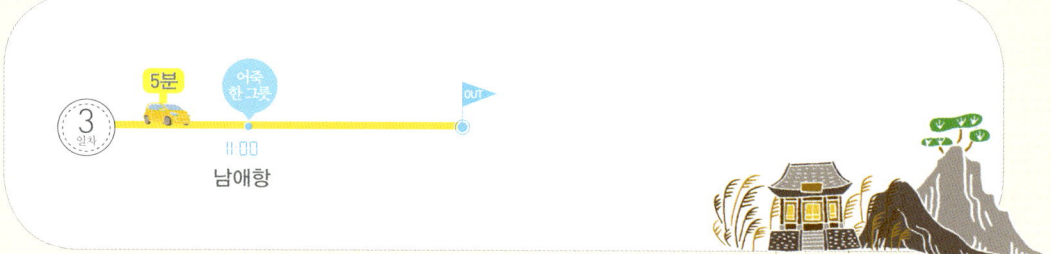

- ★ 꼭 들러야 하는 곳은 어디?
  동명항(영금정), 중앙시장, 아바이마을, 낙산사, 하조대
- 더 가볼 만한 곳은 어디?
  대포항, 권금성, 어성전계곡, 오색온천
- ☆ 무엇을 먹어야 할까?
  닭강정, 도루묵, 생선구이, 오징어순대, 감자옹심이, 양미리, 양양송이연어, 섭(홍합)죽

꼭 가야 할
볼거리
BEST9

정자를 받치는 너럭바위와 그 바위가 이어져 육지에서 솟은 바위산이 영금정이다.

동명항(영금정)

동명항은 '동해의 해가 밝아오는 항구'라는 이름의 뜻대로 일출이 유명하다. 항구 주위로 일출을 볼 수 있는 영금정과 영금정 해돋이정자, 속초등대전망대 등이 있다.

동명항을 찾는 사람들은 대부분 영금정을 찾아오는데, 사람들이 마주하는 암반 위 구름다리 끝에 세워진 정자는 실제 영금정이 아니다(영금정이란 현판이 있긴 하지만). 바다 밑에 뿌리를 두고 정자를 받치는 너럭바위와 그 바위가 이어져 육지에서 솟은 바위산이 영금정이다. 암벽 사이로 들려오는 파도 소리가 거문고 소리처럼 신비하다 해서 붙은 이름으로 우리나라 어느 바다에서 듣는 파도 소리보다 무겁고 우렁차다.

주소 강원도 속초시 동명동 1-148
전화 033-633-3171
홈페이지 www.dmport.co.kr

테디베어팜

테디베어팜은 의상디자이너인 박보배 관장이 설악의 상징인 반달가슴곰이 잊혀지는 것이 아쉬워 설립했다고 한다.

테디베어팜의 전시관은 3곳으로 나뉘어 있는데, 곳곳에서 세계적인 디자이너들의 작품을 보는 재미가 쏠쏠하다. 특히 청호동 아바이마을을 이어주는 갯배, 오징어 배에서 하역 작업을 하는 테디베어 등 속초를 배경으로 꾸며진 테디베어를 볼 수 있어 즐겁다. 테디베어팜 갤러리 입구의 테디 정원에서는 풀 향기가 싱그러운 정원에서 소풍을 즐기는 테디베어를 만날 수 있다.

주소 강원도 속초시 노학동 1073-66
전화 033-636-3680
운영 09:30~18:00
요금 성인 5,000원, 어린이 3,000원
홈페이지 www.teddyfarm.net

 중앙시장(속초 관광수산시장)

 중앙시장이라는 이름으로 더 익숙한 속초 관광수산시장이 속초의 명물 관광 코스로 자리매김하고 있다. 최대의 관광수산시장이기 때문이기도 하지만 속초의 다양한 먹거리를 맛보려면 이곳을 그냥 지나칠 수는 없다. 순대와 닭강정, 씨앗호떡에 이르기까지 없는 먹거리가 없고 강원도에서만 볼 수 있는 생선이 지천이다. 특히 시장 내 닭강정 골목은 평일에도 줄을 서야 할 만큼 폭발적인 인기를 끌고 있다. 오감을 자극하는 볼거리와 먹거리를 구경하는 재미에 푹 빠져 시간 가는 줄 모른다. 속초 관광수산시장은 '여행하기 좋은 전통시장'에 선정되기도 했다. 주변 관광지인 아바이마을까지 도보로 10분이면 갈 수 있어 좋다.

주소 강원도 속초시 중앙동 471-4
전화 033-633-3501
홈페이지 www.sokchomarket.com

아바이마을

 청호대교 북단 해안 쪽에 실향민촌으로 유명한 아바이마을이 있다. 1953년 휴전선이 그어져 전쟁이 끝나면 고향으로 돌아가려던 이북 피란민들이 청초호 해안 쪽 모래톱에 움집을 짓고 살았다. 청초호는 바닷물이 내륙으로 들어왔다가 사취나 사주에 의해 바다와 분리돼 만들어진 석호潟湖다. 석호는 바다와 완전히 격리된 곳도 있지만 어느 정도 연결되어 있는 경우가 많으며, 해일이나 강한 파도로 인해 바닷물이 유입되는 이른바 '갯터짐' 현상 등을 통해 해수와 담수가 끊임없이 교류하면서 깨끗함을 유지한다.

적막했던 마을은 드라마〈가을동화〉의 촬영지로 소개되며 관광 명소가 되었고 관광객들은 아바이마을의 명물인 갯배를 이용해 마을을 방문한다. 실향민들이 고향에서 먹던 순대를 대신해 속초에서 흔한 오징어로 만들었다는 아바이순대가 별미로 꼽힌다.

주소 강원도 속초시 청호동 아바이마을 1076
전화 017-384-5008
운영 04:30~23:00
요금 갯배 편도 200원
홈페이지 www.abai.co.kr

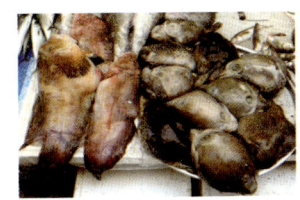

중앙시장의 명물 닭강정.

속초 관광수산시장.

영치기 영차!

〈가을동화〉 촬영지와 아바이순대로 유명한 아바이마을.

BEST 5 낙산사

1,300년 전 의상대사가 관세음보살의 진신사리를 모셔 만들었다는 낙산사는 관동8경 중 하나이다.

2005년 양양 지역을 휩쓴 대화재로 사찰 경내의 모든 목조건물과 500년 역사의 낙산사 동종이 녹아내리기도 했다. 화재로 인해 소나무 숲에 싸여 있던 옛 건물은 사라졌지만 검게 탄 그루터기만 남은 자리에 새로이 싹이 트고 건물이 차례로 복원되어 예전의 모습을 찾아가고 있다. 거친 화마에도 자리를 지킨 높이 16m의 해수관음상은 동해 일출과 멋지게 어울려 아름다움을 자랑한다.

바닷길 따라 절벽 위로 우리나라 3대 관음도량인 홍련암이 있는데, 의상대사가 동굴에서 관세음보살을 친견하고 바다에서 솟아오르는 붉은 연꽃을 담았다는 전설이 전해진다. 암자의 바닥에 구멍이 뚫려 있어 낭떠러지 아래 바다를 볼 수 있다.

TIP 낙산사는 사람들의 진심어린 소망과 기원을 받아준다는 관세음보살의 신통함으로 명성이 높으니 소원을 빌어보자.

주소　강원도 양양군 강현면 낙산사로 100
전화　033-672-2447
요금　성인 3,000원, 어린이 1,000원
홈페이지　www.naksansa.or.kr

오산리 선사유적박물관

오산리 선사유적지는 우리나라에서 가장 이른 시기의 신석기시대 유적으로 추정되는 곳으로 역사 교과서에서 한 번쯤은 봤을 것이다. 박물관은 1977년 농지를 조성하기 위해 동해안의 쌍호를 매립하는 과정에서 발견된 선사시대 유물과 유적들을 소개하고 전시하기 위해 건립했다. 내부는 신석기인의 생활 모습을 담은 전시실, 강원 영동지역의 선사 문화를 소개한 전시실로 이루어져 있다. 전시실에는 각종 어로 기구와 돌칼, 돌화살, 돌도끼, 토기와 영동 지역의 선사시대 유적지에서 발굴된 유물이 전시되고 있다. 전시된 유물의 종류와 수는 많지 않지만 신석기시대의 생활상을 다양한 모양으로 사실감 있게 만들어 놓아 흥미롭다. 야외에는 신석기시대 문화를 체험할 수 있는 야외 체험장과 선사유적 탐방로, 움집 등이 있다

> **TIP** 오산해변에서 5분만 걸으면 양양오토캠핑장(www.camping.kr)에 갈 수 있다. 대여 텐트도 다수 마련되어 있어 캠핑 장비가 없어도 이용할 수 있다.

주소 　강원도 양양군 손양면 오산리 51
전화 　033-671-2000
운영 　09:00~18:00(입장 마감 17:30)
요금 　성인 1,000원, 어린이 500원

BEST 7 하조대

조선의 개국공신 '하륜'과 '조준'이 잠시 머물렀던 곳이라 하여 두 사람의 성을 따서 '하조대'라 불린다. 절벽 위에는 1998년 복원한 정자각이 있고, 하조대라는 현판이 걸려 있다. 정자각 앞에는 '하조대'라 암각된 바위가 있는데, 조선 숙종 때 참판 벼슬을 지낸 이세근이 쓴 것이라고 한다. 측면 기암절벽에는 백년송이라 불리는 노송이 기암절벽을 움켜쥔 듯한 모양새로 우뚝 솟아 있다.

정자각에서 내려와 왼쪽으로 가면 하조대 등대를 만난다. 하조대 등대 앞에서 바라보는 에메랄드빛 바다와 어우러진 기암절벽의 풍경이 장관이다. 하조대 백년송은 애국가에 나오는 소나무로 더 유명하며 신년 일출 명소로도 잘 알려져 있다.

하조대 인근에 있는 하조대해수욕장은 낙산해수욕장과 함께 양양의 대표적인 해수욕장이다. 수심이 낮고 경사가 완만하여 아이들을 동반한 가족 여행지로 적당하다.

주소   강원도 양양군 현북면 하광정리
전화   033-670-2516
홈페이지   www.hajodae.org

BEST 8 휴휴암

죽도암에서 7번 국도를 따라 남쪽 방향으로 1km 거리에 '쉬고 또 쉰다'는 뜻의 휴휴암이 있다. 휴휴암은 묘적전이라는 법당으로 창건되었는데, 1999년 바닷가에서 누운 부처님 형상을 한 바위가 발견되면서 불자들 사이에 알려졌다. 100평 남짓한 '연화법당'에서 왼쪽 해변을 바라보면 200m 앞으로 해수관음상이 감로수병을 들고 연꽃 위에 누워 있고, 그 앞에 거북이 형상을 한 넓은 바위가 펼쳐져 있어 마치 거북이가 부처를 향해 절을 하고 있는 듯하다. 휴휴암은 동해안의 여느 사찰들에 비해 덜 알려져 있어 한적하고 여유롭다.

연화법당에서 너른 바다를 바라보고 있노라면 파도가 일상에 지친 마음을 내려놓고 쉬고 또 쉬어가라고 말하는 것만 같다.

주소   강원도 양양군 현남면 광진리 1번지
전화   033-671-0093
홈페이지   www.huhuam.org

'하조대'라는 현판이 걸린 정자각.

휴휴암은 동해안의 여느 사찰들에 비해 덜 알려져 한적하고 여유롭다.

누운 부처님 형상을 한 바위가 있다.

남애항

남애항은 동해안의 3대 미항 중 하나로 영화 〈고래사냥〉의 촬영지이기도 하다. 남애리라는 지명은 근처 매화나무 군락에서 바람이 불 때마다 이 마을로 꽃잎이 날아들어, 매화가 떨어지는 마을이라는 뜻의 낙매落梅에서 유래되었다고 한다. 야트막한 산으로 둘러싸인 작은 어촌 마을과 방파제, 소박한 등대가 한 폭의 그림 같다. 남애항 양쪽에 마주 보고 있는 빨간색과 하얀색 등대는 남애항의 운치를 한껏 더해주어 소박한 바다 풍경이 그리운 날 찾으면 좋다.

특히 맛이 뛰어난 문어가 많이 잡히기로 유명해 2012년에는 문어축제가 열리기도 했다. 남애항 인근의 남애해수욕장은 동해안의 다른 해수욕장들에 비해 수심이 완만해 어린아이가 있는 가족들이 많이 찾는다.

주소   강원도 양양군 현남면 남애리
전화   033-670-2411

여행정보 / Travel info

알아두면 좋아요!

중앙시장의 명물로 알려진 닭강정은 평일에도 줄을 서야 할 정도로 인기가 많다. 현장에서 택배로 주문하면 다음날 바로 배송되니 여행 중에 기다리는 시간을 절약하려면 택배 주문을 이용해도 좋다.

속초 시티투어는 전체적으로 A와 B의 2개 코스가 있고 각각 문화유산코스, 자연생태코스, 도심순환 코스로 이루어져 있다. 전화로 예약이 가능하며 요금은 현장에서 지불하면 된다. 승차권은 일일권으로, 발급일에는 모든 노선과 정류장에서 탑승이 가능하다.

홈페이지 www.sokchocitytour.com
예약 033-631-0331
요금 성인 7,000원, 청소년 5,000원

무얼 먹을까?

감나무집 감자옹심이   감자옹심이
강원도 속초시 중앙동 472-23, 033-633-2306
진양횟집   오징어순대
강원도 속초시 중앙동 478-35, 033-635-9999
대선횟집   활어회
강원도 속초시 동명동 1-194, 033-635-3564
옥미식당   곰치국
강원도 속초시 중앙동 468-19, 033-635-8052
대포횟집   어죽
강원도 양양군 현남면 남애리 2-53,
033-671-0244

어디서 묵을까?

해맞이모텔
강원도 속초시 동명동 1-14, 033-637-0009,
www.haemajimotel.co.kr
리츠모텔
강원도 속초시 동명동 2, 033-638-8233,
ritzmotel.co.kr
초원리조텔
강원도 속초시 청봉로5길 19, 033-636-7169
올리브비치
강원도 양양군 현북면 하광정리 596-2,
033-672-0088, www.olivebeach.com
굿스테이낙산
강원도 양양군 강현면 낙산사로 42,
033-671-4181
어메이징모텔
강원도 양양군 현남면 인구길 28-21,
033-671-8070

축제도 함께 즐겨요!

1월 1일   속초 해맞이축제
10월   양양 송이축제, 양양 연어축제,
         양양 설악문화제
11월   속초 양미리축제

바다 하면 제일 먼저 떠오르는 여행지를 꼽으라면 강릉, 동해 바다를 따라올 곳이 있을까. 바람이 실어다주는 비릿한 바다 냄새와 일 년 내내 활기를 띠는 어시장, 파도 소리가 들리는 솔숲에서의 하룻밤, 바다가 한눈에 들어오는 전망 좋은 카페에서 커피 한잔의 여유까지 만끽할 수 있는 코스다.

강릉·동해

여행테마	**바다**
좋은시기	**5~6월**
서울에서 이동시간	**3시간20분**
가는 방법	동해고속도로 강릉분기점 이후 경강로를 따라 이동→옥천오거리에서 '강릉역' 방면→옥가로→강릉역오거리에서 '강릉역' 방면

강릉 · 동해 Course

7번 국도를 따라 여행하기보다 조금 느리더라도 바다를 접하며 여행할 수 있는 옛길로 다니는 것을 추천한다. 캠핑이 가능한 곳이 많으니 가능하다면 장비를 챙겨 가자.

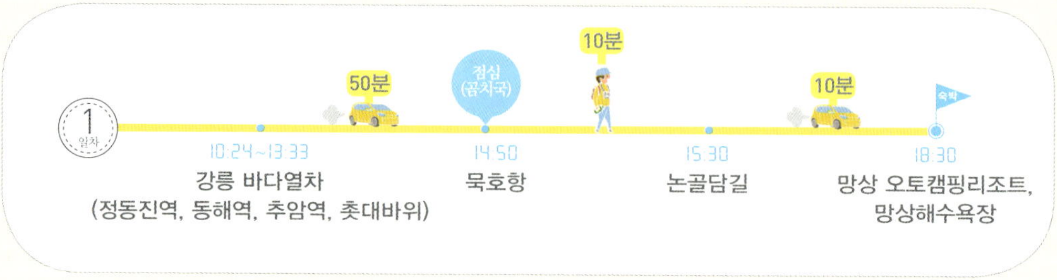

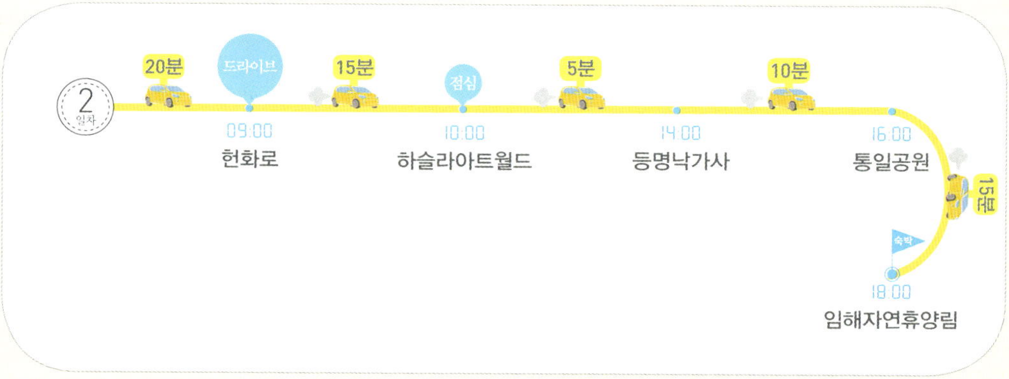

1일차
- 10:24~13:33 강릉 바다열차 (정동진역, 동해역, 추암역, 촛대바위)
- 50분 이동
- 14:50 묵호항 (점심 곰치국)
- 10분
- 15:30 논골담길
- 18:30 망상 오토캠핑리조트, 망상해수욕장 (숙박)

2일차
- 09:00 헌화로 (드라이브)
- 20분
- 10:00 하슬라아트월드
- 15분
- 14:00 등명낙가사 (점심)
- 5분
- 16:00 통일공원
- 10분
- 18:00 임해자연휴양림 (숙박) 15분

3일차
- 09:30 참소리축음기박물관, 에디슨과학박물관
- 30분
- 12:00 초당순두부마을, 허균·허난설헌생가 (점심)
- 8분
- 14:30 안목해변 (바다 보며 커피 한잔)
- 10분
- OUT

★ **꼭 들러야 하는 곳은 어디?**
추암해변(촛대바위), 정동진역, 하슬라아트월드, 허균·허난설헌생가(초당관, 경포대)

● **더 가볼 만한 곳은 어디?**
오죽헌, 선교장, 대관령박물관, 무릉계곡, 천곡천연동굴

☆ **무엇을 먹어야 할까?**
초당순두부, 망치탕, 곰치국, 활어회, 커피, 짬뽕, 감자옹심이

꼭 가야 할 볼거리
BEST11

바닷물이 먹물처럼 검다고 해서 '묵호'라는 이름이 붙은 항구.

논골담길에는 담장마다 고운 벽화가 그려져 있다.

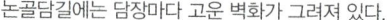

BEST 1 강릉 바다열차

강릉에서 출발해 동해를 거쳐 삼척까지 아름다운 해안선 58km를 달리는 바다열차는 모든 좌석이 바다를 향하며 통유리창으로 되어 있다. 3량으로 이루어진 바다열차는 좌석도 다양한데 친구들끼리 이용하기 좋은 개별 좌석으로 이루어진 1호차, 연인석인 2호차, 단체석인 3호차 그리고 프로포즈실까지 있다. 기차가 운행하는동안 관광지에 대한 설명이 곁들여지고 사연과 음악을 신청하면 틀어주는 DJ도 있어 여행의 흥을 더한다.

강릉역에서 삼척역까지 왕복하는 것도 좋지만 추암역을 지난 후부터는 바다가 보이지 않는다. 추암역에서 내려 추암해수욕장과 촛대바위를 여행하고 바다열차가 돌아오는 시간에 맞춰 다시 타고 강릉역으로 돌아오는 것도 좋다.

TIP 바다열차 코스는 강릉역→정동진역→묵호역→동해역→추암역→삼척해변역→삼척역이다.

주소 강원도 강릉시 교2동 118 강릉역
전화 강릉역 033-520-2525, 바다열차 033-573-5474
운영 강릉 출발(10:24, 14:10) 편도 1시간20분, 왕복 3시간
요금 1, 2호차 일반 15,000원, 3호차 일반 12,000원, 프로포즈실 50,000원
홈페이지 www.seatrain.co.kr

BEST 2 묵호항·논골담길

바닷물이 먹물처럼 검다고 해서 '묵호'라는 이름이 붙은 항구. 동해안 제1의 무역항이라는 명성을 간직하고 있다. 지금은 작은 항구로 쇠퇴했지만 묵호항의 아침은 여전히 활력이 넘친다. 수산센터에는 밤새 동해안에서 잡아 올린 싱싱한 수산물이 팔딱거리고 신선한 해산물을 사가려는 인파로 북적인다. 인근 식당에 자리를 잡고 싱싱한 해산물을 맛본 후 항구 뒤편 야트막한 언덕에 자리한 등대 오름길을 둘러보자. 몇 년 전 '논골담길 프로젝트'가 진행되어 담장마다 고운 벽화가 그려져 있다. 평생 바다를 터전 삼아 살아온 주민들의 삶이 고스란히 녹아 있는 낡은 담장의 모습이 애잔하기까지 하다.

주소 강원도 동해시 묵호진동

망상오토캠핑리조트 · 망상해수욕장

울창한 송림을 뒤로하고 끝도 없이 늘어선 해안선을 따라 은빛 모래가 펼쳐진 망상해변. 깨끗한 백사장과 맑고 얕은 수심이 특징인 이곳에 국내 최초의 자동차 전용 오토캠핑장이 있다. 캠핑장에서 채 3분도 걸리지 않는 거리에 펼쳐진 동해안 제일의 명사십리해수욕장과 솔숲 사이의 캐러밴, 통나무집이 어우러진 이국적인 풍경은 드라마의 배경으로 자주 등장할 정도로 멋스럽다. 2km에 달하는 모래사장 앞으로 넘실대는 옥빛 바다를 감상하고, 캠핑카에 누워 파도 소리를 들으며 잠들어 보자.

주소   강원도 동해시 망상동 393-39
전화   033-534-3110
홈페이지   www.campingkorea.or.kr

BEST 4 헌화로

헌화로는 강릉시 강동면 금진항에서 심곡항까지 이르는 환상적인 2km 해안도로다. 이곳 이름에 얽힌 이야기가 흥미롭다. 신라 성덕왕 때 순정공이 강릉태수로 부임하러 오던 중 바닷가에서 쉬게 되었다. 그의 아내인 수로부인이 길 옆 벼랑에 철쭉꽃이 피어 있는 것을 보고 꺾어 달라고 하자 아무도 나서지 않았다고 한다. 그때 소를 몰고 가던 한 노인이 꽃을 꺾어다 바치면서 노래를 불렀다고 하는데, 그 노래에서 연유한 이름이 '헌화로'다.

금방이라도 무너져 내릴 듯한 기암절벽과 구불구불한 해안도로 위로 술렁이는 바다가 마주한 길을 가다 보면 마치 바다 위를 달리는 것 같다.

주소　심곡항 강원도 강릉시 강동면 심곡리
　　　금진항 강원도 강릉시 옥계면 금진리

하슬라아트월드

등명해변이 한눈에 내려다보이는 곳에 천상의 예술품들이 모여 있다. 자연의 훼손을 최소화하기 위해 비탈면과 산의 높이를 그대로 이용하여 만들었다는 하슬라아트월드는 자연과 조각품이 하나로 어우러진 공간이다. 각각의 테마로 이루어진 조각공원과 체험학습장, 소통미술관, 아트숍, 갤러리 등과 전망대, 카페, 호텔이 다채롭게 이어져 있다. 하슬라는 '해와 밝음'이라는 뜻의 순우리말이자 강릉의 옛 이름이기도 하다.

하슬라아트월드의 최대 장점은 경관이다. 카페 앞 전망대에서 가만히 풍경을 보고만 있어도 마음에 위안을 받는다.

TIP 어둠이 내려앉기 시작하면 하슬라의 밤이 더욱 아름다워진다. 짙은 바다 위 오징어잡이 배의 조명이 별처럼 반짝인다.

주소　강원도 강릉시 강동면 정동진리 율곡로 1441
전화　033-644-9411~5
요금　성인 10,000원
홈페이지　www.haslla.kr

하슬라 소똥미술관.

빈혈에 좋아요!

BEST 6 등명낙가사

신라 선덕여왕 때 창건되어 당시에는 수다사水多寺라 하였다가 신라 말 전쟁으로 불에 탄 것을 고려 초에 중창하고 절 이름을 등명사燈明寺로 고쳤다. 〈신증동국여지승람〉에 따르면, 절의 위치가 강릉부 동쪽 30리에 있어 어두운 방 가운데 있는 등불과 같은 곳이라 하여 이름을 바꿨다고 한다. 또 이곳에서 공부하는 사람이 삼경三更에 등산하여 불을 밝히고 기도하면 빨리 급제한다고 해서 붙여졌다고도 한다. 고려 때에는 매우 큰 사찰이었을 것으로 추측되나 조선 중기에 폐사된 채로 오랫동안 남아 있다가, 1956년 경덕景德이 중창한 뒤 관세음보살이 늘 머무는 곳이라 해서 절 이름을 낙가사로 바꾸었다. 옛 이름 등명을 앞에 붙여 등명낙가사라고 부른다. 절 입구의 천연약수는 빈혈에 효과가 좋기로 유명하다.

주소　강원도 강릉시 강동면 정동진리 산7-3
전화　033-644-5337

BEST 7 통일공원

1950년 6월 25일 북한군이 최초로 남침하여 상륙한 곳이며, 1996년 9월 18일 북한 잠수정이 침투한 곳이다. 역사의 아픔을 안고 있는 이곳에 통일공원이 조성되어 있다. 2001년 개관한 공원은 통일안보전시관과 함정전시관으로 구성되어 있고 다양한 군사시설에서 육해공군의 장비를 직접 체험해볼 수 있다. 분단 한국의 슬픔을 느낌과 동시에 산과 바다가 절묘하게 조화를 이루는 곳에 자리해 아름다운 자연경관을 감상할 수 있다.

주소   강원도 강릉시 강동면 안인진리 산45-49
전화   통일안보전시관 033-640-4469
운영   09:00~18:00(동절기 17:00)
요금   성인 3,000원, 청소년 2,000원, 어린이 1,500원

BEST 8 임해자연휴양림

동해안의 아름다운 해안 절경이 한눈에 들어오고 뒤로는 괘방산이 병풍처럼 자리하고 있는 곳, 우리나라에서 유일하게 바다와 산을 함께 느낄 수 있는 임해자연휴양림이다. 사계절 언제나 휴양림 전망대에서 해돋이를 볼 수 있으며, 안인항에서 시작해 휴양림까지 이어진 13km의 안보등산로를 이용하면 통일공원 관람은 물론 삼림욕을 체험할 수 있다.

휴양림 내부의 숙박시설은 하늘동과 바다동으로 나뉘어 있으며, 바다를 조망할 수 있는 총 7실의 휴식 공간으로 이루어져 있다.

주소   강원도 강릉시 강동면 안인진리 산46-1
전화   033-644-9483
홈페이지 www.gnimhae.com

전망대

역사의 아픔을 안고 있는 강릉통일공원.

우리나라에서 유일하게 바다와 산을 함께 느낄 수 있는 임해자연휴양림.

임해자연휴양림에서 전망을 바라본다.

참소리축음기박물관·에디슨과학박물관

참소리축음기박물관은 1877년 에디슨이 발명한 최초의 축음기인 틴호일을 비롯하여 최근의 오디오시스템까지 오디오의 역사를 한눈에 볼 수 있는 국내 최초, 세계 유일의 축음기박물관이다. 손성목 관장이 14세 때 외삼촌댁에서 고장 난 축음기를 수리하면서부터 축음기에 관심을 갖기 시작했고, 세계 각지를 여행하면서 수집한 축음기를 모아 박물관을 설립했다.

전시품 가운데에는 에디슨이 발명한 모든 명기들과 세계에서 유일하게 남아 있는 아메리칸 모노그라프(1900년 미국산), 최초의 스테레오 기능을 갖춘 울트라폰(1920년 독일산), 1879년에 만들어진 인류 최초의 전구인 탄소필라멘트소켓 전구도 함께 전시되어 있다. 또한 축음기 이전에 만들어진, 쇠 떨림판을 수동으로 돌리며 소리를 내는 30여 점의 뮤직 박스도 전시되어 있다.

주소　강원도 강릉시 저동 36
전화　033-655-1130
요금　성인 7,000원, 청소년 6,000원, 어린이 5,000원
홈페이지　www.edison.kr

 ## 초당순두부마을과 허균·허난설헌생가

조선 광해군 때 삼척부사로 부임한 허엽이 집 앞의 샘물로 콩을 가공하고 바닷물로 간을 맞추어 두부를 만들게 하였는데, 이렇게 만들어진 두부에 자신의 호 초당草堂을 붙이도록 했다고 한다. 청정 해수를 천연 응고제로 이용하므로 다른 응고제를 넣은 두부보다 수분 함량이 높아 조직이 부드러우면서 쫀득하다.

허균·허난설헌생가는 허난설헌이 태어나고 허균이 자란 곳이다. 생가를 중심으로 공원이 조성되어 있는데 허균, 허난설헌을 비롯한 이곳 출신 5명의 시가 적힌 시비를 세워둔 허균·허난설헌공원이 있다. 공원 주변을 울창한 소나무들이 둘러싸고 있어 가벼운 산책 코스로도 인기가 좋다.

허난설헌 동상

주소　강원도 강릉시 초당동 475-3

축음기에 관한 해설을 들으며 관람하면 2배는 더 즐겁고 유익하다.

허난설헌이 태어나고 허균이 자란 허균·허난설헌생가.

안목해변

연인들의 드라이브 코스로 유명한 안목해변에 커피거리가 자리 잡았다. 해변가에 즐비하게 늘어선 커피 자판기 때문에 유명세를 타기 시작했지만 지금은 횟집 반, 커피숍 반이라고 해도 될 정도로 약 500m의 백사장을 따라 커피 전문점이 늘어서 있다.

늘어선 커피 전문점 중 마음에 드는 곳을 골라 2층에 자리를 잡고, 소나무 병풍을 두른 바다를 코앞에 두고 커피를 마시는 호사를 누려보자.

> **TIP** ▶ 전망 좋은 커피 전문점 2층에서 바다를 내려다보는 것도 좋지만, 백사장에 늘어서 있는 자판기 커피 한 잔의 온기를 느끼며 해변가에서 시간을 보내는 것이 더 좋다.

주소 강원도 강릉시 견소동 286

여행정보 Travel info

 알아두면 좋아요!

음력 5월 5일이 가까워지면 강릉은 동해의 파도처럼 술렁인다. 바로 천 년 전통을 이어온 단오제 때문이다. 강릉 단오제는 우리나라에서 가장 규모가 크고 생동감 넘치는 고유의 민속제이다. 강릉 남대천변 단오장에서 열리는 단오제 행사에서는 영신제, 영신행차, 단오굿, 관노가면극, 송신제 등 강릉 단오제에서만 볼 수 있는 문화 행사가 다채롭게 펼쳐진다. 그중 단오제의 별미 난장은 꼭 보아야 한다.

강릉에 갔다면 경포를 빼놓을 수 없다. 옛날에는 경포호의 둘레가 12km에 달했으나 지금은 줄어들어 4km에 지나지 않는다. 호수 외곽을 시계 반대 방향으로 참소리박물관→경포대→3·1운동기념탑→허균·허난설헌생가→경호교를 이어 걷거나 대여해주는 자전거를 타고 돌아봐도 좋다. 이런 저런 구경을 하며 걸으면 2시간은 너끈히 걸린다.

 무얼 먹을까?

농촌손두부 순두부 · 청국장
강원도 강릉시 강문동 126-1, 033-653-0811
태광회식당 우럭미역해장국
강원도 강릉시 강문동 241-7, 033-653-9612
초당할머니순두부 순두부
강원도 강릉시 초당동 307-4, 033-652-2058
항구횟집 망치탕 · 회무침
강원도 강릉시 옥계면 금진리 148, 033-534-1276
물곰식당 곰치국
강원도 동해시 묵호진동 92-8, 033-535-1866

 **어디서 묵을까?**

하슬라아트월드호텔
강원도 강릉시 강동면 정동진리 율곡로 1441번지,
033-644-9411~5
썬크루즈호텔
강원도 강릉시 강동면 헌화로 950-39,
033-610-7000, www.esuncruise.com
한국여성수련원
강원도 강릉시 옥계면 금진 솔밭길 148-19,
033-530-4300, www.kwcenter.or.kr
강릉 선교장
강원도 강릉시 운정동 431, 033-646-3270,
www.knsgj.net
강릉 동아호텔
강원도 강릉시 임당동 129-2, 033-648-9011

 축제도 함께 즐겨요!

4월 경포 벚꽃잔치
음력 5월 강릉 단오축제
7월 동해 수평선축제
8월 동해 오징어축제
12월 31일~1월 1일 해돋이축제

태백·삼척

백두대간을 넘나들며 내륙과 해안을 아우르는 여행이다. 금대봉을 따라 산속으로 한강의 발원지를 찾아가기도 하고 삼척에선 끝을 모르는 바다를 마주하기도 한다. 바다를 끼고 해송 사이로 달리는 레일바이크는 또 다른 여행의 묘미다. 태백의 물닭갈비와 삼척의 곰치국 한 그릇을 먹으면 마음까지 건강해지는 것 같다.

여행테마	**문화, 바다**
좋은시기	**10~11월**
서울에서 이동시간	**4시간**
가는 방법	중앙고속도로 만종분기점 이후 북부로→'영월, 단양' 방면→신동교차로에서 '단양, 영월, 남제천IC' 방면→석항교차로에서 '상동' 방면→산솔터널 진입 후 태백산로 따라 이동→'태백산도립공원, 석탄박물관' 방면

태백·삼척 Course

우리나라에서 제일 높은 곳에 있는 기차역과 동굴을 여행한다. 검룡소는 제법 걸어야 하니 운동화나 트레킹화를 챙겨 신자. 해양레일바이크는 미리 예약하고 방문하는 것이 좋다.

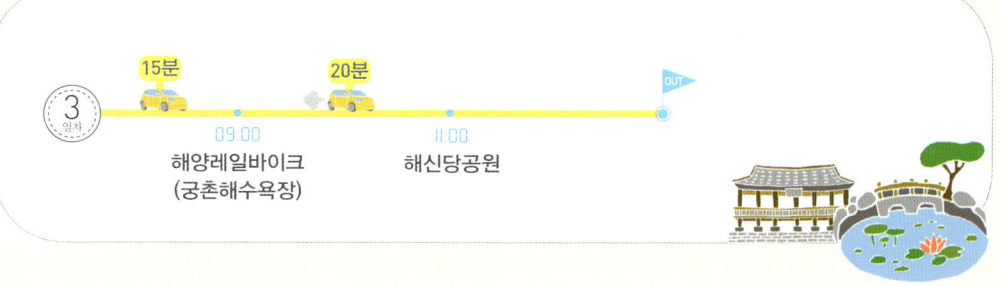

★ **꼭 들러야 하는 곳은 어디?**
태백 석탄박물관, 용연동굴, 죽서루, 해양레일바이크

● **더 가볼 만한 곳은 어디?**
매봉산 풍력발전단지, 상장동 벽화마을, 신리너와마을, 덕풍계곡, 도계유리마을

☆ **무엇을 먹어야 할까?**
물닭갈비, 한우 연탄구이, 물회, 곰치국

태백 석탄박물관

1997년 문을 연 태백 석탄박물관은 한국 석탄 산업의 변천사와 석탄의 역사를 모아 놓은 세계 최대의 석탄 전문 박물관이다. 산업 역군의 주역으로 활약한 광산 근로자들의 업적을 되새기고, 석탄에 대한 폭넓은 이해와 역사성을 재조명하기 위해 설립되었다.

지상 3층, 지하 1층 규모에 암석, 광물, 화석, 기계·장비, 도서·문서, 향토사료, 생활용품 등 약 7,450여 종의 소장품을 전시해 놓았다. 석탄의 생성 및 발견의 역사를 소개해 놓았는데, 인류 문명 발전에 바탕이 된 불과 인간의 관계를 이해하고 한국의 석탄 분포도 및 국내 최대인 삼척탄전의 과거와 현재 모습을 비교해 볼 수 있다. 채굴 및 채탄과 가공, 이용 등에 관련된 각종 방법과 기계 장비의 발달사를 소개하고 탄광촌의 독특한 주거 모습, 생활 도구, 무속신앙, 예술 및 전통 놀이문화 등을 소개하기도 한다. 야외 전시장에는 채탄기·권양기·광차 등 대형 광산 장비를 시대별로 전시해 놓았으며, 지하 전시실에서는 조선시대의 원시적 채탄에서부터 기계화 채탄에 이르기까지의 변천 과정을 볼 수 있다.

태백 석탄박물관은 매년 눈축제가 열리는 축제장 바로 옆에 있어 축제 기간에는 발 디딜 틈이 없을 정도로 인파가 몰린다. 축제 기간에는 눈축제장 입장료를 내면 무료로 관람이 가능하다.

TIP 겨울이면 눈꽃을 보기 위해 수많은 등산객이 태백산을 찾는다. 넉넉히 5시간이면 충분히 산을 오르내릴 수 있다. 대부분 유일사를 시작으로 주목군락지를 지나 장군봉을 오른다. 내려올 때는 천제단을 거쳐 당골 눈꽃축제장으로 도착하여 석탄박물관에 들른다.

주소　강원도 태백시 천제단길 195
전화　033-552-7720
운영　09:00~18:00(입장 마감 17:00)
요금　성인 2,000원, 청소년 1,500원, 어린이 700원
홈페이지　www.coalmuseum.or.kr

용연동굴

태백시 화전동에 자리한 용연동굴은 우리나라에서 가장 높은 곳에 있는 동굴이다. 백두대간의 중추인 금대봉 하부 능선 해발 920m에 자리해 있다. 보통 동굴은 습도가 많아 사람이 살기 어려우나 용연동굴은 유일하게 사람이 살 수 있는 환경을 갖추었다고 한다.

안전모를 쓰고 동굴로 들어가면 꼬불꼬불하고 좁은 통로를 따라 동굴을 관람할 수 있다. 동굴 그대로의 모양새를 따라 바닥에 닿을 정도로 앉은걸음으로 이동해야 하는 곳도 많다. 종유석, 석순, 석주, 동굴산호 등과 동굴박쥐, 노래기 등 다양한 생물도 만날 수 있다.

동굴 내부의 온도는 연평균 9~11℃, 관람 가능한 길이는 826m다. 관람하는 데 50분 정도 소요된다.

주소　강원도 태백시 화전동 산47-69
전화　033-550-2729
운영　09:00~18:00
요금　성인 3,500원, 청소년 2,500원, 어린이 1,500원

추전역

1973년 태백지역에서 생산하는 무연탄을 수송하기 위해 세운 추전역은 한국에서 제일 높은 곳에 위치한 기차역이다. 싸리밭골 언덕에 위치해 추전이라 이름 붙여졌다. 연평균 기온이 전국 최저이고 적설량이 가장 많은 곳으로 한여름 외에는 항상 난로를 피워야 할 만큼 춥다.

1998년부터 겨울철마다 '환상선 눈꽃열차'가 이곳을 지나면서 철도 여행의 명소로 떠올랐다. 작은 역사 안에는 역무원들이 입었던 근무복, 모자, 깃발 등이 비치되어 있어 자유롭게 입어보고 역무원 체험도 할 수 있다. 역 앞에는 석탄을 실어 나르던 작은 수송선을 전시해 놓았다.

추전역 건너편으로 매봉산에 자리한 풍력발전소가 보인다. 그곳에는 고랭지 배추를 생산하는 고랭지 배추 단지가 있어 여름에 방문하면 배추가 가득 심어진 넓은 밭을 볼 수 있다.

주소　강원도 태백시 화전동 산123
전화　033-553-8550

용연동굴
입구

추전역은 한국에서 제일 높은 곳에 위치한 기차역이다.

낙동강의 근원지 황지연못.

황지연못

삼수령은 한강, 낙동강, 오십천의 분수령分水嶺이 되는 해발 920m의 고개이다.

BEST 4 황지연못

〈동국여지승람〉, 〈대동지지〉, 〈척주지陟州誌〉 등의 옛 문헌에서 낙동강의 근원지라고 밝힌 곳이다. 처음에는 '하늘못'이라는 의미로 천황天潢 또는 황지潢池라 했다고 한다. 태백시내에 있는 연못을 중심으로 황지공원이 조성되어 있다. 커다란 비석 아래 깊이를 알 수 없는 상지·중지·하지로 이루어진 둘레 100m의 소沼에서 하루 5,000t의 물이 쏟아져 나온다. 태백시를 둘러싼 태백산, 함백산, 매봉산의 줄기를 타고 땅속으로 스며들었던 물이 모여 연못을 이룬 것이다.

이 연못은 장자못 전설의 근원지로, 황부자 전설이 전해진다. 옛날, 지금의 연못 자리에 있던 황부자의 집으로 한 노승이 시주를 받으러 오자 황부자는 쇠똥을 퍼주었다. 이것을 본 며느리가 놀라 시아버지의 잘못을 빌며 쌀 한 바가지를 시주하니 노승은 "이 집의 운이 다하여 곧 큰 변고가 있을 터이니 살려거든 날 따라오시오. 절대로 뒤를 돌아보아서는 안 되오."라고 했다. 노승을 따라가던 며느리는 집 쪽에서 '쾅' 하는 소리가 들리자 그만 뒤를 돌아보아 돌이 되었다. 황부자집은 땅속으로 꺼져 큰 연못이 되었고 황부자는 큰 이무기가 되어 연못 속에 살게 되었다고 한다. 1년에 한두 번 연못이 흙탕물로 변할 때가 있는데, 이는 이무기가 된 연못 속의 황부자가 심술을 부리는 것이라고 한다.

TIP 황지자유시장은 황지연못에서 도보로 3분 거리에 있으니 방문해보자.

주소 강원도 태백시 황지동 25-4

BEST 5 삼수령

삼수령은 태백시 적각동에 있는 한강, 낙동강, 오십천의 분수령分水嶺이 되는 해발 920m의 고개이다. 삼수령은 이곳에 떨어지는 빗물이 북쪽으로 흘러 한강을 따라 황해로, 동쪽으로 흘러 오십천을 따라 동해로, 남쪽으로 흘러 낙동강을 따라 남해로 흐르는 분수령이라 하여 붙여진 이름이다.

태백 삼수령에는 또 하나의 이름이 전해지는데, 삼척 지방 사람들이 난리를 피해 이상향이라 여기던 황지로 가기 위해 이곳을 넘었기 때문에 '피해 오는 고개'라는 뜻으로 '피재'라고도 한다. 삼수령 정상에 정자각과 '빗물의 운명'이라는 조형탑이 세워진 공원이 있다.

주소 강원도 태백시 적각동

BEST 6 검룡소

태백시에는 우리나라 2대 강인 한강과 낙동강의 발원지가 있는데 한강의 발원지가 바로 검룡소다. 이끼가 가득한 암반 사이로 굽이쳐 흐르는 물줄기의 모습이 마치 용틀임하는 것과 비슷하다고 하여 검룡소라는 이름이 붙었다.

검룡소 입구에는 '태백의 광명 정기 예 솟아 민족의 젖줄 한강을 발원하다.'라고 적힌 표지석이 있다. 검룡소는 금대봉의 왼쪽 산기슭에 위치한다. 주차장에서부터 검룡소까지 왕복 2.5km의 길은 작은 계곡을 낀 평범한 모습이어서 한강 물줄기가 시작되는 곳이라고는 전혀 짐작되지 않는다. 하지만 가파른 계단을 오르면 온통 이끼 투성이의 암반에서 검룡소가 모습을 드러낸다.

깊이를 알 수 없는 석회 암반 속에서 올라온 물이 약 20m의 폭포를 이루며 흘러 내려가 한강이 시작된다. 늘 9℃의 수온을 유지하는 물이 하루 2,000~3,000t씩 솟아오른다. 이 물이 임계를 지나 정선, 평창, 단양, 충주, 양평을 거쳐 서울에 이른다. 36개의 크고 작은 도시들을 지나며 12개의 하천과 만나 비로소 커다란 한강이 되는 것이다.

주소　강원도 태백시 창죽동 산1-1

죽서루

삼척시의 서편을 흐르는 오십천五十川이 내려다보이는 절벽에 보물 213호 죽서루가 자리 잡고 있다. 죽서루라는 이름의 유래에 관해서는 다양한 이야기가 전해지는데, 누각 동쪽에 대나무 숲과 죽장사라는 절이 있어 죽장사 서편에 있는 누각이라 하여 죽서루라 이름 붙였다고도 하고, 죽죽선녀의 유희소 서편의 누각이라 하여 죽서루라 했다고도 한다.

창건 연대와 창건자는 알 수 없으나 〈동안거사집〉에 1266년 이승휴가 안집사 진자후와 같이 서루에 올라 시를 지었다는 기록이 있어 1266년 이전에 창건된 것으로 추정된다.

정자의 건축학적 가치는 누각을 받치는 17개 기둥에 있다. 절벽 위 일정하지 않은 바닥을 따라 일부는 주춧돌 위에, 나머지는 그대로 바위 위에 맞닿게 설계되었는데, 17개 모두 그 길이가 다르다. 이러한 전통 건축 양식을 '그랭이질'이라 하는데 자연을 훼손하지 않고 그대로를 건축에 이용하는 우리 선조들의 지혜를 알게 해준다. 바위 위에 그대로 올린 기둥 위에 2층 누각이 서 있는 모습은 경이롭기까지 하다. 조선시대 공식 연회 장소로 쓰였다는 이 정자에는 아름다움을 칭송하는 숙종의 어제시와 율곡 이이의 시구가 새겨져 있어 가치를 더한다.

주소   강원도 삼척시 성내동 9-3
전화   033-570-3670
운영   09:00~18:00

BEST 8 맹방해수욕장

삼척시내에서 조금 떨어진 곳에 송림이 늘어선 조용한 해안가가 있다. 영화 〈봄날은 간다〉에서 주인공들이 파도 소리를 녹음하던 곳이다. 해수욕을 하다가 솔밭 사이의 오솔길을 걸어보기도 하고, 밤에는 시원한 파도 소리를 들으며 여유를 즐길 수 있다.

맹방해수욕장은 백사장이 넓고 수심이 얕으며 경사가 완만해 물놀이를 즐기기에 좋다. 다른 해수욕장에 비해 편의시설 또한 잘 갖추어져 있다. 백사장 끝은 바위로 둘러싸여 반달 모양을 이루며, 뒤편에는 울창한 소나무 숲 사이로 산책로가 있어 삼림욕을 할 수 있다. 하지만 송림보호구역이라 소나무 숲에서의 야영은 금지되어 있다. 해변에 조개가 많이 묻혀 있어 피서철이면 바다조개줍기대회가 열리며, 바닷물과 담수가 교차하는 곳에서는 맨손송어잡기대회 등 여러 행사가 개최된다. 봄이면 유채꽃과 벚꽃이 함께 피는 장관을 볼 수 있다.

주소　강원도 삼척시 근덕면 하맹방1리

BEST 9 해양레일바이크

삼척은 국내에서 유일하게 해양레일바이크 체험을 할 수 있는 곳이다. 근덕면 궁촌리~용화리 사이 5.4km 구간의 해안가를 따라 설치된 해양레일바이크는 궁촌 파도역과 용화 조개역에서 출발한다. 약 1시간 동안 해저도시 벽화 터널, 무지개 터널, 빛의 향연 터널 등 3개의 터널과 해송 숲을 거치며 해안 절경을 즐길 수 있다.

바닷가의 울창한 송림을 지나 환상의 터널에 들어가면 루미나리에가 펼쳐지고 레이저쇼가 시작된다. 터널을 지나 시원하게 펼쳐진 동해 바다와 백사장을 보며 레일바이크의 페달을 밟으면 금세 종착역에 도착한다. 아름다운 풍경을 보다 보면 힘든 줄도 모르고 레일바이크 체험을 할 수 있다. 오르막길에서는 페달을 밟지 않아도 전동으로 움직여 누구나 부담 없이 탈 수 있고, 겨울에는 바람을 막아주는 동절기용 커버를 설치해 불편함이 없다. 2개의 역에서 편도로 운행하기 때문에 미리 관람하는 동선을 짜서 더 편리한 역에서 출발하는 레일바이크를 예약하는 것이 좋다. 예매는 인터넷 예약만 가능하다.

TIP 레일바이크 운행회차에 맞게 궁촌·용화간 셔틀버스가 20분 간격으로 운행된다.

주소　궁촌 정거장 강원도 삼척시 근덕면 공양왕길 2
　　　용화 정거장 강원도 삼척시 근덕면 용화해변길 23
전화　033-576-0656
운영　궁촌 출발 08:30, 10:20, 12:10, 14:20, 16:10, 18:10(하절기)
　　　용화 출발 08:40, 10:20, 12:30, 14:20, 16:20, 18:10(하절기)
요금　편도 2인승 20,000원, 4인승 30,000원
홈페이지　www.oceanrailbike.com

해신당공원

해신당공원이 위치한 신남마을은 동해안 유일의 남근숭배민속男根崇拜民俗이 전해지는 곳이다. 해신당공원에는 눈길이 닿는 곳마다 남근 조각이 서 있다. 이렇게 남근 조각이 줄지어 있게 된 이유는 애바위 전설 때문이다.

옛날에 결혼을 앞둔 신남마을 처녀가 바위에서 해초를 채취하다가 거센 파도에 휘말려 바다에 빠져 죽었다. 그 후 도통 고기가 잡히지 않았는데, 한 어부가 바다를 향해 오줌을 싼 후 다시 고기가 많이 잡혔다고 한다. 이때부터 이 마을에서는 정월 대보름에 나무로 실물 모양의 남근을 깎아 처녀의 원혼을 달래는 제사를 지내는 풍습이 생겼다고 한다. 실제 해신당공원에는 처녀를 위로하는 작은 사당인 해신당과 처녀가 해초를 채취하던 바위를 볼 수 있는 망원경 시설이 있다. 사당 뒤편 벼랑 위 향나무로 만들어진 신목은 처녀의 영혼을 상징한다.

매년 정월 대보름과 10월 첫 번째 오午일에 처녀의 영혼을 달래는 성황제를 지낸다. 오일은 12간지 중 성기가 가장 크다는 말馬의 날이다. 근처에 갖가지 성기 모양의 조각품들이 바다를 바라보며 서 있는 성민속공원도 있다.

주소 강원도 삼척시 원덕읍 갈남리 301번지
전화 어촌 민속전시관 관광안내소 033-572-4429
운영 09:00~18:00
요금 성인 3,500원, 청소년 2,000원, 어린이 1,500원

여행정보 / Travel info

 알아두면 좋아요!

겨울에 여행한다면 코레일(www.korailtravel.com, 1544-7755)에서 운영하는 환상선 눈꽃열차를 타보자. 서울역에서 07:00에 무궁화호를 타고 출발해 추전역(강원 태백), 승부역(경북 봉화), 풍기역(경북 풍기) 등을 거쳐 다시 서울로 올라오는 코스다. 13시간 동안 열차를 타게 되는데 길다고 생각할 수 있지만 실제로 타보면 지루할 틈이 없다.

삼척 온천에서는 지하 1,000m 암반에서 솟아나는 알칼리성 온천수를 즐기며 피로를 풀 수 있다.

석탄 폐석을 이용해 유리 공예품을 만드는 도계 유리마을이 인기다. 깊은 산속 오지에 있는 도계읍에 있는데, 환선굴과 태백시가 가까이 있으니 주변 관광지를 여행할 때 잠시 들러보자. 이곳에서는 다양한 유리공예 체험이 가능하고 판매도 하니 둘러보자.

 무얼 먹을까?

태백닭갈비 　물닭갈비
강원도 태백시 중앙남 1길 10호, 033-553-8119
태백한우골 　한우연탄구이
강원도 태백시 황지동 405-15, 033-554-4599
해조림 　고등어조림·두부조림
강원도 태백시 황지동 418-16, 033-552-3558
태성실비식당 　한우
강원도 태백시 상장동 201-7, 033-551-5287
일억조회식당 　곰치국
강원도 삼척시 원덕읍 임원리 139-1, 033-573-9217
부일막국수 　막국수
강원도 삼척시 등봉동 1-1, 033-572-1277
바다마을 　곰치국
강원도 삼척시 갈천동 14-4, 033-572-5559

 **어디서 묵을까?**

삼척 신리너와마을
강원도 삼척시 도계읍 문의재로 1113,
033-552-1659, neowa.invil.org
삼척 온천관광호텔
강원도 삼척시 동해대로 4098, 033-573-9696
산양황토펜션
강원도 삼척시 원덕읍 산양1리 750, 033-572-8658
문모텔
강원도 삼척시 정상동 432-63, 033-572-4436
태백산 민박촌
강원도 태백시 천제단길(소도동) 134,
033-553-7440
태백 고원자연휴양림
강원도 태백시 머리골길 153, 033-582-7238
오투리조트
강원도 태백시 서학로 861, 033-580-7000

 **축제도 함께 즐겨요!**

1월 1일 　태백산 해맞이축제
1월 말 　태백산 눈축제
6월 　태백산 철쭉제

정선 · 평창

자연을 만끽하기에 이만한 여행이 또 있을까. 자연이 만들어내는 절경을 보며 '진정한 힐링이란 이런 것이구나.' 하고 느낄 것이다. 소금강을 따라 드라이빙을 하면 맑은 산소가 몸속을 채우고, 초록 들판이 끝없이 펼쳐진 양떼목장 정상에 서면 가슴이 뻥 뚫린다. 산골이지만 먹거리, 볼거리도 풍부한 여행이다.

여행테마 체험
좋은시기 9~10월
서울에서 이동시간 3시간40분
가는 방법 경부고속도로 신갈분기점 이후 새말 IC에서 '안흥, 치악산, 구룡사' 방면→영동고속도로로 둔내 IC이후 경강로를 따라 이동→월정삼거리에서 '주문진, 오대산, 월정사' 방면으로 좌회전. 진고개로를 따라 이동→소금강입구에서 '소금강' 방면

정선 · 평창 Course

소금강, 화암동굴, 양떼목장 등 자연을 직접 느끼고 체험할 수 있는 여행이다. 끝자리가 2, 7일인 날 열리는 정선 5일장은 놓치지 말자.

1일차: 11:00 소금강(몰운대) — 15분 드라이브 → 12:00 화암약수 — 10분 → 14:00 화암동굴 — 30분 → 17:00 아리리촌

2일차: 09:00 정선 레일바이크 — 10분 → 11:30 아우라지 — 30분 → 12:30 정선 5일장 — 1시간 30분 → 16:00 양떼목장 — 40분 → 19:00 월정사

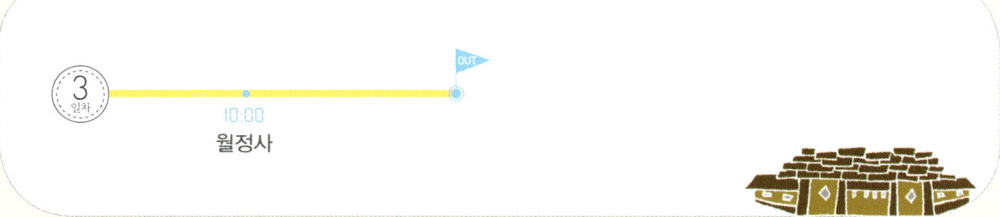

3일차: 10:00 월정사 → OUT

★ **꼭 들러야 하는 곳은 어디?**
  소금강 드라이브(몰운대), 화암약수, 화암동굴, 정선 5일장, 월정사
● **더 가볼 만한 곳은 어디?**
  백룡동굴, 어름치마을, 가리왕 산자연휴양림, 민둥산, 알펜시아, 삼양목장
☆ **무엇을 먹어야 할까?**
  옥수수, 곤드레나물, 콧등치기국수, 메밀전, 올챙이국수, 수수부꾸미, 황태구이, 황태국, 송어회

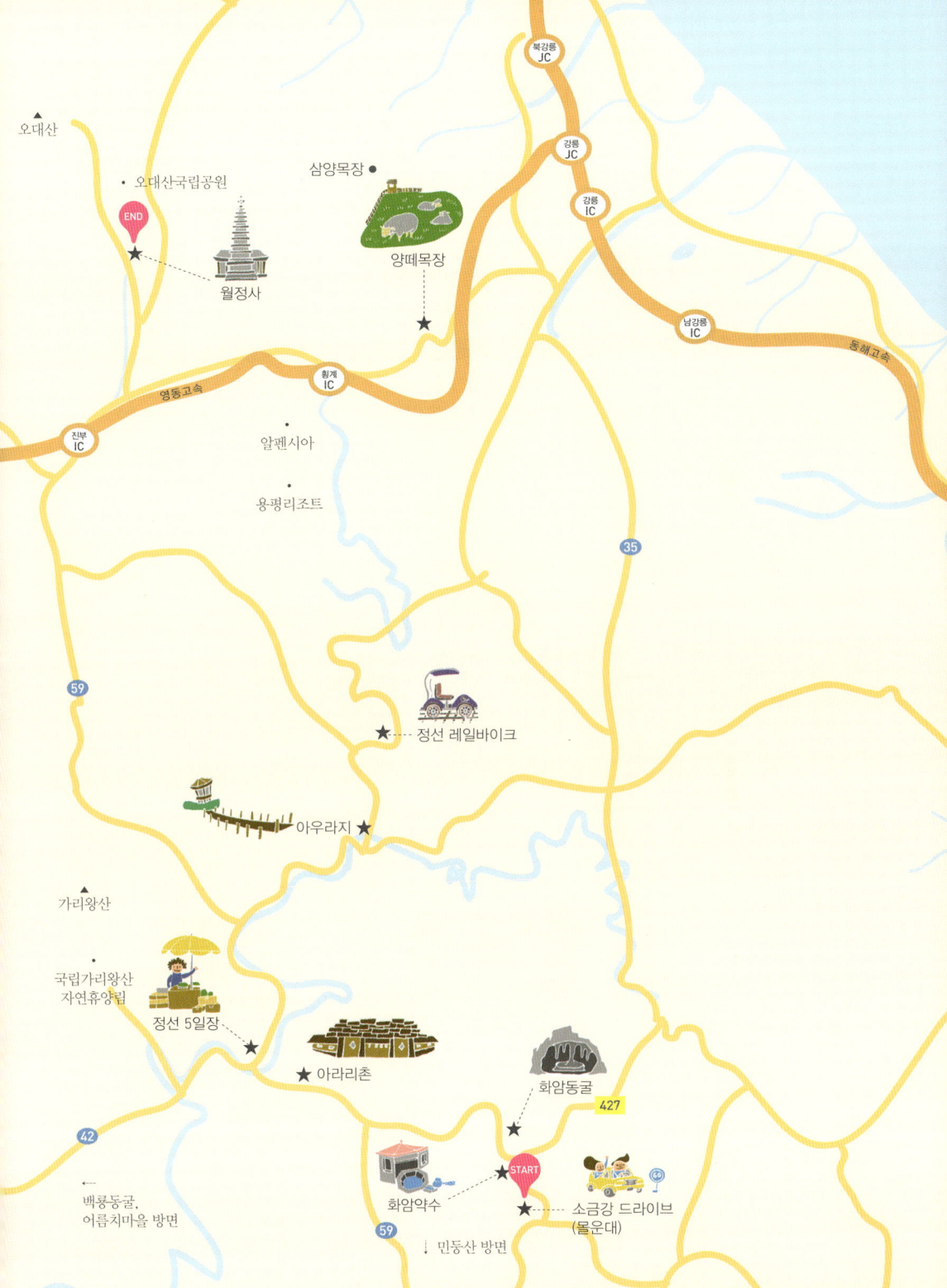

꼭 가야 할
볼거리
BEST9

톡! 쏘는 약수

BEST 1 소금강(몰운대)

수려한 경치가 금강산에 뒤지지 않는다고 하여 소금강으로 불린다. 차를 타고 달리며 정선의 아름다움을 눈으로 확인하기에 최적의 여행지이다. 화암약수나 화암동굴에 가는 여행객이라면 일부러 찾아가려고 하지 않아도 지나게 된다. 기괴한 화강암이 만들어내는 꼬불꼬불한 소금강 줄기를 따라 달리면 나도 모르게 연신 감탄사를 내뱉게 된다.

몰운대는 소금강의 절경에 빠져 놓치고 지나칠 수도 있는데, 잊지 말고 들러보자. 산길을 따라 300m 남짓 걸으면 길이 끝나는 곳에 바위와 수백 년 된 고목 한 그루가 서 있고 그 뒤는 깎아지른 절벽이다. 영화 〈권순분 여사 납치사건〉, 드라마 〈구미호:여우누이뎐〉, 〈닥터 진〉의 촬영지가 되기도 했다.

주소 강원도 정선군 화암면 몰운리

BEST 2 화암약수

정선군 동면 화암리에 위치한 약수터로 주변 경치가 아름다워 화암팔경畵岩八景의 하나로 뽑힌다. 지명을 따 '화암'이란 이름을 쓰는데, 말 그대로 그림 같은 바위라는 뜻이다. 이름처럼 이 일대에는 거대한 바위들이 절경을 이룬다.

1910년경 화암리 구슬마을에 살던 문명무라는 사람이 꿈에 청룡과 황룡이 엉키어 승천하는 것을 본 후 이 약수를 발견했다고 하며, 마음씨 나쁜 사람이 이 약수를 마시려 하면 물 안에 구렁이가 똬리를 틀고 있는 형상이 보여서 물을 마실 수 없다는 전설이 있다. 약수에는 탄산이온·철분·칼슘·불소 등이 함유돼 있고, 특히 탄산 성분이 많아서 톡 쏘는 맛이 난다.

화암약수는 매표소에서 약 1km 정도 안쪽으로 들어가면 나온다. 들어가는 길이 잘 포장되어 있고, 길 옆으로 나란히 계곡이 흐른다. 매표소로 들어가면 먼저 주차장 건너편에 쌍약수가 보인다. 화암약수와 같은 수질이며 약수가 솟는 구멍이 두 개라 쌍약수라고 불린다. 쌍약수에서 조금 더 올라가면 화암약수가 나온다. 매표소 지나서 바로 오른쪽에 거북바위로 오르는 계단이 있는데 5분 정도밖에 걸리지 않으니 다녀오자. 거북바위에 올라서 바라보는 풍경이 멋지다.

TIP 매표소가 있지만 캠핑족에게만 입장료를 받는다.

주소 강원도 정선군 화암면 화암리
전화 033-562-1944

화암동굴

 화암동굴은 1920년대 중반부터 1945년까지 금을 캐던 광산으로, 지금은 광산의 옛 시설을 잘 활용한 테마 동굴로 꾸며져 있다. 사람이 직접 만든 인공 동굴뿐 아니라 채광 작업 중 발견한 석회 동굴까지 함께 관람할 수 있는 세계 유일한 곳이다.

입구에 들어서면 예전의 갱도 바닥에 블록을 깔아 오가기 편하게 만들었다. 구역별로 예전 광산 그대로의 모습을 보존하고 있어 채굴 순서에 따라 채광하는 모습을 볼 수 있고 굴착기도 직접 만져볼 수 있다. 천연 동굴 대광장 주위에는 392m의 탐방로가 있어 유석폭포, 대석순, 곡석, 석화 등 진귀한 종유석 생성물을 관람할 수 있다. 총 탐방 길이는 1.8km, 관람 시간은 1시간 30분 정도 걸린다.

주소　강원도 정선군 화암면 화암리 248
전화　033-560-2578
운영　09:00~17:00
요금　성인 5,000원, 청소년 3,500원, 어린이 2,000원

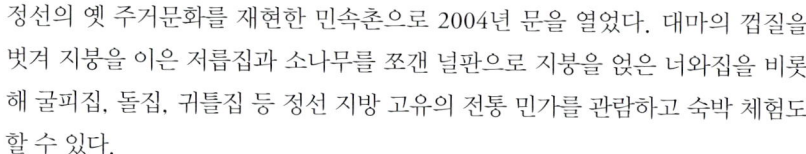 아라리촌

정선의 옛 주거문화를 재현한 민속촌으로 2004년 문을 열었다. 대마의 껍질을 벗겨 지붕을 이은 저릅집과 소나무를 쪼갠 널판으로 지붕을 얹은 너와집을 비롯해 굴피집, 돌집, 귀틀집 등 정선 지방 고유의 전통 민가를 관람하고 숙박 체험도 할 수 있다.

정선은 박지원의 소설 〈양반전〉의 배경이 된 고장으로, 아라리촌 내에 그 내용을 해학적으로 구성한 조형물이 군데군데 놓여 있다. 농기구 공방, 서낭당, 방앗간, 고인돌, 정승, 각종 방아(물레방아, 통방아, 연자방아) 등을 보는 재미가 쏠쏠하다. 돌아보다 출출해지면 주막에서 정선의 음식을 맛봐도 좋다. 5일장 날과 주말에는 문화관광해설사가 상주하여 자세한 설명을 들을 수 있다.

주소　강원도 정선군 정선읍 정선로 1359(애산리 560)
전화　033-560-2059
운영　09:00~18:00
요금　3,000원(정선아리랑상품권 3,000원과 교환)

아라리촌 내 정선지방의 고유 민가에서 숙박체험이 가능하다.

 ## 정선 레일바이크

폐선된 구절리역부터 아우라지역까지 석탄을 나르던 철로를 그대로 사용해 레일바이크를 운행한다. 편도 7.2km의 레일바이크에 오르면 산, 들, 강을 돌며 정선의 마을을 한눈에 담을 수 있다. 경사는 완만한 편이며 구절리역에서 출발해 아우라지역까지 50분 정도 소요된다.

여름에는 물소리, 가을에는 형형색색 단풍, 겨울에는 눈부시게 하얀 눈꽃을 감상할 수 있다. 워낙 인기가 많아 성수기에는 줄을 서야 하니 반드시 미리 예약하는 것이 좋다. 레일바이크로 아우라지에 도착해 어름치카페에서 휴식을 취한 후 풍경열차를 이용하면 힘들이지 않고 구절리로 돌아올 수 있다.

주소　강원도 정선군 여량면 구절리 290-82
전화　033-563-8787
운영　08:40, 10:30, 13:00, 14:50, 16:40(하절기)
요금　2인용 25,000원, 4인용 35,000원
홈페이지　www.railbike.co.kr

어름치 카페!

아우라지

평창군 도암면에서 발원하여 구절리를 따라 흘러내린 송천川과, 삼척의 하장면에서 발원하여 임계 쪽을 흘러온 골지천이 합류하는 곳이다. 두 물줄기가 어우러진다 해서 아우라지라 불린다. 아우라지 강변에 있는 아우라지 처녀상이 눈에 띄는데, 그에 얽힌 이야기가 정선아리랑의 노랫말이 되어 더욱 유명해졌다.

옛날, 아우라지를 사이에 두고 떨어져 살던 처녀 총각이 함께 동백을 따러 가기로 약속했으나 폭우로 물이 불어 나룻배를 띄울 수 없게 되었다. 그때의 안타까움을 담아 '아우라지 뱃사공아 배 좀 건네주게 / 싸리골 올동백이 다 떨어진다 / 떨어진 동백은 낙엽에나 쌓이지 / 사시사철 임 그리워 나는 못 살겠네'라는 정선아리랑 〈애정편〉 가사가 탄생했다.

그리움의 대상이었던 아우라지는 지금은 활기찬 모습으로 변했다. 하천을 잇는 대형 다리가 들어섰고 아우라지 기차역에는 열차 카페가 문을 열었다. 또 레일바이크가 오가면서 정선에서 빼놓지 말아야 할 여행지로 사랑받고 있다.

주소 강원도 정선군 북면 여량 5리

BEST 7 정선 5일장

1966년 2월 17일부터 열린 장은 그 역사만 50년이 넘는다. 현재는 매달 2, 7, 12, 17, 22, 27일에 장이 열린다. 처음에는 인근 산골에서 채집한 각종 산나물과 생필품을 사고 파는 작은 규모의 장이었는데, 주위 관광지와 연계한 체험여행코스로 널리 알려지면서 장이 서는 날이면 정선읍 전체가 들썩거린다.

시장 거리 양편으로는 호미·쇠고랑 등 농기구를 비롯한 각종 물품을 진열한 상점이 있고 길 가운데에는 농산품 노점 좌판들이 늘어서 있다. 정선의 특산물을 직접 재배해 팔러 나오는 상인에게는 '신토불이증' 목걸이가 걸려 있다. 시장 한가운데에서는 정선아리랑 민요마당, 전통음식체험, 마술 공연 등 다양한 이벤트가 열린다.

곤드레나물밥, 콧등치기국수 등 정선의 별미를 맛볼 수 있으며 각종 산나물과 옥수수, 수리취떡 등을 현장에서 저렴하게 구입할 수 있다.

TIP 정선 5일장 날 오후 4시30분에 정선문화예술회관에서 '정선아리랑극' 상설 공연이 열린다.

주소   강원도 정선군 정선읍 봉양리 344-1

BEST 8 양떼목장

옛 영동고속도로의 대관령휴게소에서 연결되는 길을 따라 10여 분 정도 오르면 양떼목장이 나온다. 탁 트인 초록 잔디 위로 자유롭게 무리지어 다니는 양떼의 모습에서 여유로움이 느껴진다. 대관령 고개에서도 가장 깊은 곳에 위치한 양떼목장은 우리나라에서는 드물게 양을 방목하는 공간으로, 한 시간 정도 여유로운 걸음으로 둘러보기에 알맞다. 양들에게 바구니에 담긴 건초를 먹이는 체험을 할 수 있고, 매년 4~6월에는 털 깎는 모습을 볼 수 있다.

조금 숨이 가쁘더라도 목장의 정상에서 바라보는 경관을 놓치지 말자. 동해 바다와 강릉시내가 시원스럽게 펼쳐진 모습에 가슴이 뻥 뚫린다.

주소   강원도 평창군 대관령면 횡계3리 14-104
전화   033-335-1966
운영   09:00~17:00(5~8월 18:30, 매표 마감 1시간 전까지)
요금   성인 4,000원. 청소년·어린이 3,500원
홈페이지   www.yangtte.co.kr

정선 5일장의 먹거리 장터.

탁 트인 초록 잔디 위로 자유롭게 무리지어 다니는 양떼의 모습에서 여유로움이 느껴진다.

겨울철 눈 내린 목장 풍경은 그야말로 은세계다.

BEST 9 월정사

오대산 깊은 곳에 자리한 월정사로 가는 길은 온통 전나무로 둘러싸여 있다. 하늘로 곧게 뻗은 전나무 숲은 일주문에서 금강교까지 이어지는데 최고 300년 수령의 전나무 1,700여 그루가 계곡 옆으로 나란히 늘어서 있다. 월정사 전나무 숲은 겨울에는 초록과 백색이 어우러져 길의 운치를 더한다. 1km의 숲길만 보고 가도 좋다는 여행객들이 있을 정도로 아름답다. 이 길을 시작으로 월정사에서 상원사까지 이어지는 길을 '천년의 길'이라고 한다.

우거진 전나무 숲 터널을 지나고, 천왕문과 누각 아래를 지나면 신라 선덕여왕 때 자장율사가 창건했다는 천년 고찰 월정사가 나타난다. 현존하는 건물은 모두 한국전쟁 이후 재건된 것이지만 천년을 이어온 사찰에서 느껴지는 품위는 나무랄 데가 없다. 월정사의 수많은 보물들이 보관되어 있는 성보박물관도 놓치지 말고 둘러보자.

주소　강원도 평창군 진부면 동산리 63
전화　033-339-6800
요금　성인 3,000원, 청소년 1,500원, 어린이 500원
홈페이지　www.woljeongsa.org

최고령 전나무

월정사 전나무 숲길만 보고 가도 좋다는 여행객들도 있다.

여행정보
Travel info

 알아두면 좋아요!

가을에는 민둥산에 올라보자. 정상까지는 3km 남짓이니 넉넉 잡아 왕복 4시간이면 족하다. 2.4km의 급경사 코스와 3.2km의 완경사 코스를 선택해 오를 수 있다. 8부 능선에 이르면 민둥산의 절경인 억새 군락지가 있다.

평창은 2018 동계올림픽 개최 예정지이다. 횡계리에 '설원', '한국 스키의 발상지'라는 표석이 세워져 있다. 영화 〈국가대표〉의 촬영지인 알펜시아 리조트도 인기가 좋다.

평창군 봉평면 흥정계곡은 〈메밀꽃 필 무렵〉의 작가 이효석의 고향이자 소설의 무대이다. 매년 효석문화제를 개최하는데, 남안동 일대와 평창 무이예술관 주변 등을 온통 새하얀 메밀꽃밭으로 꾸며 소설 속 봉평 장터를 그대로 재현한다.

 무얼 먹을까?

성주식당 곤드레나물밥
강원도 평창군 진부면 두일1리 124, 033-335-2063
싸리골식당 곤드레나물밥
강원도 정선군 정선읍 봉양리 190-1, 033-562-4554
동광식당 콧등치기국수
강원도 정선군 정선읍 봉양리 49-3, 033-563-3100
납작식당 오삼불고기
강원도 평창군 대관령면 횡계리 325-7, 033-335-5477
황태회관 황태구이
강원도 평창군 대관령면 횡계 9리 348-4, 033-335-5795

 어디서 묵을까?

하이랜드호텔
강원도 정선군 고한읍 고한리 274-104, 033-591-3500
국립가리왕산자연휴양림
강원도 정선군 정선읍 회동리 2-1, 033-562-5833, www.huyang.go.kr
도사곡휴양림
강원도 정선군 사북읍 사북리 447-1, 033-592-9400, dosa.jsimc.or.kr
베리온리조트
강원도 평창군 봉평면 평온길 14-13, 033-335-8001
캘리포니아모텔
강원도 평창군 진부면 경강로 4126, 033-332-8481
평창현대빌리지
강원도 평창군 봉평면 진조리 70-21, 033-334-7775

 축제도 함께 즐겨요!

1월 대관령 눈꽃축제
1월 송어축제
9월 효석문화제

서울 근교에 이렇게 예쁜 여행지가 모여 있는 곳이 또 있을까. 아름다운 꽃과 나무들이 만들어낸 정원과 어우러진 예쁜 건축물을 보고 있노라면 자연스레 기분도 좋아진다. 알록달록한 봄이어도 좋고 초록이 가득한 여름이어도 좋다. 오색찬란한 가을과 새하얀 겨울이라도 나무랄 것 없는 여행이다. 사방 어디를 둘러봐도 예쁜 것이 가득하니 마음까지 예뻐질 수밖에 없지 않을까.

가평 · 춘천

여행테마	**산책**
좋은시기	**4~5월**
서울에서 이동시간	**1시간 30분**
가는 방법	서울춘천고속도→마석 IC에서 '춘천, 청평' 방면→경춘북로를 따라 이동→하천교차로에서 조종로→상면교차로에서 청군로를 따라 이동

가평 · 춘천
Course

아침고요수목원, 쁘띠프랑스, 남이섬은 비슷한 듯 다른 포인트가 있는 여행지다. 큰 경사는 없지만 구석구석 둘러보려면 많이 걸어야 한다. 편한 신발을 신고 넉넉히 시간을 할애하자.

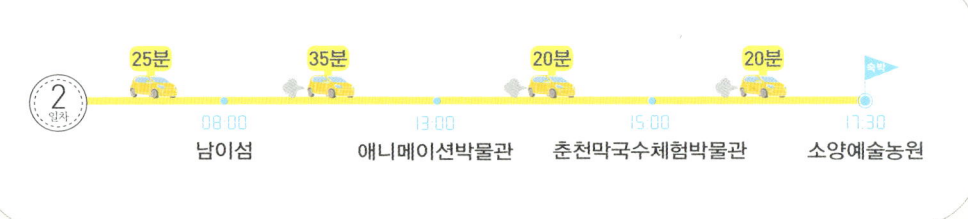

★ 꼭 들러야 하는 곳은 어디?
아침고요수목원, 남이섬, 청평사

● 더 가볼 만한 곳은 어디?
자라섬, 연인산자연휴양림, 꽃무지풀무지수목원, 실레마을(김유정문학촌)

☆ 무엇을 먹어야 할까?
잣, 잣막걸리, 막국수, 닭갈비

꼭 가야 할 볼거리
BEST 7

프랑스의 전원 고택을 그대로 재현했다.

BEST 1 아침고요수목원

잣나무 숲이 울창한 축령산 자락에 아침고요수목원이 자리하고 있다. 원예학과 교수가 하나하나 직접 날른 돌과 손질한 나무로 꾸며진 정원이 20여 개에 달한다. 수목원 제일 안쪽의 하경정원과 한국정원에서 하늘정원으로 이어지는 아침고요 산책길은 특히 인기가 좋다. 수목원을 가로지르는 에덴계곡에 늘어선 돌탑들은 수목원을 찾은 방문객들이 하나씩 쌓아올려 만든 것이라고 한다. 하경전망대에서 한눈에 내려다보이는 수목원의 풍경도 놓치지 말자.

TIP 꽃이 없는 겨울, 수목원은 오색 별빛으로 따스하게 채워진다. 매년 12월 초부터 3월 초까지 다양한 조명으로 수놓인 수목원의 풍경을 감상할 수 있다.

주소　경기도 가평군 상면 수목원로 432(행현리 산255)
전화　1544-6703, 031-584-6702
운영　08:30~21:00(입장 마감 20:00)
요금　성인 9,000원, 청소년 6,500원, 어린이 5,500원
홈페이지　www.morningcalm.co.kr

BEST 2 쁘띠프랑스

'작은, 정다운, 귀여운' 등의 뜻을 가진 프랑스어 '쁘띠'와 '프랑스'가 합쳐진 이름의 쁘띠프랑스는 국내 유일의 프랑스 테마파크이다. 프랑스의 전원 고택을 그대로 재현하기 위해 프랑스에서 150년 된 목재 기둥과 기와 등을 수입하여 프랑스 건축술로 지었다고 한다. 이 때문에 건물들은 이국적이고 고풍스러워 들어서자마자 시선을 사로잡는다. 내부로 들어가면 프랑스 가정에서 쓰던 가구와 의자, 그림, 침대 등이 전시되어 있는데 이것들 역시 18세기 귀족이 사용했던 것이라고 한다. 이 밖에도 프랑스를 비롯한 유럽의 다양한 문화를 체험하고 공연을 즐길 수 있다. 숙박시설이 마련되어 있어 프랑스 마을에서 하룻밤을 보낼 수도 있다.

주소　경기도 가평군 청평면 고성리 616
전화　031-584-8200
운영　09:00~18:00
요금　성인 8,000원, 청소년 6,000원, 어린이 5,000원
홈페이지　www.pfcamp.com

BEST 3 남이섬

남이섬은 원래 홍수 때만 섬으로 고립되었는데, 청평댐이 건설된 후 완전한 섬이 되어 지금은 선박을 이용해서만 갈 수 있다. 드라마 〈겨울연가〉의 촬영지로 잘 알려진 이곳은 조선 세조 때 병조판서를 지내다 역적으로 몰려 요절한 남이 장군의 묘가 있어 남이섬이라고 불리게 되었다.

배에서 내려 섬으로 들어서면 양쪽으로 늘어선 잣나무들이 길을 안내하고, 드라마의 주인공들이 걸었던 메타세쿼이아 길이 이국적인 멋을 풍긴다. 곳곳에 갤러리와 박물관, 작가들의 작품을 보고 직접 체험할 수 있는 공방까지 다양한 볼거리와 즐길거리가 가득해 남이섬 여행은 지루할 틈이 없다. 섬 안에는 정관루라는 숙박시설이 있으니 남이섬의 고즈넉한 밤을 경험하고 싶다면 이용해보자.

TIP 인사동과 잠실에서 셔틀버스가 운행(09:30 출발, 1시간30분 소요)한다.
　　전화　인사동 02-753-1247, 춘천 031-580-8088
　　운영　09:00~18:00
　　요금　왕복 성인 15,000원, 어린이 13,000원 편도 성인 7,500원, 어린이 6,500원

주소　출입국 사무소 경기도 가평군 가평읍 달전리 144,
　　　남이섬 강원도 춘천시 남산면 방하리 198
전화　031-580-8114
운영　07:30~21:40(선박 운행)
요금　성인 10,000원, 청소년 8,000원, 어린이 4,000원
홈페이지　www.namisum.com

애니메이션박물관

춘천시 서면에 위치한 애니메이션박물관은 애니메이션의 기원과 제작 과정, 우리 만화의 역사를 보여주는 공간이다. 입구에는 검은색 둥근 테가 둘러져 있어 흡사 거대한 카메라 렌즈를 연상시킨다. 렌즈 안으로 들어서면 애니메이터의 방이 나오는데 졸고 있는 애니메이터를 만날 수 있고 애니메이션이 완성되는 과정도 영상으로 볼 수 있다. 2층에는 애니메이션 제작에 참여할 수 있는 공간도 마련되어 있다. 애니메이션박물관은 어른들에게는 아련한 추억을, 아이들에게는 즐거움을 선물해주는 공간으로 사랑받고 있다.

주소 강원도 춘천시 서면 박사로 385(현암리 367)
전화 033-245-6470
운영 10:00~18:00(입장 마감 17:00)
요금 성인 5,000원, 청소년 · 어린이 4,000원
(3D입체영화 2,000원, 아니마떼꾜-애니메이션 전용 상영관 5,000원)
홈페이지 www.animationmuseum.com

BEST 5 춘천막국수체험박물관

춘천막국수체험박물관은 지붕 위 나무는 국수틀, 건물은 가마솥 형상을 하고 있어 외관부터 심상치 않다. 전시실에서는 거대한 맷돌이 가루를 생산해내는 모습과 메밀밭 실물, 메밀의 효능 분석과 막국수 전통 조리 과정, 다양한 메밀 제품 등을 볼 수 있다. 2층에 마련된 체험실에서는 막국수를 뽑는 과정을 체험할 수 있고 직접 만든 막국수를 시식할 수 있다.

주소   강원도 춘천시 신북읍 신북로 264(산천리 342-1)
전화   033-243-8268
운영   09:00~18:00(매표 마감 17:00, 설날·추석 당일 휴무).
      체험 10:00~17:00(12:00~13:00 점심시간 제외)
요금   입장료 일반 1,000원, 청소년 700원, 어린이 500원,
      체험 1인당 4,000원(관람 시간 약 40분. 박물관 입장료 면제)
홈페이지   www.makguksumuseum.com

BEST 6 소양예술농원

섬 아닌 섬, 소양호 한가운데 있는 소양예술농원은 소양호 토박이이자 수몰민인 최인규 씨가 18년간 공들여 만든 관광농원이다. 1967년 댐 공사로 인해 마을이 잠기고 길이 끊겨 사람이 모두 떠났는데도 물속에 잠긴 고향을 다시 복원한 것이다.

최인규 씨가 문화단체 활동을 하면서 알게 된 여러 공연 단체들의 뒤풀이 장소로 이용한 것을 인연으로, 한 달에 한 번, 매월 셋째주 일요일에 관광객들을 위한 각종 공연이 열린다. 야외 공연장은 물론 숙박시설과 체육시설, 노래방 등도 마련되어 있어 가족이나 단체 여행객들에게 사랑받는 장소이다.

> **TIP** ▶ 소양예술농원 승선 선착장 도착 시간을 전화로 미리 알려주면 시간에 맞춰 배가 기다린다. 배 삯은 무료다.

주소   강원도 춘천시 북산면 청평리 486-1(소양호 유람선 선착장에 주차, 주차 무료)
전화   033-242-4555, 017-368-4556
요금   1박 2일 숙박 20인 이상 단체 55,000원(1인당), 10인 이상 단체 1인당 60,000원(1인당)
식사   숯불닭갈비 12,000원(1인분), 오리바비큐 50,000원(3~4인 기준)
홈페이지   www.soyangartfarm.com

직접 국수를 뽑아 시식해보자.

가족단위, 단체 여행객에게 사랑받는 소양예술농원.

소양예술농원에서는 매월 셋째주 일요일에 전통예술공연이 열린다.

진도씻김굿

청평사

고려시대에 창건되어 나옹화상이 오랫동안 수행했던 곳으로 알려진 청평사는 정갈하고 단출하다. 한때 원나라에서 보낸 대장경을 보관하는 등 크게 번성하기도 했지만 한국전쟁 때 국보로 지정됐던 극락전이 소실되면서 지금은 보물 164호인 회전문과 대웅전 등 몇몇 가람들만 남았다. '뱀이 돌아 나갔다'는 회전문은 흙담을 만들지 않고 창살을 달아 만든 형태로 불교의 윤회사상을 상징한다.

과거 배를 타야만 갈 수 있던 청평사까지 배후령 터널이 뚫렸지만 여전히 육로보다는 뱃길이 인기가 좋다. 선착장에서 배를 타고 내려 1km 정도를 걷는 동안 거대한 거북바위도 만나고 구성폭포도 지난다. 경사가 급하지 않고 볼거리가 많아 가볍게 걷기에 좋다.

청평사 옆 등산로를 따라 오봉산 정상까지(약 2시간 소요) 오르거나 해탈문, 적멸보궁, 관음봉을 거쳐 절집으로 돌아오는 코스(약 1시간30분 소요)를 즐길 수 있다. 산이 높지는 않지만 산세가 험하고 바위가 많으니 만만히 봐서는 안 된다.

주소   강원도 춘천시 북산면 청평리 674
전화   033-244-1095
요금   성인 2,000원, 청소년 1,200원, 어린이 800원
홈페이지   www.cheongpyeongsa.co.kr

여행정보 Travel info

알아두면 좋아요!

가평 시티투어 버스를 이용하면 가평의 유명 관광지를 편리하게 찾을 수 있다. 당일 티켓 한 장으로 자유롭게 승·하차, 환승이 가능하다. 관광지 입장료 및 이용요금은 개별 부담이다.

  가평터미널 09:00~18:00
  (1시간 간격, 1일 8회 왕복 운행)
  가평 031-582-2421, 청평 031-584-0239
  요금 일반 5,000원, 어린이 3,000원
  코스 가평터미널→자라섬(이화원·캠핑장)→가평역→남이섬→쁘띠프랑스→청평터미널→청평역→풍림콘도→아침고요수목원(취옹예술관)

춘천시에서는 체험과 볼거리가 가득한 주요 박물관 3개(애니메이션박물관, 강원도립화목원(산림박물관), 막국수체험박물관)를 묶어 한 번에 둘러볼 수 있는 자유이용권을 판매한다.
  요금 어른 5,000원, 어린이 3,500원

무얼 먹을까?

단우물막국수 막국수
강원도 춘천시 신북읍 산천리 320-2, 033-242-1345

유포리막국수 막국수
강원도 춘천시 신북읍 유포리 62-2, 033-242-5168

원조 숯불닭불고기 닭갈비
강원도 춘천시 중앙로 2가 66-2, 033-257-5326

1.5닭갈비 닭갈비
강원도 춘천시 후평3동 801-13, 033-253-8635

유림닭갈비 닭갈비
강원도 춘천시 온의동 548-12, 033-253-5489

가평잣손두부집 잣두부보쌈
경기도 가평군 상면 행현리 515, 031-584-5368

 어디서 묵을까?

세종호텔춘천
강원도 춘천시 봉의동 15-3, 033-252-1191,
www.chunchonsejong.co.kr

IMT호텔
강원도 춘천시 요선동 7-7, 033-257-6111

리츠호텔
강원도 춘천시 공지로451번길 1,
033-241-0797~8

로망펜션
경기도 가평군 상면 행현리 659-1,
031-584-0077, www.pensionroman.com

자라섬 오토캠핑장
경기도 가평군 가평읍 달전리 산7, 031-580-2700, www.jarasumworld.net

리버빌펜션
경기도 가평군 설악면 유명로 2312, 031-585-5622

축제도 함께 즐겨요!

1월 청평 얼음꽃 송어축제, 자라섬 씽씽겨울축제
5월 춘천 마임축제
6월 춘천 막국수닭갈비축제
8월 춘천 아트페스티벌
10월 자라섬 국제재즈페스티벌

남한강과 북한강이 만나는 호수의 고요한 일렁임은 일상에 지친 마음에 위로가 된다. 자작나무 숲에서 피톤치드를 들이마시며 꿈같은 휴식을 즐길 수 있다. 강바람을 맞으며 레일바이크를 타고 달리면 복잡했던 머릿속은 어느새 맑아진다. 청정지역 횡성에서 자란 한우 한 점에 몸보신은 물론 마음까지 치유되는 휴식 같은 여행이다.

양평 · 횡성

여행테마	산책, 맛
좋은시기	7~8월
서울에서 이동시간	1시간
가는 방법	통영대전중부고속도로 하남분기점 이후 창우로를 따라 이동→팔당대교IC에서 '소나기마을, 양평' 방면→경강로를 따라 이동 후 조안교차로 지나 터미널삼거리에서 '두물머리' 방면→두물머리길을 따라 이동

양평·횡성 Course

소나기마을에선 소설 속 주인공이, 풍수원성당에서는 영화 속 주인공이 되어본다. 연꽃이 피는 여름이라면 세미원은 꼭 둘러봐야 할 포인트. 하얀 겨울의 자작나무숲도 놓치지 말자.

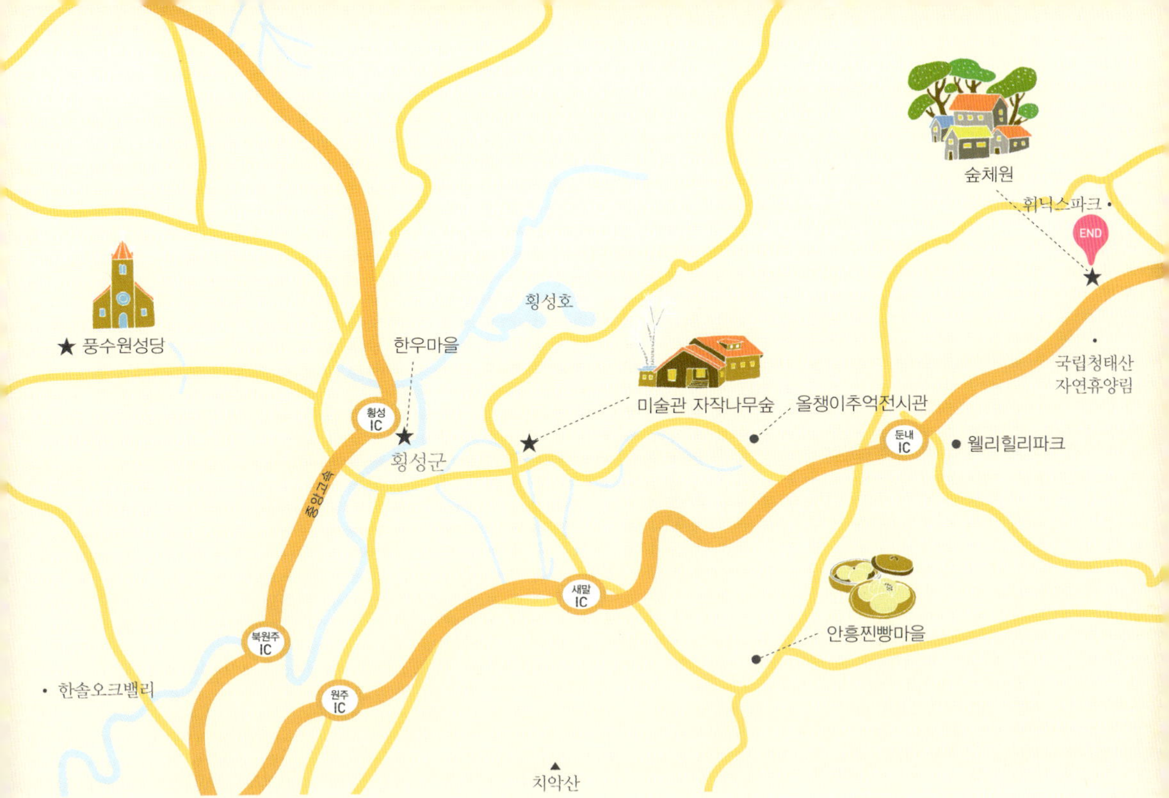

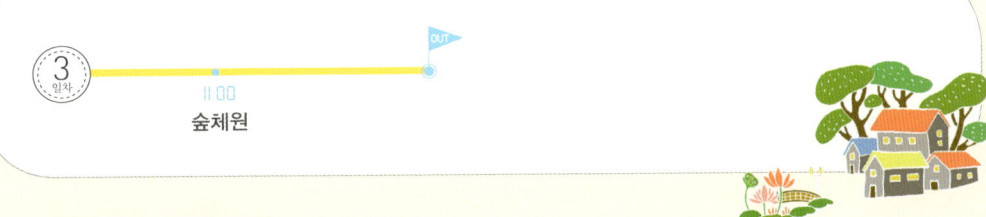

- ★ 꼭 들러야 하는 곳은 어디?
  두물머리, 레일바이크, 풍수원성당, 한우마을, 숲체원
- 더 가볼 만한 곳은 어디?
  양평 곤충박물관, 갤러리 서종, 웰리힐리파크, 올챙이추억전시관, 수종사
- ☆ 무엇을 먹어야 할까?
  해장국, 횡성한우, 안흥찐빵

꼭 가야 할
볼거리
BEST9

BEST 1 두물머리

두물머리는 남한강과 북한강 줄기가 하나로 만나 한강을 이루는 뜻 깊은 곳이다. 경기도 양평군 양서면 양수리 일대를 큰 물줄기 둘이 머리를 맞대는 곳이라는 의미에서 '두물머리'라고 불렀다. 두물머리에서 가장 눈에 띄는 것은 수령이 400여 년 된 느티나무로, 이 나무의 이름은 도당 할아버지다. 바로 옆에 도당 할머니 나무도 있었으나, 팔당댐이 완공될 때 수몰되었다고 한다.

일교차가 큰 봄과 가을의 이른 아침에는 수면에 피어오르는 신비한 물안개를 만날 수 있다. 사람을 황홀하게 만드는 두물머리의 물안개는 사진이 취미인 사람이라면 꼭 한 번쯤 들러봤을 법한 명소다. 너무 잘 알려진 것이 흠이라면 흠이다.

주소　경기도 양평군 양서면 양수리
전화　031-770-2068

BEST 2 세미원

이곳은 원래 상수원 보호구역으로 상류에서 떠내려 온 부유물들로 가득한 쓰레기장이나 다름없었다. 그런데 주민과 환경단체가 나서서 쓰레기를 수거하고 수질 정화능력이 뛰어난 연을 가져다 심었다. 이러한 노력이 밖으로 알려지면서 규제가 풀리고 도에서도 지원을 하게 되었다. 그렇게 아름다운 물의 정원, 세미원이 탄생했다. '물을 보며 마음을 씻고 꽃을 보며 마음을 아름답게 하라觀水洗心 觀花美心'는 뜻의 세미원에서는 마음을 깨끗이 씻어내자는 의미로 모든 길을 빨래판으로 조성해 놓았다.

공원은 크게 세미원과 석창원으로 구분된다. 조선시대 온실과 겸재의 〈금강산도〉를 축소 복원해 놓은 석창원에서는 옛 선조들이 즐기던 놀이 '유상곡수연'을 체험할 수 있어 흥미롭다. 유상곡수연은 굴곡진 수로에서 흐르는 물 위에 술잔(혹은 찻잔)을 띄우고 그 술잔이 자기 앞에 올 때 시를 한 수 읊는 풍류놀이로, 하루 전 예약을 하면 10명 이상 단체 관람객에 한해 체험할 수 있다.

주소　경기도 양평군 양서면 양수로 93
전화　031-775-1834
운영　09:00~18:00(동절기 17:00)
요금　성인 4,000원, 어린이 2,000원
홈페이지　www.semiwon.or.kr

소나기마을과 황순원문학관

어여쁜 소녀와 순박한 소년의 아름다운 사랑 이야기가 담겨 있는 황순원의 단편소설 〈소나기〉. 양평은 소설 〈소나기〉에서 '소녀네가 양평읍으로 이사한다.'고 할 때 등장한다. 소설 속 배경이 된 마을이 서종면 수능리에 소나기마을이라는 이름으로 재탄생했다. 소나기마을은 소설 속 1950년대 농촌 풍경을 그대로 재현했다. 소설 속 징검다리, 섶다리 개울 등을 재현한 산책로도 정감있지만 무엇보다 인공 소나기가 내리는 소나기 광장이 재미있다. 갑자기 소나기가 내리면 소설 속 주인공처럼 수숫단 속으로 피해야 한다.

내부에는 황순원 선생의 유품 90여 점과 생전의 집필실, 그의 생애와 작품을 한눈에 볼 수 있는 전시장 등이 들어선 황순원문학관이 있어 문학을 테마로 한 여행이라면 더없이 만족스러울 것이다.

주소　경기도 양평군 서종면 수능리 산74
운영　09:00~18:00(입장 마감 17:30, 매주 월요일 휴관)
요금　황순원문학관 성인 2,000원, 어린이 1,000원

레일바이크

2008년 말, 복선 전철화와 더불어 폐선된 중앙선의 원덕~용문 간 약 3.2km의 기찻길이 되살아났다. 남한강의 지류인 흑천을 따라 펼쳐진 협곡 풍경이 무척 아름다운 이 구간을 그냥 방치하기는 아까운 일. 그래서 레일바이크 코스가 만들어졌다.

레일바이크는 용문을 출발해 옛 중앙선 철길을 따라 들판을 가로지른다. 흑천 바로 옆을 나란히 달리며 계곡도 보고 자연을 온전히 만끽할 수 있다. 약 15~20km/h의 속도로 달리는데, 왕복 1시간 남짓이면 충분하다.

TIP ▶ 레일바이크가 힘들다면 전동바이크를 타도 좋다.
　　　힘들게 구르지 않아도 되지만 레일바이크보다 1.5배 비싸다.

주소　경기도 양평군 용문면 삼성리 126-5
전화　031-775-9911
운영　09:00, 10:30, 12:00, 13:30, 15:00, 16:30, 18:00, 19:30, 21:00(5~10월)
요금　2인승 25,000원, 4인승 32,000원
홈페이지　www.yprailbike.com

소나기 광장에 소나기가 내리면 소설 속 주인공처럼 수숫단 속으로 비를 피해보자.

레일바이크를 타고 달리며 자연을 만끽해보자.

용문사

다사다난한 역사를 가진 절이다. 신라 신덕왕 2년(913) 대경대사가 창건했으며 고려 우왕 4년(1378) 지천대사가 개풍 경천사의 대장경을 옮겨 봉안했고, 조선 태조 4년(1395) 조안화상이 중창했다. 1907년 의병의 근거지로 사용되다가 일본군에 의해 불타기도 했으며 한국전쟁 때는 용문산 전투를 치르면서 많은 피해를 입었다. 1958년 이후 지금의 모습으로 재건되었다.

경내에는 보물 제531호로 지정된 정지국사 부도와 부도비, 천연기념물 제30호로 지정된 은행나무가 있다. 은행나무는 국내에서 가장 오래된 나무 중 하나로 용문사가 창건된 연대 기준으로 수령은 대략 1,200여 년이나 된다. 나무에 얽힌 이야기가 전해지는데, 신라 마지막 왕인 경순왕의 아들 마의태자가 나라 잃은 설움을 안고 금강산으로 가던 도중, 모든 것을 버리기로 결심한다. 지팡이까지 버리기 위해 길에 꽂아 놓고 떠난 것이 싹을 틔우고 자라 지금의 은행나무가 되었다고 전해진다. 거듭되는 병화와 전란 속에서도 불타지 않고 살아남았던 나무라 하여 천왕목天王木이라고 불리기도 한다.

천왕목이 온통 노랗게 물드는 가을이라면 용문사에 꼭 들러보자.

주소　경기도 양평군 용문면 신점리 625
전화　031-773-3797
홈페이지　www.yongmunsa.org

BEST 6 풍수원성당

1801년 신유박해 이후 경기도 용인에서 40여 명의 신자들이 피난처를 찾아 헤매다 정착한 곳으로, 한국인 신부가 지은 최초의 성당이다. 1907년에 완공된 이곳은 서울 중림동 약현성당(1892년), 전북 완주 되재성당(현 고산성당, 1896년), 서울 명동성당(1898년)에 이어 우리나라에 네 번째로 지어진 성당이자 강원도 최초의 성당이다. 옛 모습이 그대로 남아 있는데, 여타 유명한 성당들과는 달리 화려한 장식이 없다. 빨간 벽돌은 소박하면서도 고풍스러움이 느껴진다.

성당 옆쪽으로 언덕을 따라 십자가의 길이 있다. 돌계단을 따라 예수가 십자가에 못 박히기까지의 과정을 돌비석에 새겨두었는데, 이는 판화가 이철수의 작품이다.

주소   강원도 횡성군 서원면 유현2리 1097
전화   033-343-4597
홈페이지   www.pungsuwon.org

소박하면서도 고풍스러운 빨간 벽돌로 지어졌다.

횡성 한우마을

횡성의 명품으로는 홍삼, 복분자, 안흥찐빵 등을 꼽을 수 있는데 그중에서도 단연 최고는 횡성 한우다. 횡성 한우가 유명한 것은 일교차와 해발고도가 소의 생육에 적합한 최적의 환경을 갖추고 있기 때문이다. 횡성 우시장은 조선시대부터 강원도에서 제일 크기로 정평이 나있다. 얼마 전까지 횡성 우시장은 4~10월 끝자리 1일과 6일에 열리는 5일장이었으나 매달 2, 12, 22일 3회만 열리는 것으로 변경되었다.

횡성 한우의 품질과 맛이야 두말할 나위 없이 좋지만, 단점은 다른 고장 한우보다 비싸다는 것. 우시장 인근의 셀프 한우식당을 이용하면 비교적 저렴하게 횡성 한우를 맛볼 수 있다.

주소 강원도 횡성군 우천면 우항리 636-3 (우천면사무소 인근)

명품 한우!

미술관 자작나무숲

1991년 자작나무 1년생 묘목을 심기 시작해 2004년 5월 정식 개관한 미술관이다. 미술관을 이루는 자작나무숲은 사진작가인 원종호 관장이 20여 년 전부터 정성을 다해 심은 것들이다.

자작나무는 우리나라 토종 나무로, 불에 탈 때 '자작자작' 소리가 난다고 하여 붙여진 이름이다. 높은 산악지대나 추운 지방에서 잘 자라며 하얀 껍질과 특이한 수형으로 숲속의 귀족이라 불린다.

미술관 자작나무숲은 관장이 사용했던 스튜디오 갤러리와 다양한 분야의 전시가 열리는 제1전시장, 원종호 관장의 작품을 만날 수 있는 제2전시장으로 이루어져 있다. 또한 '숲속의 집'이라는 게스트 하우스가 있어 숙박이 가능하다. 입장 티켓을 가져가면 스튜디오 갤러리에서 향긋한 차를 한 잔 마실 수 있다는 것도 잊지 말자.

주소 강원도 횡성군 우천면 두곡리 둑실마을
전화 033-342-6833
운영 10:00~일몰시까지(동절기 11:00~일몰시까지, 매주 수요일 휴관)
요금 성인 15,000원, 어린이 10,000원
홈페이지 www.jjsoup.com

자작나무는 불에 탈 때 '자작자작' 소리가 나서 붙여진 이름이다.

숲체원

숲체원은 영동고속도로 둔내IC나 면온IC에서 10여 분 거리에 위치해 있어 수도권에서 접근하기가 편하다. 더욱이 곳곳에 돌아볼 것이 많아 1박 2일 동안 머물러도 지루함을 느낄 틈이 없다.

나무로 된 총 길이 1,090m의 '숲 체험 데크로드'는 거동이 불편한 노약자와 휠체어 이용자를 배려해 만들어 누구나 쉽게 산 정상까지 올라갈 수 있다. 방문자센터 뒤에서 시작하는 이 길은 잣나무, 소나무, 낙엽송, 층층나무, 자작나무, 산벚나무, 물푸레나무 등이 자라는 울창한 숲 사이에 지그재그로 고도를 높여가며 설치됐다. 종착지인 전망대는 숲에 둘러싸여 있어 탁 트인 전망을 볼 수 없다는 점이 살짝 아쉽다.

나무로 목걸이를 비롯한 여러 가지 소품을 만들거나 꽃이나 나무 등의 도안으로 나만의 티셔츠를 만드는 등의 체험을 즐길 수 있다. 다양한 체험 및 교육 프로그램이 운영되고 있어 장애인 관광시설 분야 '2010년 한국 관광의 별'에 선정되기도 했다.

> **TIP** 다른 휴양림에 비해 숙박시설이 다양하다. 단, 취사는 불가능하며 숲체원 내의 식당에서 식사가 가능하다.

주소　강원도 횡성군 둔내면 청태산로 777(삽교리 1767-1)
전화　033-340-6300
홈페이지　www.soop21.kr

숲체험 데크로드를 따라 산 정상까지 쉽게 오를 수 있다.

여행정보 Travel info

 알아두면 좋아요!

2011년 10월, 양평을 지나 남양주로 향하는 길목에 방치되어 있던 폐철도가 양평 자전거길(www.ypbike.co.kr)로 되살아났다. 강바람을 가르며 달리기 좋다.

양평읍 갈산공원에서부터 회현리와 앙덕리 경계 지점까지 약 3km 구간에 걸쳐 남한강의 옛 이름을 딴 양강 물레길이 조성됐다. 전 구간 남한강변을 따라 흙을 밟으며 걸을 수 있다. 제방 위 기존 산책로를 겸한 자전거도로와 쉽게 연결되어 편리하다.

 무얼 먹을까?

횡성축협 한우프라자　한우
강원도 횡성군 우천면 한우로 1401,
033-342-6680
함밭식당　횡성한우등심
강원도 횡성군 횡성읍 북천리 205-9,
033-343-2549
박현자네 더덕밥　더덕육회비빔밥
강원도 횡성군 횡성읍 곡교리 127-3,
033-344-1116
장가네 막국수　막국수
강원도 횡성군 횡성읍 옥동리 255-2,
033-343-8377
보광정　닭볶음탕
경기도 양평군 옥천면 용천리 220-3,
031-772-5635

원조 신내 서울해장국집　해장국
경기도 양평군 개군면 공세리 327-2,
031-773-8001

 **어디서 묵을까?**

코지호텔
강원도 횡성군 횡성읍 한우로 267, 033-343-3000
글로리아허브리조트
강원도 횡성군 갑천면 갑천로 872,
033-345-5114, www.gloriaherb.co.kr
숲체원
강원도 횡성군 둔내면 청태산로 777,
033-340-6300, www.soop21.kr
양평밸리
경기도 양평군 양평읍 백안리 17-44,
031-774-3000, www.ypvalley.co.kr
한옥마을황토펜션
경기도 양평군 강하면 전의1길 43-6,
031-773-6300, www.hanok54.co.kr

 축제도 함께 즐겨요!

2~5월　양평 딸기체험축제
4월 초　양평 산수유축제
4월　두릅축제
9월　황순원문학제
10월　횡성 한우축제

수도권에서 1~2시간 거리로, 바다가 갈라지는 모세의 기적을 경험하고 갯벌 체험과 황홀한 일몰을 볼 수 있음은 물론 섬 여행까지 가능하다. 숨이 콱 막히는 빽빽한 빌딩 숲 대신 탁 트인 갈대숲을 만나고 아스팔트 대신 갯벌을, 지하철 대신 배를 타고 여행한다. 꼭 멀리 가야만 여행이 아니다. 가는 길 부담 없어 더 좋은 근거리 여행이 때론 답이 될 수도 있다.

화성·안산·덕적도

여행테마	**산책, 바다**
좋은시기	**5월, 8~9월**
서울에서 이동시간	**1시간**
가는 방법	경인고속도로 신월 IC→서울외곽순환고속도로 서울분기점→무네미로를 따라 이동→장승백이사거리에서 '시청, 남동경찰서, 남동구청' 방면→남동구청사거리에서 '소래, 남동구청' 방면으로 가다 소래로를 따라 이동

화성
안산
덕적도
Course

소래습지생태공원과 탄도항에서는 갯벌 체험이 가능하다.
덕적도 여행은 배 시간에 맞춰 움직여야 하니, 이동할 시간과 동선을 고려해 여행하자.

1일차
09:30 소래습지생태공원, 소래포구 — 50분 → 13:00 화성 공룡알 화석지 — 25분 → 15:30 하내테마파크 — 15분 → 18:00 탄도항, 누에섬 (숙박)

★ 꼭 들러야 하는 곳은 어디?
   소래습지생태공원, 덕적도, 탄도항
● 더 가볼 만한 곳은 어디?
   유리섬박물관, 베르아델 승마클럽, 영흥도 장경리해변, 영흥도 십리포해변, 선재도, 승봉도
☆ 무엇을 먹어야 할까?
   활어회, 바지락칼국수

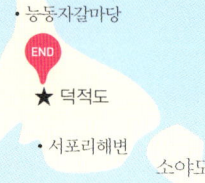

30분
1시간30분
2
일차
09:30
대부 방아머리선착장
덕적도 여행

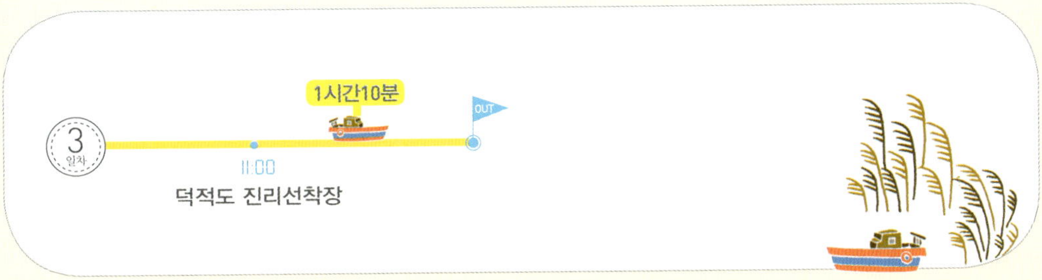
1시간10분
OUT
3
일차
11:00
덕적도 진리선착장

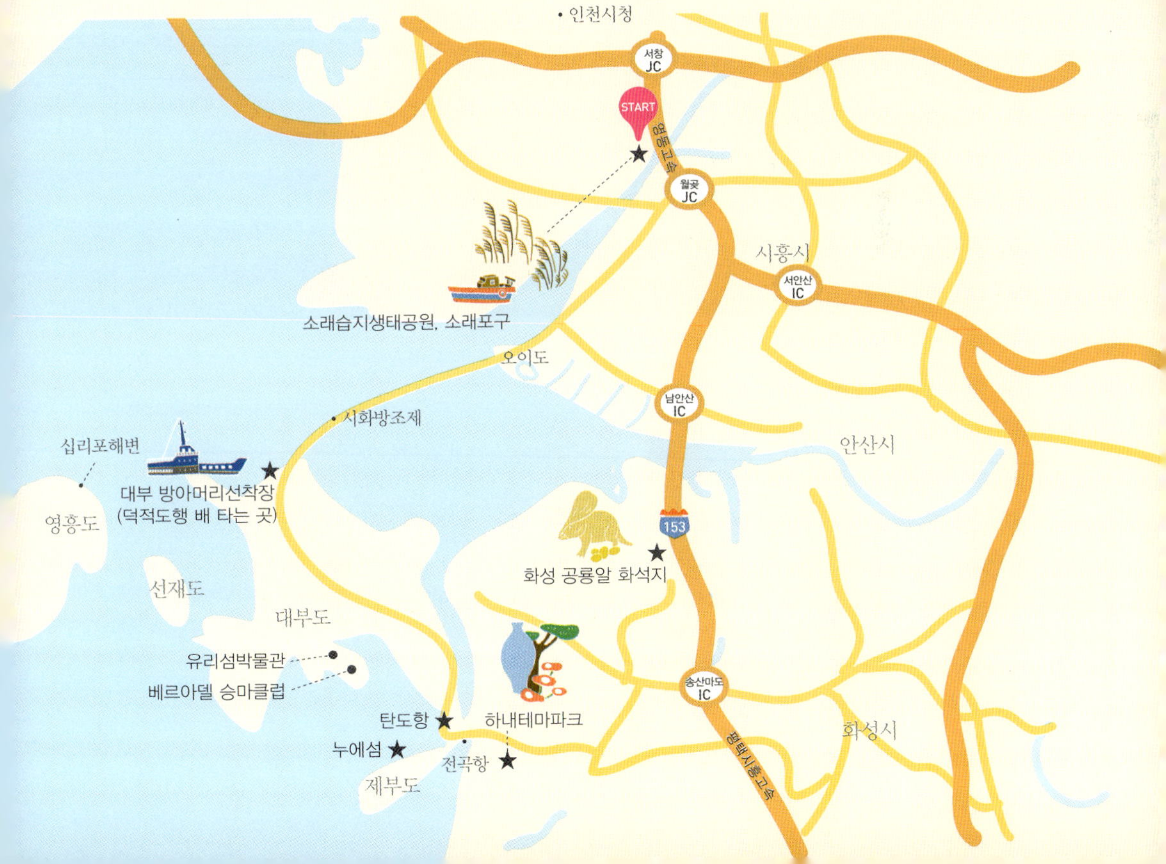
인천시청
서창 JC
START
영동고속
월곶 JC
시흥시
서안산 IC
소래습지생태공원, 소래포구
오이도
남안산 IC
시화방조제
안산시
십리포해변
대부 방아머리선착장
(덕적도행 배 타는 곳)
영흥도
153
화성 공룡알 화석지
선재도
대부도
유리섬박물관
베르아델 승마클럽
송산마도 IC
탄도항
하내테마파크
누에섬
전곡항
화성시
제부도
평택시흥고속

꼭 가야 할
볼거리
BEST5

소래습지생태공원·소래포구

소래에서 생산되던 소금을 수송하기 위해 만들어진 수인선의 영업은 중지되고 바다 위 철교만 남아 아파트 숲에서 소래포구를 연결하는 통로 역할을 하고 있다. 1930년대 전국 제일의 염전이 들어섰던 소래포구는 1995년 수인선의 영업이 중단되고 1997년 이후에는 소금 생산도 중단되었다. 이후 폐염전은 사람의 발길이 끊기고 다양한 염생 식물과 철새, 양서류, 곤충이 자생하는 갯벌로 살아났다. 이에 인천시는 갯벌과 폐염전이 속한 소래포구 상류에 '소래습지생태공원'을 조성했다. 습지·갯골·염전·전시관 등으로 구성된 공원을 둘러보는 데는 쉬엄쉬엄 걸어서 3~4시간 정도 걸린다. 갯벌 바람을 맞으며 자전거를 타고 둘러볼 수도 있어 공원을 찾는 발길은 점점 늘어나고 있다.

소래습지생태공원에서 걸어서 10분이면 소래포구에 갈 수 있다. 소래포구는 주말이면 다양한 어패류를 사고파는 인파로 발 디딜 틈조차 없다. 꽃게가 제철인 가을이 되면 어시장에는 어깨를 부딪치며 걸어야 할 정도로 사람이 모여든다. 혼잡하게 오고 가는 사람들 사이로 시장 구경을 하고 요기도 한다.

TIP 소래포구는 주차 공간이 혼잡하고 좁다. 도보로 이동이 가능한 거리이니 소래습지생태공원 주차장을 이용하는 것이 좋다.

주소 　인천시 남동구 소래로 154번길 77(논현동 1-17)
전화 　032-435-7076, 032-435-7082(소래습지생태공원 전시관)
운영 　10:00~18:00
홈페이지 　www.incheon.go.kr/sorae

화성 공룡알 화석지

남해안 바닷가와 우리나라 내륙 곳곳에서 공룡의 흔적이 발견되지만 대부분이 공룡 발자국 화석이다. 반면 화성시 송산리 공룡 화석지에는 공룡알이 화석의 상태로 온전히 보존되어 있다. 시화호를 만들면서 주변 습지를 조사하던 중 이곳에서 6~7개의 둥지, 100여 개가 넘는 공룡알 화석이 발견되어 지금은 이 일대를 천연기념물로 지정해 놓았다.

화석지 안으로 들어가면 시원스레 펼쳐진 갈대밭 안쪽으로 층층이 갈라진 해식바위가 보이고 그 아래에 공룡알 화석이 있다. 커다란 공룡알이 잘 드러나 있어 쉽게 찾을 수 있다. 공룡알 표면을 자세히 들여다보면 작은 구멍이 있던 흔적이 보이는데 알 속의 새끼 공룡이 숨을 쉬던 숨구멍이라고 한다. 공룡알 화석을 찾아보는 재미도 있고 운치가 좋아 비포장도로를 달려 찾아가는 수고가 아깝지 않다.

주소   경기도 화성시 송산면 고정리 산5
전화   031-357-3951
운영   10:00~17:00

하내테마파크

화성시 서신면에 위치한 대규모 교육 수련시설로 크게 연수시설, 숙박시설과 다양한 체험이 가능한 부대시설로 나뉘어 있다. 연수시설은 600명을 동시에 수용할 수 있는 대강당, 중강당 4개, 세미나실 등으로 구성되며 숙박시설은 자연관·진리관(30실), 하내관(10실), 민들레관(숙박 정원 26명) 등으로 구성된다. 부대시설로는 총면적 5만m²에 달하는 대규모의 야생화와 조형 공원, 석박물관石博物館, 곤충박물관, 챌린지파크, 서바이벌게임장, 도예원, 다도원, 소금족탕 등이 있다. 공원 내 곳곳에는 원두막 쉼터가 마련되어 있고 특히 봄이면 산수유, 벚꽃이 절경을 이룬다.

주소   경기도 화성시 서신면 진곡리 508-2
전화   031-357-6151
운영   09:00~18:00
요금   성인 5,000원, 어린이 3,000원(박물관, 체험비용 별도)
홈페이지   www.hane.co.kr

시원스레 펼쳐진 갈대밭 안쪽으로 층층이 갈라진 해식바위가 보이고 그 아래에 공룡알 화석이 있다.

하내테마파크에서는 다양한 체험이 가능하다.

탄도항 · 누에섬

다리 하나를 사이에 두고 전곡항과 탄도항으로 나뉜다. 전곡항은 화성시, 탄도항은 안산시에 속한다.

탄도항은 하루 2번 물이 빠지면 누에섬과 만난다. 누에섬은 멀리서 보면 누에를 닮았다고 해서 붙여진 이름이다. 섬 안으로 들어서면 등대전망대를 만날 수 있다. 등대 아래로 전시실과 전망대 시설이 있는데 1층에는 누에섬 인근을 소개하는 체험관이 있으며 2층에는 세계의 등대들을 한눈에 비교할 수 있는 공간이 마련되어 있다. 세계 최초의 등대로 꼽히는 이집트 파로스 등대부터 우리나라 최초의 등대인 인천 팔미도 등대까지 볼 수 있다. 3층에는 바다 전경을 한눈에 바라볼 수 있는 전망대를 무료로 개방하고 있으니 들러보자.

탄도항에서 바라보는 낙조는 일품이다. 특히 아침과 저녁의 일교차가 심한 날에 바다를 더욱 붉게 물들인다. 12월 말 경에는 누에섬 한가운데로 떨어지는 일몰을 볼 수 있어 좋다.

주소 경기도 안산시 단원구 선감동 717번지
운영 등대전망대 09:00~18:00

BEST 5

덕적도

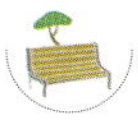

인천 연안부두 남서쪽 80km 지점에 위치한 섬으로 깊은 물, 즉 수심이 깊은 바다에 있는 섬이란 뜻의 우리말 '큰물섬'을 한자화한 이름이다. 섬 내에는 해발 292m의 비조봉이 우뚝 솟아 있고 해안선을 따라 늘어선 밧지름, 서포리, 북리 해안 등의 해수욕장은 기암괴석 해안과 송림이 어우러져 최고의 풍경을 만들어 낸다. 특히 서포리 전망대에서 내려다보는 낙조는 넋을 잃을 정도로 아름답다.

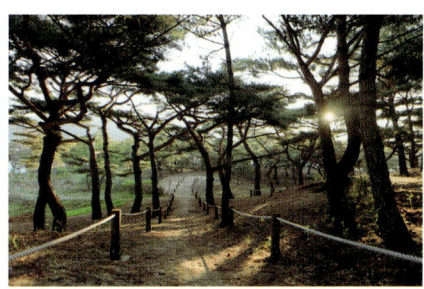

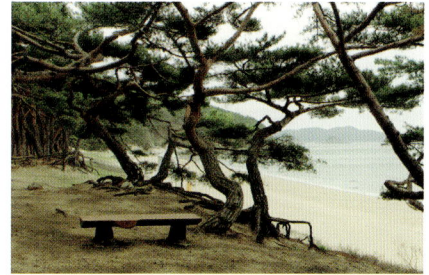

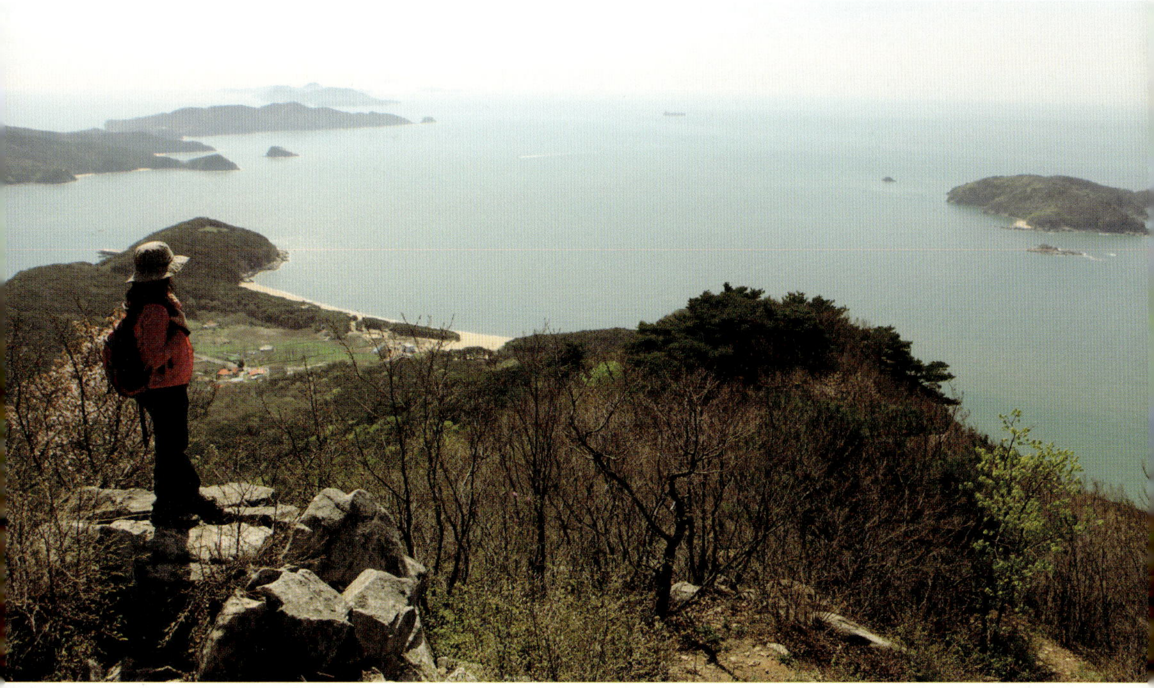

덕적도 가운데 우뚝 솟은 비조봉은 해발 292m로 총 3개 코스 중 한 곳을 택해 오를 수 있다. 모든 코스가 평균 2시간 정도 걸리는데 2, 3코스는 하산 후 선착장까지 도보 15~30분 정도 소요되니 미리 계산해서 등반하는 것이 좋다. 주 등산로에는 침엽수림이 많아 산림욕 하기에 좋고, 날씨가 맑아 전망이 좋을 때는 어느 방향으로 하산해도 너른 해수욕장을 감상할 수 있다. 인근 바다는 우럭, 노래미, 광어 등 다량의 어종이 잘 잡히는 배 낚시터로 유명해서 바다낚시를 즐기는 사람들로 철마다 북적인다.

TIP 인천 연안여객터미널(032-887-6669)에서도 덕적도행 배를 이용할 수 있다.

주소   덕적도 인천시 옹진군 덕적면 진리 757번지
        방아머리선착장 경기도 안산시 단원구 대부동 18-414
전화   대부해운 032-886-7813, 덕적면사무소 032-831-7701~2
운항   대부도→덕적도 09:30, 덕적도→대부도 11:00(쾌속선 1시간10분 소요)
홈페이지   www.mydeokjeokdo.com

여행정보
Travel info

 알아두면 좋아요!

낙조가 아름답기로 유명한 대부 해솔길(www.haesolgil.kr)을 걸어보자. 전체 7개 코스로 이루어진 대부 해솔길은 총 74km에 달한다. 대부 해솔길 6코스에는 탄도항이 포함되어 있다.

1994년 시화호 방조제가 완공되면서 화성과 안산 해변에 간척지가 형성되어 많은 섬들이 육지와 연결됐다. 대표적인 섬이 우음도. 공룡알 화석지와 지척인 우음도는 소 모양으로 생기고 섬에서 소 울음소리가 들린다 하여 붙여진 이름이다. 우음도 가장 높은 곳에 세워진 전망대에 오르면 광활한 시화호 간척지 너머 멀리 서해 바다로 떨어지는 낙조를 감상할 수 있다.

 **어디서 묵을까?**

게스트하우스 에리카
경기도 안산시 상록구 사동 1271, 031-436-8014
안산호텔
경기도 안산시 상록구 일동 120-5, 031-408-8700
대부낙조펜션
경기도 안산시 단원구 선감동 680-2(대부 황금로 153-8 탄도항 인근), 032-885-8474
푸른노을펜션
경기도 안산시 단원구 선감동 12-5, 032-888-7129, 탄도항 인근
그린비치
인천시 옹진군 덕적면 서포리, 032-831-2311

 무얼 먹을까?

목포횟집   활어회
탄도항 수산물 직판장, 032-882-7921
용현수산   활어회, 해산물
인천시 남동구 논현동 111-169 소래포구 내, 032-446-1340,
솔밭칼국수   바지락칼국수
경기도 안산시 단원구 대부북동 대부 선착장 인근 1847-14, 032-882-7361,
하늘에바다에   조개구이
경기도 안산시 단원구 대부북동 1848-113, 032-886-2664
중앙회센터
경기도 화성시 송산면 사강리 664, 031-357-7219

 축제도 함께 즐겨요!

5월   안산 국제거리극축제, 대부도 튤립축제
5~6월   화성 세계공룡대축제

PART
2

마음에 찍는 쉼표

인천광역시 · 충청도

서울의 절반 면적인 강화도는 우리나라에서 제주도와 거제도, 진도 다음으로 큰 섬이다. 고조선부터 조선까지 수천 년간의 역사와 문화유산을 품고 있다. 천년고찰 보문사와 전등사, 썰물이면 광활한 갯벌이 드러나는 해수욕장, 섬 주위를 둘러싼 바다를 물들이는 일몰은 장관이다. 서울에서 불과 30km 떨어진 곳에서 무리를 지어 비행하는 갈매기 떼와 비릿한 바닷바람이 주는 해방감을 느껴보자.

인천·강화

여행테마 역사, 바다
좋은시기 6~7월
서울에서 이동시간 1시간
가는 방법 356번 지방도→'강화읍, 통진, 김포CC' 방면으로 들어와 김포대로를 따라 이동→알미골삼거리에서 '강화터미널, 삼산, 길상, 마니산, 보문사' 방면으로 좌회전→중앙로를 따라 이동

인천·강화 Course

큰 섬(강화도)은 차로, 작은 섬(석모도)은 자전거나 도보로 여행해도 좋다.
석모도로 향하는 배에서 갈매기 떼의 묘기를 관람할 수 있고, 멋진 일몰도 만날 수 있다.

1일차: 11:00 강화 5일장(풍물시장) → 20분 → 14:00 광성보 → 15분 → 16:00 전등사 → 35분 → 18:00 장화리

2일차: 09:00 외포리 선착장 → 석모도 섬 여행 (20분 + 10분)

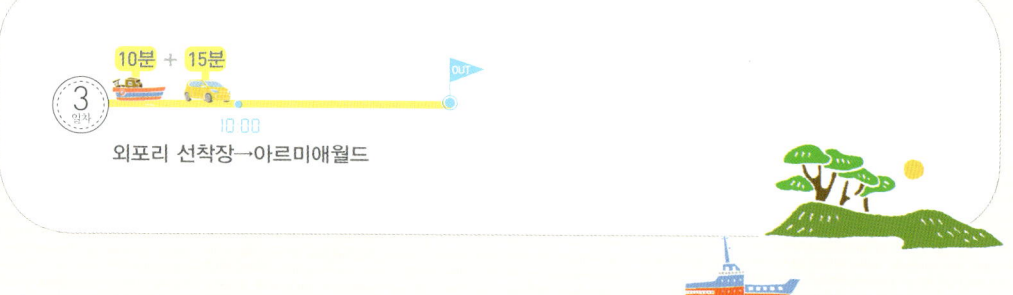

3일차: 10:00 외포리 선착장 → 아르미애월드 (10분 + 15분)

★ 꼭 들러야 하는 곳은 어디?
  강화 5일장, 전등사, 석모도(마애관음보살상)
● 더 가볼 만한 곳은 어디?
  마니산, 고려산, 교동도, 강화 역사박물관, 정족산성(삼랑성), 화문석문화마을
☆ 무엇을 먹어야 할까?
  고구마, 인삼, 밴댕이회무침, 꽃게탕

꼭 가야 할 볼거리 BEST6

볼거리와 먹거리가 풍부한 강화 5일장.

BEST 1 강화 5일장(풍물시장)

강화 5일장은 끝자리 2, 7일에 강화풍물시장 주차장에서 열린다. 민속장 명소화 사업으로 2007년 신축된 풍물시장 1층에는 풍물장과 회센터가 있고 2층에는 각종 음식점이 들어서 있어 볼거리와 먹거리를 함께 즐길 수 있다.

상시 운영되는 풍물시장의 볼거리도 충분하지만 5일장이 열리는 날이면 할머니들이 직접 캔 나물과 강화 특산품인 순무, 고구마 등을 판매하는 모습이 정겹다. 예전 5일장의 모습을 온전히 찾아볼 수는 없지만 강화 원주민들이 직접 운영하며 명맥을 이어가고 있다. 장이 열리는 시간은 계절별로 차이가 있으나 대체로 오전 8시에 시작해 오후 5시경 문을 닫는다.

주소 인천시 강화군 강화읍 갑곶리 849
전화 032-934-1318

BEST 2 광성보

고려가 몽골의 침략에 대항하기 위해 강화도로 천도한 후, 돌과 흙을 섞어 해협을 따라 길게 쌓은 성이다. 강화해협을 지키는 중요한 요새로, 강화 12진보鎭堡의 하나이다. 조선시대 광해군 때 다시 고쳐 쌓았으며, 1658년(효종 9)에 강화유수 서원이가 광성보를 설치하였다. 그 후 1679년(숙종 5)에 이르러 완전한 석성石城으로 축조하였다. 1871년 신미양요 때 가장 치열했던 격전지이다.

현재는 바다를 바라볼 수 있는 멋진 공원으로 꾸며져 있으며 당시의 치열했던 전투를 기억하는 기념비와 순국한 용사들의 무덤 등이 잘 정비되어 있다. 정문인 안해루 옆의 포대부터 뒤쪽의 넓은 잔디밭, 그리고 용두돈대까지 이어지는 소나무 숲길 등이 있다. 특히 강화해협이 내려다보이는 넓은 잔디밭은 아기자기하게 잘 꾸며져 있어 가족 단위로 하루 나들이를 즐기기에도 좋다.

TIP 광성보는 강화버스터미널에서 시작해 약수터→선원사지→삼동암천→환경농업교육관→ 화남생가→능내촌 입구→광성보에 이르는 강화 나들길 6코스에 속한다. 총 길이 18.8km로, 전형적인 농촌 마을의 소박한 아름다움을 느낄 수 있는 코스이다. 여유가 된다면 걸어 보는 것도 좋다.

주소 인천시 강화군 불은면 덕성리 833
전화 032-930-7070
요금 성인 1,100원, 어린이 700원

전등사

전등사는 고구려 소수림왕 때 신라로 불교를 전파하러 가던 아도화상이 잠시 머무르며 지은 절로 옛 이름은 진종사라고 한다. 전등사라는 지금의 이름은 고려 말 충렬왕의 비인 정화공주가 이곳에 옥으로 만든 등잔을 건네주면서 부르게 되었다고 한다. 여기서 '전등'이란 부처님의 말씀을 등불처럼 전한다는 뜻으로 쓰이고 있다.

전등사는 현존하는 한국 사찰 중 가장 오랜 역사를 가진 곳으로 다른 곳과 달리 일주문이나 불이문이 없고 단군의 세 아들이 쌓았다는 삼랑성, 정족산성이 있다. 삼랑성 안에 자리 잡은 전등사는 세 발 달린 솥을 거꾸로 엎어놓은 모양인 정족산과 더불어 강화를 상징하는 대표적인 문화유적이다. 삼랑성 동문으로 들어가면 병인양요 때 프랑스군을 이곳으로 유인해 물리쳤던 것을 기념하는 승전비를 볼 수 있다.

전등사를 찾았다면 보물 178호로 지정된 대웅전과 대웅보전 지붕을 떠받치고 있는 나부상을 찾아보는 것도 잊지 말자.

주소   인천시 강화군 길상면 온수리 635
전화   032-937-0125
요금   성인 3,000원, 청소년 2,000원, 어린이 1,000원
홈페이지   www.jeondeungsa.org

장화리

 장화리는 강화도에서도 서쪽에 위치해 끝없이 펼쳐진 개펄과 바다 위를 날고 있는 철새들, 그 사이로 떨어지는 환상적인 낙조의 모습을 감상할 수 있는 최적의 장소이다. 사진작가에게는 솔섬(죽섬)으로 불리는 작은 바위섬을 배경으로 오메가 일몰(해가 질 때 수평선에 닿은 해의 모양이 오메가 기호와 흡사해 붙여진 이름)을 촬영할 수 있는 장소로 유명하다.

TIP ▶ 일몰 조망지 제일 안쪽 둑방까지 차를 가지고 들어갔다가는 이도저도 못하게 될 수 있으니 인근에 주차를 하고 걸어서 가는 것이 좋다.

주소 인천시 강화군 화도면 장화리 일몰조망지

석모도

섬 속의 섬 석모도는 영화 〈시월애〉의 촬영지로 알려지기 시작했다. 하리 선착장에 있던 영화 〈시월애〉의 아름다운 집은 촬영 후 얼마 되지 않아 태풍 때문에 사라졌지만 석모도의 인기는 여전하다.

석모도는 외포리에서 배를 타고 7~8분 들어가면 되는데, 미리 과자를 준비해 가면 석모도로 향하는 동안 갈매기 떼의 묘기를 감상할 수 있다. 섬에 도착해 선착장을 나오자마자 삼거리가 나온다. 섬을 일주하는 도로는 하나뿐이라 어느 방향이든 길을 잃을 염려는 없다. 섬을 한 바퀴 도는 데 차로 20분 남짓 걸린다.

섬 중앙의 낙가산에 자리 잡은 보문사는 눈썹바위 아래 마애관음보살상으로 유명하다. 보문사 뒤편 계단을 따라 올라가면 만날 수 있다. 낙가산에 오르면 은빛 바다와 더불어 우리나라에 얼마 남지 않은 천일염전인 삼량염전을 조망할 수 있다. 삼량염전의 끝자락에는 석모도 유일의 해수욕장인 민머루해수욕장이 있는데, 이곳에서 바라보는 노을이 특히 아름답기로 유명하다. 바닷물이 빠지면 드러나는 수십만 평의 갯벌에서 갯벌 체험을 즐길 수도 있다.

TIP 석모도로 향하는 배는 30분 간격으로 운항한다. 일출몰 시간에 따라 시간이 달라질 수 있으므로 사전에 확인하는 것이 좋다.

주소 인천시 강화군 삼산면 석모도
전화 외포리 관광안내소 032-934-5565, 외포리 선착장 032-932-6007
요금 성인 2,000원, 어린이 1,000원, 승용차 16,000원(왕복 기준)
운항 외포↔석포 07:00~18:30

민머루해수욕장은 석모도 유일의 해수욕장이다.

BEST 6 아르미애월드

아르미애월드는 '약쑥으로 아름다움을 추구한다.'는 의미로 강화약쑥의 맛과 멋을 체험할 수 있는 테마공간이다. 강화약쑥은 서해의 해풍을 받고 자라 한의학적 효능이 뛰어나다고 한다. 약쑥웰가, 온새미로공원, 농경문화관, 약쑥가공공장 등이 갖추어져 있어 강화약쑥을 오감으로 체험해볼 수 있다.

또한 약쑥한우를 맛볼 수 있는 전문 식당과 족욕, 좌훈, 볼찜질 등을 체험할 수 있는 테마 체험장, 도자기 체험장을 비롯하여 강화브랜드 농특산물 판매장이 마련되어 있다. 가족 단위로 방문하여 아이들은 도자기 체험을 하고 어른들은 약쑥 체험을 해도 좋다.

주소　인천시 강화군 불은면 중앙로 742-2
전화　032-930-4114
운영　09:30~17:30(설, 추석 연휴 휴관)
홈페이지　www.armiae.com

여행정보
Travel info

 알아두면 좋아요!

강화도에는 3대 특산물과 3대 간식거리가 있다. 3대 특산물은 순무, 쑥, 인삼이며 3대 간식거리는 새우튀김, 약쑥튀김, 인삼막걸리다. 선착장과 사찰 입구 등에서 새우와 쑥을 즉석에서 튀겨 파는데 그 옆에는 어김없이 인삼막걸리가 놓여 있다. 별미이니 맛보도록 하자.

강화 나들길이 있는데, 여러 코스가 있다. 모든 코스를 걷기 부담스럽다면 일부만 걸어보자. 강화 내 대중교통 운행시간에 맞지 않을 수 있으니 콜택시 전화번호(032-932-2829)를 알아두자.

강화 내의 관광지 중 갑곶돈대, 광성보, 덕진진, 고려궁지, 초지진을 모두 이용할 수 있는 종합관람권(성인 2,700원, 청소년 1,700원)을 판매한다. 개별 티켓을 구입하는 것보다 60% 정도 저렴하다.

 무얼 먹을까?

대선정 시래기밥
인천시 강화군 길상면 초지리 2115-326, 032-937-1907, 초지대교 인근
만복정 밴댕이회무침
인천시 강화군 강화읍 갑곳리 849, 풍물시장 2층, 032-933-3085
비빔국수집 비빔국수
인천시 강화군 강화읍 관청리 490, 032-933-7337
토가 순두부찌개
인천시 강화군 화도면 흥왕리 566-1, 032-937-4482, 동막해수욕장 인근
편가네된장 강된장비빔밥
인천시 강화군 화도면 상방리 599-4, 032-937-6479

 **어디서 묵을까?**

감나무골 민박
인천시 강화군 삼산면 매음리 감나무골 민박, 031-932-4384, 석모도 내
심플하우스펜션
인천시 강화군 삼산면 매음리 45-22, 석모도 내
010-5560-3480, www.simplepension.net
마니산호스텔
인천시 강화군 화도면 상방리 383번지, 032-937-9317, www.manisanhostel.com
라르고빌
인천시 강화군 화도면 해안남로 2845번길 27, 032-555-8868, www.largoville.com

 축제도 함께 즐겨요!

4~5월   고려산 진달래예술제,
         강화 고인돌문화축제
10월   강화도 새우젓축제

서산·태안

3면이 바다로 둘러싸인 태안은 한반도 지형과 닮아 있다. 약 530km에 이르는 해안과 크고 작은 섬들이 총총히 떠 있는 바다는 어딜 둘러봐도 절경이다. 울창한 송림과 어우러진 바다, 바람이 빚은 기암절벽과 섬 등 아직 때 묻지 않은 자연을 만나는 여행이다. 국내 유일의 해안국립공원과 바다와 갯벌, 백제의 미소를 담은 사람들의 따뜻한 인심과 느림의 미학이 있다.

여행테마	역사, 트레킹
좋은시기	4월, 10월
서울에서 이동시간	1시간 45분
가는 방법	서해안고속도로 둔대분기점→서산 IC에서 '운산' 방면→운암로, 장벌로 따라 이동하다 고풍터널 진입 후 봉운로→고풍저수지 앞에서 '용현자연휴양림, 서산용현리마애여래삼존상' 방면

서산·태안 Course

서산의 아라메길과 태안의 해변길을 일부 포함한다. 체력과 시간의 여유가 된다면 각 스폿을 잇는 길을 걸어 봐도 좋다. 간월도와 안면도의 일몰은 서해안 낙조 중 최고이다.

1일차
- 11:00 마애여래삼존상
- 22분
- 13:00 상왕산 개심사
- 16분
- 15:30 해미읍성
- 28분
- 18:00 간월암 (일몰본 후 숙박)

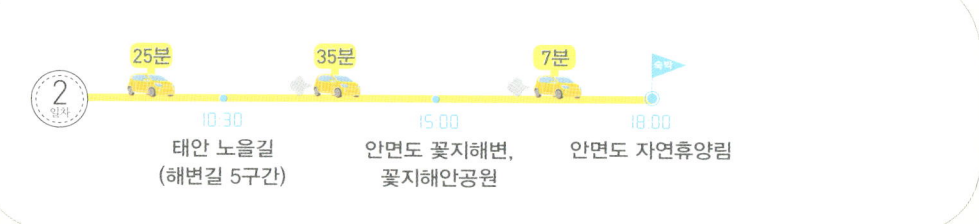

2일차
- 10:30 태안 노을길 (해변길 5구간)
- 25분
- 15:00 안면도 꽃지해변, 꽃지해안공원
- 35분
- 18:00 안면도 자연휴양림
- 7분

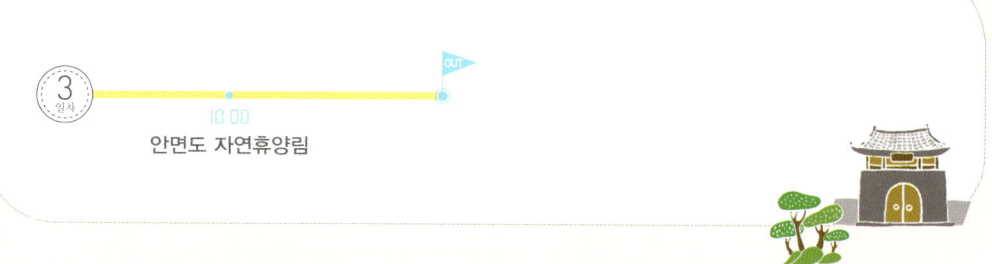

3일차
- 10:00 안면도 자연휴양림
- OUT

★ 꼭 들러야 하는 곳은 어디?
상왕산 개심사, 해미읍성, 간월암, 안면도 꽃지해변·꽃지해안공원

● 더 가볼 만한 곳은 어디?
서산털보목장, 신두리 해안사구, 천리포수목원

☆ 무엇을 먹어야 할까?
굴밥, 꽃게장, 간재미회무침, 게국지

거대한 여래입상을 중심으로 오른쪽에는 보살입상, 왼쪽에는 반가사유상이 조각되어 있다.

늦은 봄, 왕벚꽃이 만개한 상왕산 개심사.

BEST 1 마애여래삼존상

서산시 운산면은 중국의 불교문화가 태안반도를 거쳐 부여로 가던 행로에 놓여 있다. 태안반도에서 서산 용현리 마애여래삼존상이 있는 가야산 계곡을 따라 계속 전진하면 부여로 가는 지름길이 이어지는데, 이 길은 예로부터 중국과 교통하던 길이었다. 6세기 말 백제에서 배를 타고 중국을 드나들던 스님과 상인들이 인근 보원사에 머물면서 이곳에 마애불을 새겼다고 한다. 당시 위험천만했던 바닷길을 이용해 중국을 다녀와야 했던 사람들이 무사귀환을 염원하기 위해 멀리까지 볼 수 있는 벼랑 높이 불상을 만들었을 것이라고 전해진다.

층암절벽에 거대한 여래입상을 중심으로 오른쪽에는 보살입상, 왼쪽에는 반가사유상이 조각되어 있다. 유쾌함과 여유로움이 깃든 마애불의 미소를 보고만 있어도 웃음이 번진다.

주소 충청남도 서산시 운산면 마애삼존불길 65-13(용현리 2-1)
전화 041-660-2538

BEST 2 상왕산 개심사

개심사는 '마음을 여는 절'이라는 뜻으로 백제 말 654년에 혜감 스님에 의해 창건되었다. 당시 절을 창건한 혜감 스님은 절의 이름을 개원사라고 했으나 고려 때인 1350년에 처능 스님이 중건하면서 개심사로 개칭했다.

절은 아담하고 소박하다. 경내에 들어서면 직사각형 연못이 한눈에 들어온다. 풍수지리적으로 상왕산은 코끼리 모양인데, 부처님을 상징하는 코끼리의 갈증을 풀어주기 위해 연못을 만들었다고 한다. 대웅전 왼편으로는 심검당이 있다. 조선 초기 승려들이 거처했던 집의 모습을 보여주는 귀중한 건축물로 개심사에서 가장 오래된 건물이다. 단청을 하지 않고 휘어진 나뭇결을 그대로 살려둔 모양새에 절로 감탄이 나온다.

> **TIP** 늦은 봄에 방문하면 어린아이 주먹만한 왕벚꽃을 볼 수 있다. 명부전 앞의 청벚꽃은 우리나라에서 유일하게 볼 수 있는 것이니 놓치지 말자.

주소 충청남도 서산시 운산면 신창리 1
전화 041-688-2256

해미읍성

고창의 고창읍성, 순천의 낙안읍성과 함께 원형이 잘 보존되어 있는 3대 읍성이다. 해미는 서해안 방어에 중요한 위치를 차지해 조선 태종 14년에 왜구를 막기 위한 군사적 목적으로 건축되었다. 선조 12년에는 충무공 이순신 장군이 군관으로 부임하여 10개월간 근무하기도 했다. 성 안쪽 탱자나무 울타리 너머로 300년 된 회화나무가 한 그루 있는데 조선 후기 천주교인들이 처형당한 곳이라는 슬픈 역사를 간직하고 있다. 일제 강점기 때 면사무소를 비롯하여 초등학교, 민가 등이 들어서기도 했으나 1970년대 읍성을 복원하면서 철거하고 현재는 조선시대 관청 건물이었던 동헌과 객사만 복원해 놓았다.

성벽에 올라서면 성곽 안의 모습은 물론이고 해미면 읍내리의 한적한 풍경이 한눈에 들어온다. 성곽 북쪽에는 울창한 소나무 숲이 우거져 있어 산책을 즐기기에 더없이 좋다.

주소　충청남도 서산시 해미면 읍내리 16
전화　041-660-2540

간월암

서산시 부석면 간월도리에 있는 작은 섬에 위치한 간월암은 조선 태조 이성계의 왕사였던 무학대사가 창건한 암자이다. 무학이 이곳에서 달빛을 받고 깨달음을 얻었다고 해 간월암이라는 이름이 붙여졌다.

해탈문을 거쳐 간월암 마당으로 들어가면 250년생 사철나무가 푸른빛을 뽐낸다. 대웅전, 지장전, 요사채, 용왕단, 종각, 산신각이 옹기종기 모여 절을 채우고 섬을 메운다. 마당 안에 들어서면 매섭게 불던 바람도 잠잠해진다. 낮은 담장 너머로 펼쳐지는 바다가 시원하다.

TIP 뭍에서 보는 간월암 낙조는 사진가들이 자주 찾을 만큼 아름다우니 해질녘에 가면 좋다.

주소　충청남도 서산시 부석면 간월도리 16-11
전화　041-664-6624

해미읍성 성벽에 올라서면 성곽 안의 모습이 한눈에 들어온다.

간월암 낙조는 사진가들이 자주 찾을 만큼 아름다우니 해질녘에 가면 좋다.

태안 노을길 (해변길 5구간)

안면도 백사장항에서 꽃지해변까지 12km를 잇는 바닷길로, 태안반도 최북단의 학암포에서 최남단의 영목항까지 이어지는 120km의 '태안 해변길' 중 제5구간이다. 노을길은 몽산포를 지나 안면대교를 건너자마자 만나는 백사장항에서 시작된다.

안면도는 본래 육지였으나 조선 인조 때 삼남지역의 세곡을 운반하기 위해 남면 신온리와 안면읍 창기리 사이의 곶을 절단하면서 섬이 됐다. 좁은 해협을 사이에 두고 드르니항과 마주한 백사장항은 작지만 정겹다. 백사장항 해산물센터에서 마을길을 걷다 길목식당(중화요리) 골목으로 들어서면 솔밭길이 시작된다. 노을길은 항상 오른편에 바다를 두고 걸을 수 있어 좋다. 해질녘에 걷는다면 어느 순간에 서해의 장엄한 낙조를 마주할지 모르니 카메라를 준비하는 것을 잊지 말자.

주소 백사장항 충청남도 태안군 안면읍 창기리

안면도 꽃지해변·꽃지해안공원

서해안 3대 낙조 명소로 손꼽히는 꽃지는 해변을 따라 해당화가 많이 피어 화지 花池라 불리던 곳으로, 할미·할아비바위를 배경으로 펼쳐지는 낙조가 아름답기로 유명하다. 할미바위와 할아비바위로 불리는 바위섬은 신라 흥덕왕 때인 838년 해상왕 장보고의 부하 승언 장군이 전쟁터에 나간 후 돌아오지 않자 아내 미도가 일편단심으로 기다리다 죽어 망부석이 됐다는 전설이 전해지는 곳이다.
간척 사업으로 육지와 연결된 안면도 최고의 해수욕장으로 꼽히며 2002년부터 매년 안면도 국제꽃박람회가 이곳과 자연휴양림 일원에서 개최된다.

주소 충청남도 태안군 안면읍 승언리 3114
전화 041-673-1061

BEST 7 안면도 자연휴양림

안면도를 가로지르는 77번 국도를 따라가다 보면 울창한 소나무 숲을 지나게 되는데 그곳이 안면도 자연휴양림이다. 매표소가 있는 쪽으로 들어가면 산림전시관과 울창한 소나무 숲을 만날 수 있고, 반대편으로 가면 2002년 안면도에서 국제꽃박람회를 개최하면서 조성한 여러 가지 테마정원과 야생화 꽃길을 볼 수 있다. 능선을 따라 오르면 전망대가 나오는데, 푸른 소나무 숲 뒤로 너른 서해 바다가 펼쳐지는 멋진 풍경을 볼 수 있다. 다른 휴양림과 마찬가지로 숙박시설을 운영하지만 워낙 인기가 많아 예약이 쉽지 않으니 서두르자.

TIP ▶ 주차장을 사이에 두고 수목원과 휴양림이 마주하고 있다. 인원수대로 매표하면 둘 다 둘러볼 수 있다.

주소 충청남도 태안군 안면읍 승언리 산32-567
전화 041-674-5019
운영 09:00~18:00(동절기 17:00)
요금 성인 1,000원, 어린이 400원
홈페이지 www.anmyonhuyang.go.kr

여행정보 / Travel info

알아두면 좋아요!

태안 해변길은 노을길 외에도 큰 모래언덕을 볼 수 있는 바라길 1구간(학암포~신두리, 14km)과 아름다운 수목원으로 지정된 천리포수목원이 있는 바라길 2구간(신두리~만리포, 14km), 뱃길로 이동하는 유람길(만리포~몽산포, 38km), 가벼운 산책을 즐기는 솔모랫길(몽산포~드르니항, 13km) 등이 있다.

무얼 먹을까?

함바위굴밥집 굴밥
충청남도 태안군 남면 당암리 1-48, 041-674-0567

해성굴밥 돌솥국밥
충청남도 태안군 남면 당암리 954-5,
041-675-4036

원풍식당 박속밀국낙지탕
충청남도 태안군 원북면 반계리 202, 041-672-5057

토담집 꽃게장백반
충청남도 태안군 태안읍 남문리 468-6,
041-674-4561

고목나무가든 더덕정식
충청남도 서산군 운산면 신창리 29-1,
041-688-7787

향토 꽃게장
충청남도 서산시 동문동 295-17, 041-668-0040

 어디서 묵을까?

리솜오션캐슬
충청남도 태안군 안면읍 꽃지해안로 204,
041-671-7000, www.resom.co.kr/ocean

에벤에셀펜션
충청남도 태안군 원북면 신두해변길 39-4,
041-675-8273

피노키오
충청남도 태안군 소원면 만리포2길 184,
041-672-3824

프리마모텔
충청남도 서산시 읍내동 102-11, 041-667-7774

백제의미소펜션
충청남도 서산시 운산면 고풍리 166,
041-996-0890, www.bjsmile.com

축제도 함께 즐겨요!

4월   몽산포 주꾸미축제
4월   태안 튤립꽃축제
10월   안면도 백사장대하축제
10월   해미읍성 역사체험축제
11월   서산 국화축제
11월   태안 가을꽃전시회
12월 31일   안면도 저녁놀축제

역사 탐방과 휴식이 공존하는 여행이다. 이순신 장군의 역사와 물 좋기로 소문난 3대 온천이 있는 아산과 슬로시티로 지정된 예산을 여행하면 저절로 행복해진다. 30년 전까지만 해도 수학여행, 신혼여행의 단골 코스였다. 추억을 돌아보며 도시의 빠른 속도에 지친 몸과 마음을 내려놓자. 맛있는 공기와 넉넉한 인심으로 여행이 정겹고 편안하다.

아산 · 예산

여행테마 휴식
좋은시기 9~10월
서울에서 이동시간 1시간30분
가는 방법 경부고속도로 반포IC, 봉담동탄고속도로, 평택화성고속도로 이후 서동대로 따라 이동→안중사거리에서 '아산, 아산방조제, 평택호관광지, 심복사' 방면→서해로를 따라 이동하다가 공세교차로에서 '공세리' 방면

아산 · 예산 Course

맹씨행단, 김정희 선생 고택은 1시간, 공세리성당, 현충사, 수덕사, 예당호는 2시간 정도 소요되는 산책코스이다. 영인산 자연휴양림은 길이 잘 닦여 있어 가벼운 운동화 차림으로도 쉽게 오를 수 있다. 몸도 마음도 느리게 2박 3일을 보내보자.

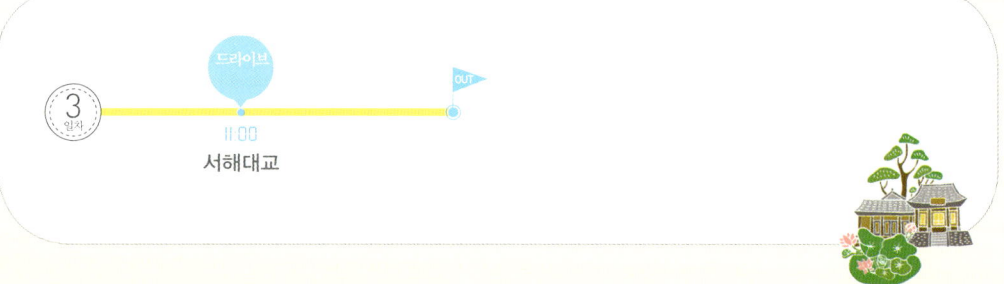

★ 꼭 들러야 하는 곳은 어디?
공세리성당, 외암리 민속마을, 덕산온천, 수덕사

● 더 가볼 만한 곳은 어디?
세계꽃식물원, 리솜스파캐슬, 봉수산 자연휴양림, 대흥향교

☆ 무엇을 먹어야 할까?
장어양념구이, 우렁쌈밥, 어죽, 사과, 한우

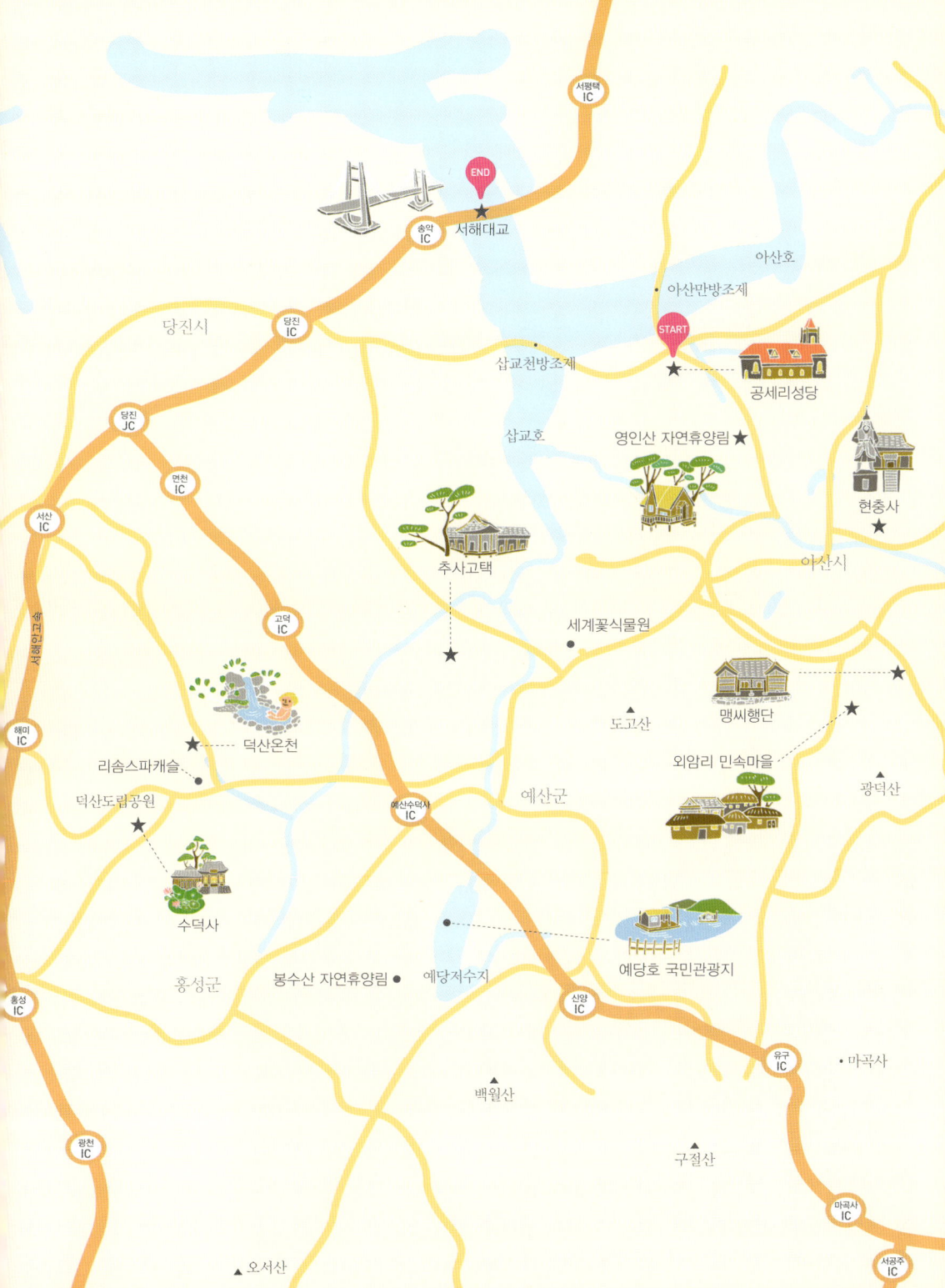

꼭 가야 할
볼거리
BEST9

고목과 단아한 성당 건물이 어우러진 모습은 마치 한 폭의 풍경화 같다.

영인산 정상에서 바라본 일몰.

다양한 체험시설과 여유를 즐길 수 있는 영인산 자연휴양림.

공세리성당

푸른 숲과 고목, 단아한 성당 건물이 어우러진 모습은 마치 한 폭의 풍경화 같다. 담담한 모습으로 서 있는 성당은 100여 년의 시간을 담은 역사의 장소이기도 하다. 깊숙한 내륙에 자리한 아산 지방에는 조운선을 이용하여 전국에서 거두어들인 조세미의 보관 창고가 있었다. 공세리라는 명칭은 조선시대 충청도 서남부인 아산, 서산, 한산, 청주, 옥천, 회인 등 40개 마을에서 거두어들인 조세를 보관하던 공세창貢稅倉이 있었던 데서 비롯되었다.

300년 수령의 아름드리 나목들 너머로 보이는 성당 건물은 중세풍의 유화를 감상하는 것만 같다. 성당 건물은 건축 당시부터 아산 지역의 명물로 알려져 전국에서 많은 구경꾼이 몰려왔다고 하는데, 드라마나 영화, CF 등의 촬영지로도 사랑받고 있다. 드라마 〈모래시계〉를 시작으로 〈청담동 엘리스〉, 영화 〈태극기 휘날리며〉, 〈불새〉, 〈고스트맘마〉 그리고 여러 뮤직비디오의 배경이 되었다.

주소 충청남도 아산시 인주면 공세리 194-1
전화 041-533-8181
홈페이지 www.gongseri.or.kr

영인산 자연휴양림

충남 서북부에 위치한 영인산은 영험한 산이라는 의미로, 아산의 명산이다. 완만한 산행 코스로, 정상에 오르면 서해안의 아산만과 삽교천의 풍경을 한눈에 내려다볼 수 있다. 영인산 입구에서 2km의 데크를 오르며 만나는 풍경은 한 폭의 그림 같다. 특히 수목원의 잔디광장은 어린이들이 마음껏 뛰어놀 수 있는 공원으로 조성되어 가족 단위 산행객들에게 인기를 끌고 있다.

모험을 좋아하는 사람이라면 박물관에서 주차장까지 620m를 외줄타기로 내려오는 스카이 어드벤처를 즐겨도 좋다. 휴양림 주차장 뒤편에는 극기훈련을 체험할 수 있는 10개 코스로 이루어진 포레스트 어드벤처가 있다. 숲 속 나무 사이의 X크로스, 마법의 다리, 타잔스윙, 스노보드 등 다양한 체험시설을 갖추고 있다.

주소 충청남도 아산시 영인면 아산온천로 16-26
전화 041-540-2479
요금 성인 1,000원, 청소년 800원, 어린이 500원
홈페이지 www.younginsan.co.kr

현충사

충무공 이순신이 전사한 지 100년 뒤인 숙종 32년(1706)에 세워진 충무공의 사당이다.

충의문을 지나 충무공의 영정을 모신 본전으로 들어서면 이순신 장군의 영정과 함께 일생을 기록한 십경도가 있다. 야외에는 충무공이 혼인하여 살았던 옛 집과 활쏘기 연습을 했다는 활터 등도 복원되어 있다.

본래의 사당은 유물관 옆으로 옮겨져 있으며 현재의 사당은 1967년 새롭게 준공한 것이다. 유물관에는 국보 제76호로 지정된 〈난중일기〉를 비롯해 보물 제326호로 지정된 이순신 장군의 친필이 새겨진 장검長劍 두 자루와 각종 유품, 무기, 거북선 모형 등이 전시되어 있다. 충무공의 묘소는 현충사에서 9km 떨어진 어라산에 모셔져 있으며 매년 충무공의 탄신기념일 전후로 아산 성웅이순신축제가 열린다.

주소　충청남도 아산시 염치읍 현충사길 126
전화　041-539-4650
운영　09:00~18:00(동절기 17:00, 매주 화요일 휴관)
홈페이지　hcs.cha.go.kr

맹씨행단

조선 초기 세종 때 영의정으로 검소한 생활과 원칙에 철저한 학자로 명성이 높던 맹사성이 태어난 집이다. 고려 말기 충절의 상징인 최영 장군의 가옥으로, 맹사성은 그의 손녀사위이기도 하다. 두 역사적 인물의 명성에 비하여 허름하고 소박한 가옥이지만 우리나라 민간가옥 중 가장 오래된 600년이 넘는 역사를 가지고 있다. 고려 말기 가옥의 특징을 간직한 이 집은 여러 차례에 걸친 보수공사로 행랑채와 부엌은 사라지고 가옥의 위치도 방향이 바뀌어 처음의 모습은 찾기 힘들다. 그 긴 세월 동안 고택을 든든히 지켜준 것은 낮은 돌담과 쌍행수라고 불리는 은행나무 두 그루다. 맹사성은 나무들을 보호하고 잘 자라게 하기 위해서 나무 둘레에 단을 만들었는데 마을 사람들이 이를 맹씨행단이라 불렀다고 한다. 맹씨행단이란 '맹씨 집안이 사는 은행나무 집'이라는 뜻이다.

맹씨행단 주변은 고택과 함께 울창한 숲이 어우러져 삼림욕장을 방불케 한다. 입구 주변부터 안쪽까지 아름드리 나무들이 울창하게 서 있어 경치가 아름다운 곳이다. 수령 600년이 넘는 쌍행수가 노랗게 익어가는 가을이 제일 좋다.

주소   충청남도 아산시 배방읍 중리 300

BEST 5 외암리 민속마을

외암골은 아산 시내에서 남쪽으로 약 8km 떨어진 설화산 기슭에 위치하고 있다. 지금의 외암 마을은 조선 선조 때 예안 이씨 집성촌으로 많은 인재들이 배출되었고 성리학의 대학자인 외암 이간 선생이 이 마을에 살게 되면서 그의 호를 따서 외암리가 되었다. 외암 민속마을은 충청지방의 격식을 갖춘 반가의 고택과 초가, 돌담, 정원 등이 예전 모습 그대로 잘 보존되어 있는데 가옥주의 관직명이나 출신지명을 따서 참판댁, 병사댁, 영암댁 등의 택호를 정한 것이 특징이다.

마치 민속촌을 연상케 하는 이 마을에는 지금도 사람들이 거주하고 있는데 역사가 100~200년씩 되는 기와집이 10채 정도 있다. 길게 늘어선 정겨운 돌담 사이를 걸으며 조선시대의 가옥을 기웃거리는 재미가 있지만 실제 사람이 거주하는 집이기 때문에 허락 없이 출입은 불가능하다.

주소   충청남도 아산시 송악면 외암리 258-4
전화   041-544-8290
운영   09:00~17:30
요금   성인 2,000원, 어린이 1,000원
홈페이지   www.oeammaul.co.kr

BEST 6 김정희 선생(추사) 고택

김정희 선생(추사) 고택은 추사체라는 서체로 이름을 날린 명필 김정희가 태어나고 어린 시절을 보냈던 집이다. 사랑채와 안채가 분리된 전형적인 중부지방 반가의 모습이다. 원래 모습에서 많이 변했다고 하나 복원되면서 그 소박한 분위기는 남아 옛집의 운치를 즐기게 해준다. 기둥에 붙어 있는 주련은 추사의 글씨를 붙여 놓은 것이며, 방마다 다른 창살의 문양을 살펴보는 것도 이 집을 관람하는 또 다른 묘미이다.

인근의 추사기념관에서 추사 김정희에 대한 사전 지식을 익히고 고택을 둘러보는 것이 좋다. 문화해설사가 해설을 해주기도 하니 해설사와 동행하는 것도 좋다.

주소   충청남도 예산군 신암면 추사 고택로 249(용궁리 324-17)
전화   041-339-8241

외암 민속마을에는 충청지방의 격식을 갖춘 반가의 고택과 초가, 돌담, 정원 등이 예전 모습 그대로 잘 보존되어 있다.

추사 김정희가 태어나고 어린 시절을 보냈던 집에서 옛집의 운치가 느껴진다.

예당호 국민관광지(조각공원)

예당저수지는 전국에서 가장 큰 저수지로 일제가 농민 수탈에 이용한 국사당보를 모체로 1964년 다시 축조한 인공 저수지다. 예산군과 당진군의 앞 글자를 따 '예당'이라 이름 지었다. 이 저수지 일대에 일주도로와 후사리 휴양단지 등을 개발하고 지정한 것이 예당 국민관광지이다. 조각공원과 야외무대, 산책로와 정자 2개소, 식당, 여관, 주차장 등 각종 편의시설이 들어서 있다. 중부권 최대의 낚시터이기도 해서 낚시를 좋아하는 이들이 즐겨 찾는 곳이다. 주변에 있는 봉수산과 임존성 등을 둘러볼 수 있으며 호수의 전망을 바라보며 먹는 매운탕과 붕어찜, 어죽은 이곳의 별미다.

주소 충청남도 예산군 응봉면 후사리 448-1

예당저수지는 전국에서 가장 큰 저수지다.

BEST 8 수덕사

수덕사 대웅전은 안동 봉정사의 극락보전과 영주 부석사의 무량수전 다음으로 오래된 건축물로 국보 제49호로 지정되어 있다. 문헌으로 남아 있는 기록은 없지만 백제 위덕왕 때 고승 지명이 처음 세운 것으로 추정되며, 현존하는 유일한 백제 사찰이다. 이곳을 수리할 때 1308년이라는 건물의 건립연대를 알게 하는 글씨가 발견되어 역사적 가치를 더한다.

수덕사는 보통의 절과는 달리 덕숭총림이라는 단어가 앞에 붙는다. 총림은 선승이 모여 수행하는 선원과 불교의 경전을 배우는 학교인 강원 등의 제반 시설을 갖추고 수행하는 도장을 말하는데, 수덕사는 우리나라 5대 총림 중 하나이다.

수덕사 일주문 앞의 구 수덕여관은 고암 이응로 화백의 고택으로 작고할 때까지 머물렀던 곳이다. 우리나라 최초의 여류 서양화가 라혜석이 머물기도 했다. 현재는 옛 수덕여관의 원형을 복원하여 각종 문화 전시공간으로 활용하고 있다.

주소 충청남도 예산군 덕산면 사천리 20
전화 041-330-7700
요금 성인 3,000원, 청소년 2,000원, 어린이 1,000원
홈페이지 www.sudeoksa.com

국보 제149호 수덕사 대웅전.

BEST 9 덕산온천 관광단지

덕산온천의 역사는 〈동국여지승람〉과 〈세종실록지리지〉 등 옛 사료에서 확인할 수 있다. 이율곡의 저서 〈충보〉에 의하면 '날개와 다리를 다친 학이 날아와 이곳에서 나오는 물을 상처에 바른 후 날아갔는데, 학이 앉았던 자리를 살펴보니 따뜻하고 매끄러운 물이 솟아나고 있었다.'고 적혀 있다.

덕산온천은 1917년 처음으로 탕이 있는 온천으로 개장했다. 게르마늄 성분이 함유된 45℃ 이상의 천연 중탄산나트륨 온천수는 근육통, 관절염, 신경통, 혈액순환 촉진, 피하지방 제거와 세포 재생을 촉진시켜 주는 전국 최고의 온천수로 인정받고 있다. 온천지구 내에는 온천장 9개소와 관광호텔, 일반호텔 등 50여 개의 숙박업소와 각종 음식점 등 편의시설이 있다.

주소 충청남도 예산군 덕산면 사동리, 신평리 일대

알아두면 좋아요!

아산에는 3대 온천이 있다. 역대 임금이 이용한 1,300년 전통의 온양온천과 동양 4대 유황온천이라는 도고온천, 중탄산나트륨을 포함한 알칼리성 온천인 아산온천이다. 호텔에 머물면서 온천을 즐길 수도 있지만, 숙박비가 비싼 편이니 온양온천 내의 대중온천탕과 아산스파비스, 파라다이스호텔 도고에서 저렴하게 온천을 즐겨보자.

무얼 먹을까?

신창댁　시골밥상
충청남도 아산시 송악면 외암리 민속마을 내,
041-543-3928

꽃동네원조장어　장어양념구이
충청남도 아산시 인주면 문방리 372-1,
041-533-2561

영인산마루　우렁쌈밥
충청남도 아산시 영인면 아산리 102-2,
041-543-4778

고구려　쌈밥
충청남도 아산시 신창면 창암리 145, 041-546-8097

할머니어죽　어죽
충청남도 예산군 응봉면 등촌리 260, 041-331-2800

어디서 묵을까?

덕산온천관광호텔
충청남도 예산군 덕산면 사동리 15,
041-338-5000, www.ducksanhotel.co.kr

가야관광호텔
충청남도 예산군 덕산면 신평리 163-1,
041-337-0101, www.gayahotel.co.kr

그랜드모텔
충청남도 예산군 예산읍 충서로 1344,
041-334-8934

호텔샤인
경기도 평택시 현덕면 권관리 526-26,
031-683-8899
*아산만 방조제 인근에 있어 아산과 예산을 오가기 편리하다.

리빙텔
충청남도 아산시 음봉면 아산 온천로 243번길 32-12, 041-541-3423

리베라모텔
충청남도 아산시 음봉면 아산 온천로 243번길 123,
041-543-0568

팜스프링호텔
충청남도 아산시 음봉면 아산 온천로 157번길 7-99, 041-543-0188

축제도 함께 즐겨요!

1월	덕산 온천축제
2월	예산군 달집축제
4월	윤봉길 문화축제
4월	아산 성웅 이순신축제
10월	대한민국 온천대축제

울창한 소나무 숲과 맑은 바람 사이로 옛 선비들의 숨결이 느껴진다. 고즈넉한 풍광은 바람을 헤치고 시간을 거스른다. 소백산을 중심으로 어느 곳으로 발걸음을 옮기든 공기가 신선하고 하늘이 맑다. 지나는 바람도 다정한 인사를 전하는 여유로운 여행이다.

단양 · 영주

여행테마	**문화**
좋은시기	**9~10월**
서울에서 이동시간	**3시간30분**
가는 방법	중앙고속도로 만종분기점→장수교차로에서 장수로를 따라 이동→반구로, 적서로, 문수로→무섬로 234번길

단양·영주 Course

역사와 문화의 깊은 정취와 삶의 향기가 묻어나는 여행이다. 급히 여행하기보다 다른 곳을 놓치더라도 한 곳에서 여유 있는 시간을 보내길 권한다.

1일차
- 11:00 무섬마을
- 45분
- 15:00 소수서원, 소수박물관
- 10분
- 18:00 선비촌

2일차
- 30분
- 10:00 부석사
- 1시간 25분
- 13:30 온달관광지 (온달동굴, 온달산성)
- 10분
- 17:00 구인사

3일차
- 40분
- 10:00 도담삼봉, 석문
- OUT

★ **꼭 들러야 하는 곳은 어디?**
  소수서원·소수박물관, 부석사, 선비촌, 온달관광지, 도담삼봉

● **더 가볼 만한 곳은 어디?**
  양방산 전망대, 고수동굴, 사인암, 희방사, 인삼박물관

☆ **무엇을 먹어야 할까?**
  묵밥, 궁중비빔밥, 마늘솥밥, 마늘정식, 더덕, 풍기인삼

꼭 가야 할
볼거리
BEST7

BEST 1 무섬마을

소백산에서 발원해 영주 시내를 지나온 서천과 태백산에서 발원해 봉화를 거쳐 온 내성천이 마을 뒤에서 합류, 마을을 휘돌아나간다. 실제 섬은 아니지만 강이 마을을 감싸고 있어 마치 섬처럼 보인다. '물 위에 떠 있는 섬'이라는 뜻에서 한자로 수도리水島里라는 지명을 쓰는 배산임수의 명당마을이다.

반남 박 씨와 선성 김 씨의 집성촌인 무섬마을에는 민속자료로 지정돼 있는 해우당과 만죽재를 비롯하여 50여 채의 고택이 자리 잡고 있다. 이 중 16채는 100년이 넘은 조선 후기 전형적인 사대부 가옥으로 민박도 가능하다. 집과 화장실이 분리되어 불편함이 있지만 여행 속에서의 불편함은 또 하나의 추억일 뿐이다.

마을 앞 내성천의 외나무다리는 무섬마을의 명물로, 해마다 10월이면 다양한 전통문화를 체험할 수 있는 무섬 외나무다리축제가 열린다.

주소　경상북도 영주시 문수면 수도리
전화　054-639-6062
홈페이지　tsns.koreaimg.com/moosum

BEST 2 소수서원

1543년 풍기군수 주세붕이 건립하여 백운동서원이라 불렸던 곳이다. 퇴계 이황 선생이 풍기군수로 새롭게 부임하면서 무너져 가는 교학을 다시 세운다는 의미의 '소수서원'이라는 현판을 임금으로부터 하사받으면서 우리나라 최초의 사액서원이 됐다.

처음 만들어진 서원이라 그 형식과 건물 배치가 자유롭다. 학문을 닦고 배우는 공간인 강학 영역과 의례를 올리는 제향 영역으로 나누어져 있으며, 특히 스승이 머물던 건물은 제자들이 머물던 학구재나 지락재보다 높이가 높고, 위치도 두 칸 앞으로 나와 있는 등 '스승의 그림자도 밟지 않는다'는 유교적 교육관을 잘 나타내고 있다.

소수서원 진입로에는 붉은 소나무 수백 그루가 아름다운 숲길을 이루고 있다. 길을 걷다 보면 은은한 향에 마음까지 너그러워진다.

주소　경상북도 영주시 순흥면 내죽리 151-2
전화　054-639-5852
운영　6~8월 09:00~19:00, 11~2월 09:00~17:00, 3~5월, 9~10월 09:00~18:00
요금　성인 3,000원, 청소년 2,000원, 어린이 1,000원

BEST 3 선비촌

선비촌은 조선시대 선비와 상민의 삶을 체험할 수 있도록 조성된 전통 민속마을이다. 경상북도 유형문화재인 두암고택 등 이 지역의 유명 고가옥을 본떠 지은 기와집 15채와 초가집 13채, 저잣거리, 정자, 물레방아, 강학당, 원두막, 대장간 등의 민속시설과 강학시설 등 조선시대 촌락의 모습이 재현되어 있다. 하회마을처럼 사람이 살지는 않지만 잘 정돈된 산책로를 따라 옛 가옥들을 둘러볼 수 있다. 다양한 전통체험을 하거나 전통음식을 맛보는 것도 가능하다.

무엇보다 흥미로운 것은 전통가옥에서 옛 방식 그대로 하룻밤을 즐기는 숙박체험이다. 만죽재 고택, 해우당 고택, 김문기 가옥, 인동 장씨 종택, 김세기 가옥, 두암 고택, 김상진 가옥 등 기와집 7채와 장휘덕 가옥, 김뢰진 가옥, 김규진 가옥, 두암 고택 가람집, 이후남 가옥 등 초가집 5채는 관광객들이 숙박을 할 수 있도록 개방된다. 밤이 되면 청사초롱이 골목을 밝히고 달빛이 돌담에 스며든다.

주소　　경상북도 영주시 순흥면 청구리 357
전화　　054-638-6444
운영　　6~8월 09:00~19:00, 11~2월 09:00~17:00, 3~5월 · 9~10월 09:00~18:00
요금　　성인 3,000원, 청소년 2,000원, 어린이 1,000원
홈페이지　www.sunbichon.net

전통가옥에서 하룻밤을 즐기는 숙박체험이 가능하다.

BEST 4 부석사

신라 문무왕 16년에 의상대사가 창건한 사찰로 화엄종의 근본 도량이다. 부석사라는 이름의 유래가 된 '뜬 돌浮石'이 무량수전 서쪽 뒤편에 남아 있다. 의상대사가 부석사를 창건할 당시 의상을 흠모했던 선묘 낭자가 뜬 돌로 변해 의상대사를 방해하는 잡귀를 쫓아냈다는 전설이 있다. 무량수전 동쪽 뒤편으로 돌아가면 선묘각이라는 작은 건물 하나가 나오는데, 선묘 낭자의 초상화가 봉안되어 있다.

부석사는 국보 제18호인 무량수전을 비롯해 조사당(국보 19호), 소조여래좌상(국보 45호), 조사당 벽화(국보 46호), 무량수전 앞 석등(국보 17호) 등 수많은 문화재를 보유하고 있다. 그중 무량수전은 우리나라 목조 건물 중 가장 아름다운 건물로 손꼽힌다. 무량수전의 배흘림기둥에 기대 서면 소백산이 정원처럼 부석사 마당 저편으로 펼쳐진다. 감탄사가 절로 나오는 풍광이다. 부석사 동편 원융국사비에서는 일출을, 무량수전 앞에서는 일몰을 감상할 수 있다.

주소　경상북도 영주시 부석면 북지리 148
전화　054-633-3464
요금　성인 1,200원, 청소년 1,000원, 어린이 800원
홈페이지　www.pusoksa.org

부석사 이름의 유래가 된 뜬 돌이 남아있다.

국보 제18호 무량수전은 우리나라에서 가장 오래된 목조건축물이다.

온달관광지

단양에서 영춘면으로 가는 길은 남한강을 끼고 달리는 드라이브 코스로 강가의 기암절벽이 시선을 압도한다. 영춘면으로 들어서는 길목에서 방향을 틀어 구인사로 향하다 보면 온달장군과 평강공주의 전설을 테마로 한 온달전시관을 비롯하여 온달산성, 온달동굴 등 명승지를 모아놓은 온달관광지에 도착한다.
입구에 들어서면 어디서 본 듯 익숙한 건물들이 눈길을 끈다. 드라마 〈연개소문〉, 〈태왕사신기〉, 〈바람의 나라〉, 〈천추태후〉 등이 촬영된 장소다. 여기저기 드라마 속 인물들의 사진이 생동감 있게 배치되어 있고 특히 드라마 촬영 당시 사용된 의상, 소품들이 전시되어 있어 감상하는 재미가 쏠쏠하다.
세트장에서 850m를 걸어 오르면 온달산성에 이르는데 이곳은 한강을 차지하기 위한 고구려와 신라의 전적지다. 더불어 바보 온달과 평강공주의 전설이 시작된 곳이기도 하다. 온달산성이 자리한 성산 기슭 지하에는 약 4억5,000만 년 전 생성된 것으로 추정되는 온달동굴이 있다. 안으로 들어서면 상쾌한 원시의 바람이 몸 안으로 밀려들고 신비로운 종유석들이 별천지를 이룬다.

주소   충청북도 단양군 영춘면 하리 147
전화   043-423-8820
운영   09:00~18:00
요금   성인 5,000원, 청소년 3,500원, 어린이 2,500원

구인사

소백산 연화봉 아래 자리 잡은 구인사는 1945년에 건립된 현대식 건물로 상월원각스님이 칡덩굴을 엮어 암자를 지은 것에서 시작되었다. 산세를 훼손하지 않고 가파른 언덕을 따라 가람을 배치한 것이 특이하다. 이 사찰에는 5층 높이, 900평 넓이의 1만 명을 수용할 수 있는 대법당, 135평의 목조 강당인 광명당, 3층으로 된 400평 규모의 총무원 건물과 수도실인 판도암 등 50여 채의 건물이 있다. 또 사천왕문에는 국내 최대의 청동 사천왕상이 안치되어 있다.
주차장에서 일주문에 이르는 길은 길고 가파르지만, 소백산 자락이 감싸고 있는 사찰을 보고 있노라면 마음까지 편해진다.

주소   충청북도 단양군 영춘면 백자리 132-1
전화   043-423-7100
홈페이지 www.guinsa.org

온달관광지 세트장에서 850m 걸어오르면 온달산성을 만날 수 있다. 놓치기 아까운 전망이다.

온달과 평강공주의 전설이 시작된 곳.

소백산 연화봉 아래 자리 잡은 구인사.

도담삼봉

 단양팔경의 하나로, 남한강 상류 한가운데에 3개의 기암으로 이루어진 섬을 말한다. 조선왕조 개국 공신인 정도전鄭道傳의 호를 삼봉이라고 한 것도 도담삼봉에서 연유한 것이다. 도담삼봉은 원래 강원도 정선군의 삼봉산이었는데, 홍수에 떠내려와 지금의 도담삼봉이 되었다고 한다. 이 때문에 옛날 단양에서는 정선군에 매년 세금을 내고 있었는데 어린 정도전이 '우리가 삼봉이 필요한 것도 아니고 오히려 물길을 막아 피해를 보고 있으니 도로 가져가라'고 한 뒤부터 세금을 내지 않게 되었다는 이야기가 전해진다.

도담삼봉의 가운데 봉우리에 걸터앉은 정자는 도담삼봉의 운치를 더하는데, 단양군수를 지낸 이황을 비롯해 김정희, 김홍도 등 수많은 묵객이 산수화로 남기기도 했다. 눈이 내리는 겨울이면 도담삼봉이 한 폭의 동양화를 연출한다.

> **TIP** 도담삼봉에서 주차장 안쪽에 있는 가파른 계단을 올라 오솔길을 5분 정도 걸으면 단양8경 중 제2경인 석문이 있다. 천상의 구름다리를 연상케 하는 석문과 그 안에 살았다는 마고할미의 전설이 있으니 한번쯤 들러 봐도 좋다.

주소 충청북도 단양군 매포읍 삼봉로 644-13(하괴리 84-1)
전화 043-420-3544
운영 08:00~18:00
요금 입장료 무료, 승용차 주차비 2,000원

여행정보
Travel info

 알아두면 좋아요!

매년 10월이면 풍기읍 남원천변 일원에서 풍기 인삼축제가 열린다. 인삼 캐기, 깎기, 씨앗 뿌리기, 무게 맞히기, 우량 인삼 선발대회, 인삼 요리 경연대회, 풍기 인삼아가씨 선발대회 등 풍기 인삼을 테마로 한 다양한 체험행사로 꾸며진다. 체험장에서 직접 캔 수삼을 시세보다 싸게 살 수 있는 등 각종 인삼 제품을 저렴하게 구입할 수 있다.

영주를 중심으로 소백산국립공원 둘레를 한 바퀴 감은 12구간, 총 160km를 잇는 자락길이 있다. 여러 자락길이 있지만 소수서원, 소수박물관, 선비촌을 포함한 길이 가장 인기가 좋으니 선비촌 주차장에 차를 두고 도보로 여행해도 좋다.

소백산 자락길 홈페이지 www.sanjarak.or.kr

 무얼 먹을까?

순흥전통묵집 묵밥
경상북도 영주시 순흥면 읍내리 248,
054-634-4614

분수대숯불갈비회관 갈비살 · 꽃등심
경상북도 영주시 번영로 137번길 15,
054-632-5255

무섬골동반 궁중비빔밥
경상북도 영주시 문수면 수도리 268,
054-634-8000

장다리식방 마늘솥밥
충청북도 단양군 단양읍 별곡리 599,
043-423-3960

얼음골맛집 매운탕 · 묵밥
충청북도 단양군 단성면 외중방리 402,
043-422-6315

 **어디서 묵을까?**

선비촌
경상북도 영주시 순흥면 청구리 357번지,
054-638-6444, www.sunbichon.net

리버텔(단양)
충청북도 단양군 단양읍 수변로 127,
043-421-5600

팔경모텔
충청북도 단양군 단성면 월악로 4300,
043-421-2900

 축제도 함께 즐겨요!

5월   소백산 철쭉제
5월   영주 선비문화축제
10월 무섬 외나무다리축제
10월 영주 풍기인삼축제
10월 단양 온달문화축제

PART
3

시간을 담는 여행

경상도 · 부산광역시

영덕과 울진을 잇는 구불구불한 해안선에 이어진 비취색 바다를 보면 마치 외국의 어느 멋진 해변에 온 듯한 기분이 든다. 끝없이 펼쳐진 쪽빛 바다는 어디까지가 바다이고 어디까지가 하늘인지 알 수 없을 정도로 하늘과 맞닿아 있다. 여행자의 시선이 닿는 풍경들은 눈이 시리게 푸르고 가슴이 설레도록 아름답다. 깊이를 알 수 없는 동해 바다의 진수를 만끽해보자.

영덕·울진

여행테마 바다
좋은시기 3~4월
서울에서 이동시간 5시간10분
가는 방법 중앙고속도로 만종분기점 이후 서안동 IC에서 '안동' 방면→경동로 따라 이동하다 영덕로, 동해대로 거쳐 영덕대게로를 따라 이동

영덕 · 울진 Course

봄과 가을에는 걷기 여행, 여름에는 바다 여행, 겨울이라면 온천 여행까지 즐길 수 있다.
덕구온천은 국내 유일의 자연용출온천으로 물이 솟구쳐 나오는 원탕의 모습을 볼 수 있다.
산길이지만 산책처럼 가볍게 다녀올 수 있다.

1일차
- 13:00 강축해안도로 (강구항→축산항) — 드라이브
- 30분
- 15:30 대소산 봉수대
- 40분
- 18:30 해맞이캠핑장

2일차
- 10분 풍력발전단지→캠핑장→신재생에너지관 — 일출
- 06:30
- 25분
- 11:00 차유마을 — 점심(대게)
- 20분
- 12:30 괴시리 전통마을
- 1시간 30분
- 16:00 덕구온천(원탕)

3일차
- 15분
- 09:00 죽변항 (죽변등대)
- 25분
- 11:30 불영사
- 11:30 불영계곡 — 드라이브
- OUT

★ **꼭 들러야 하는 곳은 어디?**
강축해안도로(드라이브), 대소산 봉수대, 해맞이캠핑장, 신재생에너지관, 차유마을, 죽변항(죽변등대), 불영사

● **더 가볼 만한 곳은 어디?**
신돌석장군유적지, 고래불해변, 통고산 자연휴양림, 성류굴, 망양정

☆ **무엇을 먹어야 할까?**
대게, 물회

꼭 가야 할
볼거리
BEST9

강축해안도로(강구항→축산항)

강구항에서 축산항에 이르는 강축해안도로는 경북에서 아름다운 길로 손꼽힌다. 비취색 청정 바다와 소박한 어촌마을을 지나는 것이 이 길의 포인트다. '영덕 블루로드'가 이 길의 또 다른 이름이기도 하다.

강구항에서 축산항까지는 블루로드 3개 구간 중 A코스(약 17.5km)와 B코스(약 15km) 구간이 포함된다. 이 길을 도보로 걸으면 총 11시간 정도 소요된다. 자동차로 느리게 달리며 강구항, 고불봉, 창포말등대, 빛의 거리, 해맞이공원, 석리 등 명소들을 돌아보는 것도 좋다.

주소 강구항 경상북도 영덕군 강구면 강구리
      축산항 경상북도 영덕군 축산면 축산리

대소산 봉수대

높이 282m의 대소산은 정상에 봉수대가 있어 봉화산이란 별칭을 가지고 있다. 대소산은 영덕군 축산면과 영해면을 잇는 가장 높은 산으로 입구에서 15분 정도만 오르면 봉수대를 만날 수 있다. 봉수대는 조선 초기의 것으로 형태가 비교적 뚜렷하게 남아 있어 조선시대의 통신 수단을 알아볼 수 있는 좋은 자료다. 짧은 시간만 투자하면 정상에서 축산항과 동해 바다의 그림 같은 풍경을 감상할 수 있다.

주소 경상북도 영덕군 축산면 도곡리 20-3
전화 문화관광과(문화재) 054-730-6295

BEST 3 해맞이캠핑장과 풍력발전단지

본래 그린벨트로 묶여 있어 개발이 불가능한 지역이었으나 1997년 화재 발생으로 인해 그린벨트가 해제되면서 풍력발전단지가 들어서게 되었다. 풍력발전기는 2005년부터 가동되기 시작했는데, 그 주변으로 공원이 조성되고 그 안에 영덕군청에서 직접 운영하는 해맞이캠핑장이 들어섰다.

산의 신선한 공기와 시원한 바닷바람을 동시에 느낄 수 있는 캠핑장에서는 다양한 형태의 캠핑을 즐길 수 있다. 산등성이마다 꼿꼿이 선 풍력발전기의 모습과 저 멀리 일렁이는 바다를 보는 것만으로 휴식이 된다.

TIP 매년 6~7월이면 달빛 아래 밤바다를 내려다보며 풍력발전단지, 해맞이캠핑장, 시문학 거리, 빛의 거리, 창포물양장에 이르는 6.5km를 걷는 '달빛걷기' 행사가 진행된다. 달빛 속 보물찾기, 별자리 관측, 달빛 작은 음악회, 신재생에너지전시관 관람(무료) 등을 체험할 수 있으니 참가해 봐도 좋다.

주소　경상북도 영덕군 영덕읍 해맞이길 254-69
전화　054-730-6337
홈페이지　camping.yd.go.kr

BEST 4 신재생에너지관

2007년 9월 개관한 신재생에너지관은 신재생에너지를 홍보하기 위해 세운 전시관이다. 풍력발전단지에서 멀지 않은 곳으로 해맞이캠핑장에서 도보 10분이면 이동이 가능하다. 전시관 1층은 세미나실·휴게실·사무실, 2층은 상설 전시장·창포욕장 등으로 구성되어 있다. 상설 전시장에는 창포룸, 태양의 힘으로 자라는 힘, 바람의 에너지 바람의 즐거움, 에너지의 현재와 미래 등 9가지 주제로 풍력·태양열 발전과 미래의 에너지 등을 설명하는 다양한 형태의 전시물이 갖추어져 가족 단위 여행객들에게 사랑받고 있다.

주소　경상북도 영덕군 영덕읍 창포리 329-3 영덕풍력발전단지 내
전화　054-730-7021~6
운영　09:00~18:00(매주 월요일, 설날, 추석 휴무)
요금　성인 1,500원, 청소년·어린이 800원
홈페이지　energy.yd.go.kr

총 10동의 캡슐하우스와 캠핑카 캠핑장, 일반 캠핑장 시설이 마련되어 있다.

신재생에너지에 대해 배울 수 있는 신재생에너지관.

차유마을

차유마을은 대게원조마을의 다른 이름이다. 마을 입구에 있는 비문에 차유마을의 유래가 적혀 있다. 고려 29대 충목왕 2년에 영해 부사가 말을 타고 재를 넘으며 마을을 순시하던 중 마을의 형상이 마치 소 등에 얹는 안장과 같이 생겼다고 하여 우차의 차車와 넘을 유踰자를 붙여 차유車踰라 이름 붙였다고 한다.

소박한 마을은 바다를 바로 접하고 있으며 마을 주민의 대부분이 대게 잡이를 하며 생계를 꾸려간다. 이곳에서는 직접 건져 올린 대게가 아니면 팔지 않으니 그 싱싱함은 의심할 여지가 없다.

> **TIP** 대게는 12~5월까지 잡히고, 3월 말부터 4월까지 가장 맛이 좋다. 크면 클수록 물이 많기 때문에 적당한 크기를 골라야 한다.

주소 경상북도 영덕군 축산면 경정리 92-1
전화 054-732-4460

 ## 괴시리 전통마을

괴시리 전통마을은 고려 말 대학자인 목은 이색의 탄생지로, 조선 인조 8년인 1639년경 영양 남씨가 정착하면서 영양 남씨 집성촌이 되었다. 이곳의 전통가옥은 모두 조선시대 후기 경북지역 사대부의 주택 양식을 고스란히 간직하고 있으며 현재도 주민들이 거주하고 있다. 지금 남아 있는 고택들은 모두 200여 년 전에 지어진 것들로, 'ㅁ'자형 구조이다.

이 마을은 원래 호지촌이라 불리던 곳인데 이곳에서 태어난 목은 이색이 중국 사신으로 다녀온 이후 자신의 고향이 중국의 괴시槐市와 비슷하다고 하여 괴시리라 불리게 되었다고 전해진다. 200여 년 된 전통가옥들이 보존되어 있는 전통마을의 정취를 느끼며 느긋한 양반걸음으로 시간 여행을 떠나 봐도 좋다.

주소 경상북도 영덕군 영해면 괴시리
전화 054-730-6114

싱싱한 대게로 유명한 차유마을.

마을의 형상이 소 등의 안장같다고 하여 차유마을이라 불린다.

200여 년 된 전통가옥들이 보존되어 있는 괴시리 전통마을.

BEST 7 덕구온천

1983년 10월 덕구온천국립공원으로 지정된 덕구계곡의 중간쯤에 자연 용출 온천인 덕구온천의 원탕이 있다. 덕구온천은 약 600여 년 전 고려 말기에 전모라는 사람이 멧돼지 사냥에 나섰다가 우연히 발견했다는 전설이 내려온다.

초기에는 주민들이 손으로 돌을 쌓아 온천탕을 만들어 관리해오던 것을 90년대 후반에 덕구온천개발에서 노천탕을 만들면서 지금의 덕구온천이 되었다. 덕구원탕에서 온천까지는 약 4km 정도의 거리인데, 원탕 주위는 협곡이라 공간이 비좁아 시설물 설치가 불가능해 현재 위치에 온천이 들어섰다. 덕구온천은 중탄산나트륨이 많이 함유되어 있어 신경통과 피부병에 특효가 있다고 한다.

주소   경상북도 울진군 북면 덕구리 575
전화   054-782-0677
운영   덕구온천 스파월드 06:00~22:00

BEST 8 죽변항과 죽변등대

울진을 대표하는 항구다. 등대 주변에 대나무가 많아 죽변항이라 부르게 되었다. 죽변항에서 300m 정도 언덕길을 따라 올라가면 하얀 등대가 보인다. 그 등대 밑으로 동해 바다를 배경으로 한 드라마 〈폭풍속으로〉 세트장과 용이 노닐다 승천했던 곳이라는 용추곶이 있다. 용추곶 봉우리 일대의 키 작은 대나무로 이루어진 대나무 숲은 신라시대 화랑이 왜구를 막기 위해 상주한 곳이며 숲을 뒤덮은 대나무들은 임진왜란 때 화살의 재료로 사용되었다고 한다.

주소   경상북도 울진군 죽변면 죽변리

원탕 옆에서 족욕을 할 수 있다.

덕구온천 산책로의 용소폭포.

〈폭풍속으로〉 세트장과 용추곶.

불영사와 불영계곡

봉화와 울진을 잇는 36번 국도를 타고 15km의 장대한 계곡을 따라 달린다. 한국의 그랜드캐니언이라고도 불리는 불영계곡 안쪽에 불영사가 자리해 있다. 신라시대 의상대사가 창건했다는 이 고찰은 사찰 서쪽에 있는 바위의 그림자가 연못에 비치는 모양이 부처님을 닮았다 하여 불영사라 이름 지어졌다.

1968년부터 비구니 스님의 수행사찰로 쓰이며, 법영지를 가운데 두고 사방으로 건물들이 둘러싸고 있어 가볍게 산책하듯 빙 둘러볼 수 있다. 여러 차례의 화재 때문에 대부분의 전각이 새롭게 지어졌는데, 새 전각 사이에 있는 붉은 흙벽을 두른 응진전은 불영사에서 가장 오래된 전각이며 보물 730호이다.

주소   경상북도 울진군 서면 하원리 122
전화   053-292-7842

여행정보 / Travel info

 알아두면 좋아요!

1980년대 초 불영계곡 옆으로 36번 국도가 개통된 후 보부상의 길은 역사 속으로 사라졌지만 그들의 걸음으로 다져진 길은 금강소나무숲길이란 이름의 트레킹 코스가 되었다. 2010년 1구간 개통을 시작으로 5개 구간 중 현재 1구간(13.5km)과 3구간(18.7km)이 개방되었다. 2개 구간 모두 7시간 정도 소요된다. 인터넷 예약을 통해 1구간은 80명, 3구간은 하루 100명만 방문할 수 있고 숲해설가를 동반해야만 입장이 가능하다. 예약은 홈페이지(www.uljintrail.or.kr)를 통해 할 수 있다.

영덕을 아우르는 블루로드는 영덕대게공원을 출발하여 축산항을 거쳐 고래불해수욕장에 이르는 64km의 도보여행길이다. A, B, C, D 총 4개의 코스로 블루로드를 완주하고 각 지역의 스탬프를 찍으면 완주메달을 받을 수 있다(배부처 - 영덕군청 문화관광과, 신재생에너지전시관 내 안내소, 병곡면사무소, 강구면사무소).

 무얼 먹을까?

산호대게 회타운 　대게
경상북도 영덕군 강구면 강구리 305,
054-733-4023

대중회식당 　대게·물회
경상북도 울진군 죽변면 죽변리 32-46,
054-783-6923

정훈이네횟집 　골뱅이물회
경상북도 울진군 죽변면 죽변리 32-9,
054-782-7919

경정횟집 　물회
경상북도 영덕군 축산면 경정 1리 297,
054-734-1768

 **어디서 묵을까?**

덕구온천 관광호텔
경상북도 울진군 북면 덕구리 575,
054-782-0677, www.duckku.co.kr

울진 굿모닝모텔
경상북도 울진군 죽변면 봉평리 151,
054-782-3392, www.gmmotel.com

백암온천마을
경상북도 울진군 온정면 온전 1길, 054-788-4490, baegam.co.kr

괴시리 전통마을
경상북도 영덕군 영해면 괴시리, 054-730-6114

인량리 전통마을
경상북도 영덕군 창수면 인량리, 054-730-6114, narabori.go2vil.org

산호대게민박
경상북도 영덕군 강구면 강구리 305,
054-733-4023, www.sanhocrab.com

 축제도 함께 즐겨요!

2월 말 ~ 3월 초　울진 대게축제
3월 말　영덕 대게축제
10월　울진 금강송송이축제
12월 말　영덕 해맞이축제

179

천혜의 절경과 맛, 역사를 지닌 여행지들이 묶인 여행이다. 하회마을과 회룡포에서 우리나라의 과거를 만나고 전통문화를 체험해볼 수 있다. 조선시대 과거시험을 치르기 위해 선비들이 넘나들던 문경새재도 걸어보고 물돌이마을에서 마을길을 따라 슬렁슬렁 하루를 보내는 것도 좋다.

문경·예천·안동

여행테마 역사·문화
좋은시기 9~10월
서울에서 이동시간 3시간 20분
가는 방법 중앙고속도로 만종분기점 이후 경서로 →'안동하회마을, 풍산읍, 북부청사' 방면→상리길, 지풍로→하회삼거리에서 '하회마을, 병산서원' 방면

| 문경 |
| 예천 |
| 안동 |
| Course |

같은 듯 다른 하회마을과 회룡포마을의 전망을 비교해보는 것도 이 여행의 색다른 재미.
문경새재는 제3관문까지 왕복 3시간30분 정도 걸리니 체력에 맞게 선택하여 걷자.

① 일차 10:00 안동 하회마을 (하회마을→부용대→옥연정사) — 50분 — 17:00 회룡포마을

★ 꼭 들러야 하는 곳은 어디?
   안동 하회마을, 회룡포마을, 문경새재 도립공원
● 더 가볼 만한 곳은 어디?
   문경 도자기박물관, 삼강주막, 예천 진호국제양궁장, 도산서원, 월영교
☆ 무엇을 먹어야 할까?
   약돌 한우구이, 약돌 돼지석쇠구이, 오미자, 사과, 청포묵조밥, 용궁순대, 오징어불고기,
   예천한우, 찜닭, 헛제사밥, 버버리찰떡, 간고등어, 건진국시

꼭 가야 할
볼거리
BEST6

부용대에 오르면 하회마을을 내려다볼 수 있다.

BEST 1 안동 하회마을

안동 하회마을은 풍산 류씨가 600여 년간 대대로 살아온 마을이며 오랜 역사 속에서도 와가瓦家(기와집), 초가草家가 잘 보존된 곳이다. 특히 조선시대 유학자인 겸암 류운룡과 임진왜란 때 영의정을 지낸 서애 류성룡 형제가 태어난 곳으로도 유명하다.

하회마을은 조선시대부터 지리적으로 사람이 살기 좋은 곳으로 알려졌다. 하회河回라는 마을 이름은 낙동강이 'S'자 모양으로 마을을 감싸 안고 흐르는 데서 유래되었다. 마을의 동쪽에 태백산에서 뻗어 나온 화산花山이 있고, 이 화산의 줄기가 낮은 구릉을 형성하면서 마을의 서쪽 끝까지 뻗어 있으며, 수령이 600여 년 된 느티나무가 마을에서 가장 높은 중심부에 위치한다. 마을의 집들은 느티나무를 중심으로 강을 향해 배치되어 있기 때문에 방향이 일정하지 않다. 우리나라의 일반적인 집들이 정남향 또는 동남향을 하고 있는 것과는 대조적인 모습이다.

하회마을을 천천히 둘러봤다면 강 건너 부용대에 오를 것을 추천한다. 강을 바로 건널 수 있는 나룻배를 타면 좋지만, 운항하지 않는 날에는 차를 타고 길을 에둘러 가야 한다. 옥연정사나 화천서원 뒷길로 약 15분 정도 오르면 부용대가 나온다. 정상에서 S자 강물이 휘감아 도는 하회마을 절경이 한눈에 내려다보인다. 절벽 아래 강물과 하얀 백사장, 만송정 솔숲과 어우러진 기와집이 마을을 지키듯 원을 그리며 둘러싸고 있다.

하회마을에는 서민들이 즐겼던 하회별신굿탈놀이와 선비들의 풍류놀이였던 선유줄불놀이가 지금까지 전승된다. 우리나라의 전통 생활문화는 물론 고건축 양식을 보여주는 문화유산이 잘 보존되어 있다.

TIP 하회마을에서 부용대까지 가는 나룻배는 주로 주말에만 운항한다. 하회마을의 주차장, 매표소, 관리사무소 등이 마을 밖으로 이전해 마을로 들어가려면 주차장에서 마을까지 걷거나 셔틀버스를 이용해야 한다.

주소　경상북도 안동시 풍천면 하회리 749-1
전화　054-853-0109
운영　09:00~19:00(동절기 18:00)
요금　성인 3,000원, 청소년 1,500원, 어린이 1,000원
홈페이지　www.hahoe.or.kr

회룡포마을

 용궁면 대은리에 속한 회룡포마을은 태백산 능선의 산자락이 둘러싸고, 낙동강 지류인 내성천이 휘감아 도는 육지 속의 섬마을로 예전에는 '의성개', '의성포'라 불렸다. 안동 하회마을처럼 내성천이 마을을 거의 한 바퀴 휘감아 도는 '물돌이 마을'이다. 회룡이란 명칭은 용이 강을 따라 산을 부둥켜안고 용틀임을 하듯 상류로 올라가는 모습에서 지어졌다.

육지 속의 섬마을 회룡포마을로 가려면 넓은 백사장과 강을 가로질러 놓은 '뽕뽕다리'를 걸어서 건너야 한다. 이 다리의 원래 이름은 '퐁퐁다리'였는데 어느 기자의 실수로 뽕뽕다리로 알려진 후 뽕뽕다리로 불리고 있다. 운동장보다 넓은 광활한 은빛 모래밭을 걷노라면 나도 모르게 '엄마야, 누나야 강변 살자~'라는 노랫가락이 흥얼거려진다.

회룡포마을의 진면목을 보려면 인근 비룡산에 있는 장안사를 지나 전망대로 올라가야 한다. 산 정상의 팔각정 전망대에서 바라본 회룡포는 그야말로 한 폭의 그림이다. 내성천 줄기가 마을 주위를 350도 휘감아 돌아나가서 마을 주위에 고운 모래밭이 펼쳐지며 산과 강이 태극 모양의 조화를 이룬다. 회룡포마을의 특이한 지형과 아름다움은 드라마 〈가을동화〉 촬영지로 알려지기 시작해 최근에는 〈1박2일〉 촬영지로 유명세를 타면서 관광명소로 자리 잡았다.

> **TIP** 마을을 휘감아 도는 내성천이 낙동강, 금천과 만나는 곳에 위치한 삼강주막에 들러보는 것도 좋다. 과거 선비들이 문경새재를 넘기 전, 삼강나루터가 있는 강변 주막에서 쉬어 갔다고 한다. 낙동강 물길에서 마지막 남은 주막이라 관광지로 보존하고 있다.

주소 경상북도 예천군 용궁면 향석리 154
전화 054-653-6696
운영 09:00~18:00

와아~
전망대에 올라야 물돌이 마을을 제대로 볼 수 있다.

뽕뽕다리를 건너 회룡포마을로 들어간다.

예천 곤충생태체험관

백두대간의 청정자연 속에 위치한 예천 곤충생태체험관은 동양 최대의 나비터널, 수변생태공원, 곤충정원 등을 갖추고 있다. 특히 관람객들이 많은 관심을 보이는 세계 최대의 비단벌레 전시관은 비단벌레 13만 마리에서 채취한 26만 개의 등딱지 날개로 꾸며져 있다. 터널형 구조로 수천 마리의 나비를 볼 수 있는 나비터널, 6만7,000여 개의 알벌방, 애벌레방, 수벌방으로 이루어진 국내 최대의 말벌집 등을 감상할 수 있다.

또한 3D영화관을 비롯해 이야기하는 나무, 나비 몬드리안, 세계의 나비관, 딱정벌레관 등으로 나뉘어 있다. 그 밖에도 나무 곤충 만들기 및 장수풍뎅이와 호박벌 수벌체험, 곤충정원, 벅스하우스, 조각공원 등 즐거운 체험거리가 가득하다. 전국 최고의 자연 친화적인 생태자연학습장으로 방학을 맞은 아이들과 함께 찾아보면 좋다.

주소 경상북도 예천군 상리면 고항리 577
전화 054-652-5876
운영 09:00~18:00
요금 성인 3,000원, 어린이 2,000원

용문사

예천 용문사는 870년 두운선사에 의해 창건된 것으로 전해진다. 고려 태조 왕건이 신라를 정벌하러 내려가다 이 사찰을 찾으려 했으나 운무가 자욱하여 길을 헤매고 있었는데, 어디선가 청룡 두 마리가 나타나 길을 인도했다고 하여 용문사라 불렀다고 한다.

용문사에는 우리나라에서 유일하게 남아 있는 윤장대(보물 684호)를 비롯하여 성보문화재 10여 점이 현존하며, 조선 숙종 때 조성된 목각탱화(보물 89호)는 우리나라에서 제일 오래된 것으로 알려져 있다.

특히 팔만대장경판을 보관한 용문사 윤장대를 돌리면 공덕이 쌓여 소원이 성취된다고 해서 참배객의 발길이 끊이지 않았다고 한다. 하지만 현재 대장전 내에 있는 윤장대는 보존을 위해 고정시켜 놓아 돌려볼 수 없다.

주소 경상북도 예천군 용문면 내지리 391
전화 054-655-1010
홈페이지 www.yongmoonsa.org

즐거운 체험거리가 가득한 예천 곤충생태체험관.

용문사에는 우리나라에 유일하게 남아있는 윤장대가 있다.

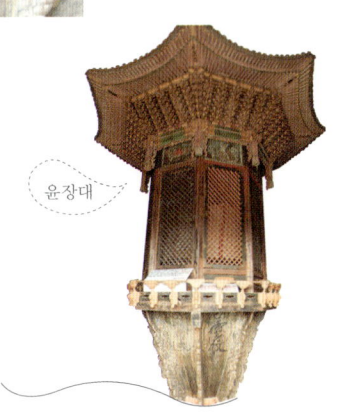

윤장대

옛길박물관

옛길박물관은 문경의 역사문화적 정체성을 확립하기 위해 건립한 박물관으로 향토사 중심의 문경새재박물관을 리모델링하여 2009년 재개관하였다.

문경은 우리나라의 살아 있는 길 박물관이다. 조선 팔도 고갯길의 대명사라 할 문경새재가 있고, 우리나라에서 가장 오래된 고갯길인 '하늘재'가 있다. 여기에 옛길의 백미 토끼비리와 영남대로 과거길을 걸어오던 영남의 선비들, 전국 선비들의 허브 역인 유곡역이 있다. 유곡역은 남쪽으로 대구를 지나 부산의 동래에 이르고, 북쪽으로는 한양에 다다른다. 경상도에서 한양으로 가는 다른 길도 있었지만 과거를 보러 가는 선비들은 꼭 문경새재를 넘어갔다. 죽령은 미끄러지고, 추풍령은 추풍낙엽처럼 떨어진다는 속설이 있어 피해가야 했기 때문이라고 한다.

옛길박물관에서는 과거길로 유명한 문경새재를 조망하며 옛길 위에서 펼쳐졌던 각종 문화상을 담아내고 있다. 옛날 길 위에서 이루어졌던 각종 여행기와 풍속화, 중요민속자료 제254호인 문경 평산 신씨 묘 출토복식과 같은 문경의 문화유산도 함께 전시되어 있다. 많은 사람들이 촬영지나 문경새재만 바라보고 그냥 지나치는 경우가 많은데, 문경새재 초입에 있으니 지나는 길에 들러보자.

주소 경상북도 문경시 문경읍 새재로 944
전화 054-550-8365
운영 09:00~18:00(동절기 17:00)
요금 성인 1,000원, 어린이 700원

문경새재 도립공원

문경의 자랑이자 선비들의 발자취를 느낄 수 있는 문경새재. 그 옛날 산이 높고 험준해 '새도 날아서 넘기 힘든 고개'라 해서 이름 붙여진 이 길은 지금은 산책길이 마련되어 있어 유모차나 휠체어가 다니는데도 무리가 없다.

문경새재 입구로 들어서서 옛길박물관을 뒤로하고 산책로 입구에서 장승공원을 지난다. 제1관문인 주흘관에 들어서면 주흘산, 부봉, 마패봉을 거쳐 제3관문인 조령관까지 도착하는 산행길과 산책길 두 갈래로 나뉜다. 산행길로 가면 혜국사, 대궐터, 여궁폭포 등 자연을 더 가까이 볼 수 있지만 오르기가 수월하지 않아 대부분의 관광객은 완만한 경사의 산책길로 걷는다.

제1관문은 3개의 관문 중 옛 모습을 가장 잘 지니고 있다. 주흘관을 지나면 드라마 〈태조왕건〉 촬영지로 유명한 문경새재 오픈세트장이 눈에 들어온다. 2만여 평 부지에 조성해 놓은 오픈세트장으로 고려와 백제의 궁, 양반가, 민가가 잘 어우러져 있으며 최근에는 드라마 〈전우치〉 촬영이 진행되기도 했다. 여기부터 제2관문 조곡관까지는 약 3km 거리인데 옛 관리들의 숙식·편의시설로 사용되던 조령원터의 주막과 '산불됴심비'를 만날 수 있다. 조곡관을 지나 소나무 숲 사이에 있는 조곡약

수는 청산계곡 사이로 흐르는 용천수로, 제3관문에 있는 조령약수와 함께 맛 좋은 물로 여행객들에게 정평이 나 있다. 조곡약수와 귀틀집을 지나면 '문경새재 아리랑비, 장원급제길'이라 적힌 표지판을 볼 수 있다. 옛 선비들이 한양으로 갈 때 넘나들던 길을 그대로 보존해 놓았다. 예부터 이 길을 지나던 선비들이 장원급제한 경우가 많아 '장원급제길'이라 불린 것으로 전해지며 소원을 빌면 장원급제를 한다는 전설의 책바위가 자리해 수험생을 둔 부모들이 많이 찾는다. 여기서 가볍게 몇 걸음 더 내딛으면 곧바로 주흘산과 조령산을 좌우 배경으로 우뚝 선 제3관문 조령관이 나온다.

문경새재는 사이사이의 산행길과 옛길 외에 산책로로 제3관문까지 오르는 길이 워낙 잘 닦여 있어 산에 오른 것이 맞나 하는 착각마저 든다. 길을 걸으며 우리 조상의 발자취를 되짚어보는 과거로의 여행을 떠나보자.

TIP 산책길로 걷는다면 걷기 좋은 가벼운 차림에 운동화를 신으면 된다.

주소　경상북도 문경시 문경읍 새재로 932
전화　054-571-0709
홈페이지　saejae.gbmg.go.kr

산책길 옆으로 옛길이 보존되어 있어 선택해서 걸을 수 있다.

여행정보 / Travel info

알아두면 좋아요!

문경에는 진남역, 불정역, 가은역을 이용한 철로자전거, 석탄산업의 발자취를 고스란히 담고 있는 석탄박물관, 전통 도자기를 직접 만들고 체험할 수 있는 문경도자기전시관이 있다.

문경 불정동자연휴양림에서 짚라인 체험을 통해 영화 〈타잔〉의 주인공 흉내를 내어볼 수 있다. 높은 지대에서 낮은 지대로 줄을 타고 총 길이 1.3km의 하늘을 비행하는 문경 짚라인은 9개 코스로 나누어 2시간 20분 정도를 이동하며 별도의 교육 없이 체험이 가능하다. 짜릿한 스릴을 즐기는 사람이라면 도전해 봐도 좋다.

무얼 먹을까?

문경약돌한우타운 약돌한우구이 · 육회비빔밥
경상북도 문경시 문경읍 진안리 350-7,
1588-9075

새재초곡관 약돌 돼지석쇠구이
경상북도 문경시 문경읍 새재로 928,
054-571-2020

소문난식당 청포묵조밥
경상북도 문경시 문경읍 하초리 344-15,
054-572-2255

용궁식당 순대 · 오징어불고기
경상북도 예천군 용궁면 읍부리 127-1,
054-655-4554

 어디서 묵을까?

문경새재 유스호스텔
경상북도 문경시 문경읍 새재로 913-14,
054-571-5533, www.mgyouthtel.or.kr

호텔킹마트
경상북도 문경시 문경읍 하리 387-7,
054-571-5558, www.hotelkingmart.com

불정자연휴양림
경상북도 문경시 휴양림길 180,
054-552-9443, www.mgbjforest.or.kr

안동파크호텔
경상북도 안동시 경동로 707, 054-853-1501

필모텔사우나
경상북도 안동시 대석3길 20, 054-857-7222

회룡포 여울마을
경상북도 예천군 용궁면 향석리 186,
054-655-7120, www.yeoul-vil.co.kr

회룡포쉼터
경상북도 예천군 용궁면 회룡길 92-16,
054-655-9143

축제도 함께 즐겨요!

4월 초   안동 벚꽃축제
4월 말~5월 초   문경 전통찻사발축제
8~9월   문경새재 아리랑제
8월   예천 삼강주막막걸리축제
9월   안동 국제탈춤페스티벌
9월   문경 오미자축제
10월   문경 사과축제

하늘과 맞닿을 듯한 고개를 넘고 깊은 계곡을 건너야 갈 수 있는 봉화와 청송은 숲이 짙고 물이 맑다. 내륙의 오지라 불리기까지 했던 이 지역이 알려진 것은 영화 〈워낭소리〉의 가슴 먹먹한 스토리 덕분일 것이다. 오가는 길에 만나는 수많은 비경과 산골 마을의 인심이 마음을 넉넉하게 만든다.

봉화 · 청송

여행테마	산책, 숲
좋은시기	10~11월
서울에서 이동시간	3시간30분
가는 방법	중앙고속도로 만종분기점 이후 '소백산국립공원, 풍기, 봉화' 방면→소백로를 따라 이동하다 '춘양, 오전약수탕' 방면→문수로, 광춘길

봉화 · 청송
Course

뻥뻥 뚫린 고속도로를 타도 거리에 비해 다소 긴 시간이 소요된다.
서벽리 금강소나무숲과 청량사, 주왕산국립공원은 3시간 정도의 트레킹코스이다.
청량사는 '입석'에서 시작해서 걷는 것이 풍경도 좋고 덜 힘들다.

1일차
- 12:00 서벽리 금강소나무숲 — 30분 —
- 15:00 계서당 (이몽룡 생가) — 31분 —
- 16:30 축서사 — 45분 —
- 18:30 닭실 한과마을, 석천계곡

2일차
- 10:30 청량산, 청량사 — 45분 —
- 16:30 송소고택 — 1시간50분 —
- 18:30 달기 약수마을 — 17분 —

3일차
- 10:00 주왕산국립공원 (절골 매표소) — 35분 —
- 13:00 청송 얼음골 — 21분 —

★ 꼭 들러야 하는 곳은 어디?
  계서당(이몽룡 생가), 청량사, 석천계곡, 주왕산국립공원, 청송 얼음골
● 더 가볼 만한 곳은 어디?
  청암정, 북지리 마애여래좌상, 주산지, 신성계곡, 청송 자연휴양림
☆ 무엇을 먹어야 할까?
  송이돌솥밥, 약수 닭백숙, 닭떡갈비, 한과

꼭 가야 할
볼거리
BEST9

서벽리 금강소나무숲

'춘양목'이라 일컬어지는 금강소나무가 백두대간 줄기를 타고 금강산에서 강원도 강릉, 삼척, 영덕을 거쳐 봉화군 춘양면 서벽리에 군락을 이루고 있다. 황장목, 적송, 미인송 등 다양한 이름으로 불리는 이 나무는 대표적 산지인 춘양면의 지명을 빌려 춘양목이라고도 한다. 평균 굵기가 50cm가 넘는 약 1,500그루의 금강송이 자생하는 서벽리 숲으로 들어서면 높이 20m가 넘는 나무가 하늘을 보고 쭉쭉 뻗어 있다. 여느 소나무보다 마디가 굵고 반듯하며 붉은색을 띠는 금강송은 국가의 관리를 받는 귀한 건축 재료이다. 재질이 단단하고 뒤틀림이 없어 궁궐 등 주요 건물의 기둥들은 모두 금강송을 사용하였다.

여러 종류의 토종 수목이 자연스럽게 어우러지는 서벽리 산책로를 걷다 보면 포근함이 느껴진다. 봉화에서도 서벽이라 부르는 오지 주실령 고개에서 시작되는 1.5km의 금강소나무숲은 두내약수터와 연결되는 삼림욕장이다. 땀으로 온몸의 독소를 배출하고 두내 약수로 채우면 몸속에 청량감이 흐르는 것 같다.

주소   경상북도 봉화군 춘양면 서벽리
전화   054-635-4253

계서당 (이몽룡 생가)

계서당溪西堂은 봉화군 물야면 가평리에 있는 고택으로 춘향전의 주인공 이몽룡의 실존 인물로 알려진 성이성의 생가이다.

계서溪西 성이성成以性의 아버지인 성안의가 남원부사로 있을 때, 성이성은 아버지를 따라 남원에서 공부를 한 후 과거에 급제해 암행어사로 네 번이나 출두하여 암행어사의 표본이 됐다고 한다. 이후 성이성은 출사를 여러 번 거절한 뒤 봉화에서 계서당을 짓고 살았다. 최근 학자들과 종손의 말에 의하면 아버지 성안의의 친구가 이 집의 주인인 성이성을 모델로 하여 춘향전을 만들었다고 한다. 춘향전 집필 당시 양반의 실명을 그대로 거론하기에는 시대 상황이 허락되지 않았기에 성을 이씨로 바꾸고, 대신 춘향의 이름에 '성'씨를 붙였다는 설명이다.

계서당은 나지막한 소나무 숲 아래 남향으로 자리하고 있다. 전면에 일자형 솟을 대문이 여섯 칸 반의 규모로 세워져 있다. 대문에 들어서면 높직한 기단 위에 사랑채와 정침이 좌우로 배치되어 있다. 사랑채 누마루 끝에서 소변을 볼 수 있도록 널판을 이용한 조그만 측간이 있는 것이 흥미롭다. 계서당 사랑채 마루에 앉아 앞을 내다보면 대문 옆으로 마을 앞뜰이 보인다. 시원한 바람이 살랑이는 한옥 마루에 앉아 여유를 느껴보자.

주소   경상북도 봉화군 물야면 가평리 301

축서사

해발 1,205m 문수산 중턱에 자리한 축서사는 대한불교조계종 고운사의 말사로 673년 의상대사가 창건하였다. 설화에 의하면 문수산 아래 지림사라는 절의 스님이 어느 날 밤 앞산을 바라보는데 휘황찬란한 빛이 발산되고 있었다. 광채가 나는 곳으로 달려갔더니 한 동자가 불상 앞에서 절을 하고 있었다. 얼마 후 그 동자는 청량산 문수보살이라며 구름을 타고 사라져 버렸고 불상만 남았는데, 훗날 그 소식을 들은 의상대사가 현 대웅전 터에 법당을 짓고 불상을 모셨다고 한다. 당시의 지림사는 현재의 수월암水月庵이다. 축서사는 지리적으로 소백산맥을 사이에 두고 영주의 부석사와 마주보는 형세이다.

사찰의 경내에 들어서면 5층 진신 사리탑이 눈에 띈다. 사리탑을 지나 최근 단장을 마친 대웅전 오른쪽으로 돌면 옛 대웅전을 옮긴 보광전이 있다. 이곳에는 보물 제995호인 석조 비로자나불 좌상이 봉안되어 있다.

주소   경상북도 봉화군 물야면 개단리 1
전화   054-672-7579
홈페이지   www.chooksersa.org

닭실 한과마을 · 석천계곡

조선 중기의 실학자 이중환이 〈택리지〉에서 4대 길지 중 하나라고 꼽은 유곡리는 알을 품은 암탉과 날갯짓하는 수탉이 포개지는 형상이다. 그리하여 '닭실마을'이라 이름 붙여졌다. 마을의 또 다른 이름은 한과마을이다. 조선 중종 때 재상 충재 권벌(1478~1548)의 종택이 이곳에 터를 잡은 뒤 제사를 모시면서부터 한과를 만들기 시작해 500여 년 동안 한과를 만들어왔다. 여전히 전통적인 방법대로 한과를 만들어 맛을 그대로 이어오고 있다. 마을은 권벌이 자리 잡은 이후 지금까지 후손들이 지켜오고 있는 안동 권씨 집성촌이다.

권벌의 종택인 솟을대문 집에서 계곡을 따라 내려가면 울창한 소나무 숲에 싸인 석천계곡이 있다. 이곳에는 권벌의 장자 권동보가 지은 석천정사가 있어 계곡을 한눈에 조망할 수 있다. 졸졸 흐르는 물소리와 함께 달콤한 한과의 향을 머금은 산들바람이라도 불라치면 마을에 살고 싶어진다.

주소   경상북도 봉화군 봉화읍 유곡리 963
전화   054-674-0963

'부석사의 큰집'이라 불리는 축서사는 소백산맥을 사이에 두고 영주 부석사와 마주보는 형세이다.

보물 제995호 석조 비로자나불좌상이 봉안되어 있는 축서사 보광전.

닭실 한과마을의 모든 한과 제작 과정은 수작업으로 이루어진다.

BEST 5 청량산·청량사

봉화의 남쪽 관문인 청량산은 그 산세가 봉화에서 안동까지 뻗어 있다. 청량산은 빼어난 절경 덕분에 작은 금강산으로 불리는데 퇴계 이황 선생이 공부한 곳에 후학들이 세운 청량정사와 김생이 글을 공부하던 김생굴, 최치원이 수도한 풍혈대, 홍건적의 난을 피해 한때 이곳에 머문 공민왕을 모신 사당인 공민왕당, 청량산성 등 수많은 역사문화유적이 남아 있다.

청량산에서 빼놓을 수 없는 것은 바위 봉우리 밑 가파른 비탈에 자리 잡은 청량사다. 신라 원효대사가 창건했다는 설도 있고 의상대사가 창건했다는 설도 있는데, 중심 전각인 유리보전琉璃寶殿의 현판은 공민왕의 친필로 알려져 있다. 청량사는 가을에 더욱 아름다운데 단풍이 절정인 매년 10월 산사음악회가 열린다.

TIP 청량사 뒤편으로 40분 정도 오르면 국내에서 가장 높고 긴 하늘다리가 나온다. 선학봉과 자란봉의 해발 800m 지점으로 길이가 90m, 높이가 무려 70m이다. 눈앞에 펼쳐진 멋진 풍광이 아찔하다.

주소 경상북도 봉화군 명호면 북곡리 청량사
전화 054-672-1446
홈페이지 www.cheongryangsa.org

BEST 6 송소고택

청송 심씨 동족마을의 중심에 아흔아홉 칸 고래등 같은 기와집이 있다. 조선 영조 때 만석의 부를 누린 청송 심씨 심처대의 7대손인 송소 심호택이 1880년경에 지었다고 전해지며, 그의 호를 따 송소고택이라 부른다. 집을 완성하는 데 무려 13년이 걸렸는데 처음에는 송소고택 말고도 세 아들을 분가시킬 30칸의 집을 3채 더 지었다고 한다. 지금의 송소고택 별채와 연결된 송정고택이 둘째 아들의 집이었고 다른 두 채는 6·25전쟁 때 유실되었다. 고택은 조선 후기 상류층 주택의 전형을 보여준다. 솟을대문을 통과하여 너른 마당으로 펼쳐지는 가옥에서 조선시대 양반의 위용을 한눈에 알 수 있다.

해마다 봄, 가을이면 송소고택의 정원이나 후원에서 음악회가 열린다. 연중 고택 숙박체험도 가능하다.

주소 경상북도 청송군 파천면 덕천리 176
전화 054-874-6556
홈페이지 www.송소고택.kr

가파른 비탈에 자리잡은 청량사.

캬~
산꾼의 집에서 여러 한약재를 넣고 끓인 건강차가 공짜!

아흔아홉 칸으로 이루어진 고래등 같은 송소고택.

달기약수

조선 철종 때 수로 공사를 하던 중 발견된 약수로 이곳의 옛 지명이 '달이 뜨는 곳'이라 해서 '달기약수'라고 불린다. 달기약수 주변에는 닭백숙을 전문으로 하는 식당이 많다. 이곳의 닭백숙은 약수 성분이 닭 특유의 냄새를 잡아주고 기름기를 제거해 맛이 담백하고 부드럽다.

해마다 음력 3월 30일이면 마을 사람들이 40년 넘게 '달기약수 영천제'를 지낸다. 약수를 발견한 권성하 공을 기리고 약수가 끊이지 않고 솟아오르기를 기원하는 것이다. 달기약수는 사계절 약수의 양이 일정하고 겨울에도 얼지 않는 것으로 유명한데 색과 냄새가 없고 철분이 다량 함유되어 있다. 이 때문에 이 약수로 밥을 지으면 밥이 푸른색을 띠고 찰기가 있다. 신경통과 위장병에 특히 효험이 있는 것으로 알려져 있으나 쇳물 같은 맛이 나기 때문에 비위가 약하면 그냥 마시기는 힘들다.

주소 경상북도 청송군 청송읍 부곡리

주왕산국립공원

주왕산은 12번째 국립공원으로 설악산, 월출산과 더불어 우리나라 3대 암산으로 꼽힌다. 산의 모습이 돌로 병풍을 친 것 같다고 하여 옛날에는 석병산이라 불렸다. 당나라의 주왕이 숨어 살았다 하여 주왕산으로 불리게 되었다는 설이 전해진다. 큰 바위와 계곡이 있지만 산책로가 잘 다듬어져 등산화를 신지 않아도 편안하게 산책하며 걸을 수 있다.

주왕산에는 신라 문무왕 때 의상대사가 창건했다는 고찰 대전사를 비롯하여 주왕의 딸 백련공주의 이름을 딴 백련암과 주왕암이 있다. 이외에도 주왕이 피신해 머물렀다는 주왕굴과 제1·2·3폭포, 절골계곡, 내원계곡 등이 조화를 이룬다. 특히 경사 90도의 가파른 절벽에 청학과 백학이 둥지를 틀고 살았다는 학소대와 병풍바위의 풍경은 한 폭의 그림이다. 그 외 자하성과 무장굴, 연화굴, 신선대와 선녀탕을 아우르는 트레킹 코스는 '한국 자연 100경'에 선정될 만큼 경관이 빼어나다.

주소 경상북도 청송군 부동면 공원길 169-7
전화 054-873-0018

병풍처럼 펼쳐진 기암들의 모습이 산의 위용을 느끼게 한다.

숱한 전설과 비경을 간직한 주왕산.

청송 얼음골

 천연 냉장고라 불리는 얼음골은 한여름에는 얼음이 얼고 겨울에는 실온보다 따듯한 기운을 유지한다. 이 신비한 현상은 뜨거운 외부 공기가 바위 표면으로 유입되면서 찬 지하수를 냉각시키며 나타난다고 한다. 날씨가 32도 이상이 되면 수목이 울창하고 인적이 드문 곳에 자리한 청송 얼음골의 돌에 얼음이 낀다. 신기한 것은 기온이 올라갈수록 얼음이 두껍게 언다는 것이다. 한여름에 이곳에 들어서면 냉동 창고에 들어간 듯 서늘함이 느껴지고 이끼 낀 바위를 감싸고 흘러내리는 물은 얼음처럼 차다. 겨울에는 높이 60m 이상의 거대한 절벽에서 떨어지는 물줄기가 거대한 빙벽을 형성해 빙벽타기 애호가들의 훈련장으로 사용되기도 한다. 한여름의 시원함과 기암괴석의 뛰어난 절경, 약수터와 인공폭포 빙벽 때문에 해마다 찾는 이가 많다.

주소 경상북도 청송군 부동면 내룡리

알아두면 좋아요!

봉화에는 고택에서의 하룻밤을 보낼 수 있는 숙소가 많다. 닭실마을, 오록마을, 해저마을 등에서 고택스테이를 할 수 있다.

문의: 봉화군청 문화관광과(054-679-6341)

청송 주왕산에서 강원도 영월 관풍헌까지 170km에 이르는 도보 여행길, 외씨 버선길이 있다. 경북 청송, 영양, 봉화군과 강원도 영월군이 뜻을 모아 다듬었다. 사과꽃 향기, 솔 향기를 따라 논밭을 걸으며 옛 집들이 이어지는 풍경을 감상할 수 있는 정겨운 길이다.

봉화 분천역에서 태백 철암역에 이르는 백두대간 협곡열차 V-트레인(www.v-train.co.kr)이 인기다. 하늘도 세 평, 땅도 세 평인 백두대간의 좁디좁은 협곡 사이를 기차로 달려보자.

무얼 먹을까?

솔봉이 송이돌솥밥
경상북도 봉화군 봉화읍 내성리 232-11,
054-673-1090

용두식당 산송이돌솥밥
경상북도 봉화군 봉성면 동양리 470-3,
054-673-3144

송암가든 약수닭백숙
경상북도 청송군 부동면 상의리 652-4,
054-873-0606

동대구식당 닭떡갈비, 닭기약수백숙
경상북도 청송군 청송읍 부곡리 299-18,
054-873-2563

어디서 묵을까?

만산고택
경상북도 봉화군 춘양면 의양리 288,
054-672-3206

다덕파크모텔
경상북도 봉화군 봉성면 우곡리 577,
054-574-0033

송소고택
경상북도 청송군 파천면 덕천리 176,
054-874-6556

코리아나모텔
경상북도 청송군 청송읍 부곡리 356-53,
054-872-2881

나이스모텔
경상북도 청송군 부동면 하의리 26-7,
054-874-3651

축제도 함께 즐겨요!

5월 주왕산 수달래축제
5월 봉화 한국과자축제
7월 봉화 은어축제
9월 봉화 송이축제
11월 청송 사과축제

강력한 화산 폭발로 바다 한가운데 생겨난 화산섬이 바람과 파도에 다듬어져 한 폭의 풍경화처럼 펼쳐져 있다. 때 묻지 않은 원시림과 하얗게 부서지는 파도, 깊이를 알 수 없는 맑고 푸른 바다는 바라보기만 해도 휴식이 된다. 일주도로를 따라 섬을 한 바퀴 돌면 기막힌 절경이 끝없이 펼쳐져 감탄의 연속이다.

울릉도

여행테마	**바다**
좋은시기	**10~11월**
서울에서 이동시간	**3시간 + 배 3시간30분**
가는 방법	영동고속도로 신갈분기점→동해고속도로 강릉분기점→경강로를 따라 이동→창해로 14번길

배의 결항으로 입도가 불가능할 경우 숙박시설 등의 예약은 100% 환불된다. 카드 사용이 안 되는 곳이 많으니 현금을 준비하자. 렌터카보다는 대중교통을 추천한다. 섬을 일주하는 여행 버스들이 많으니 이용하면 편리하다.

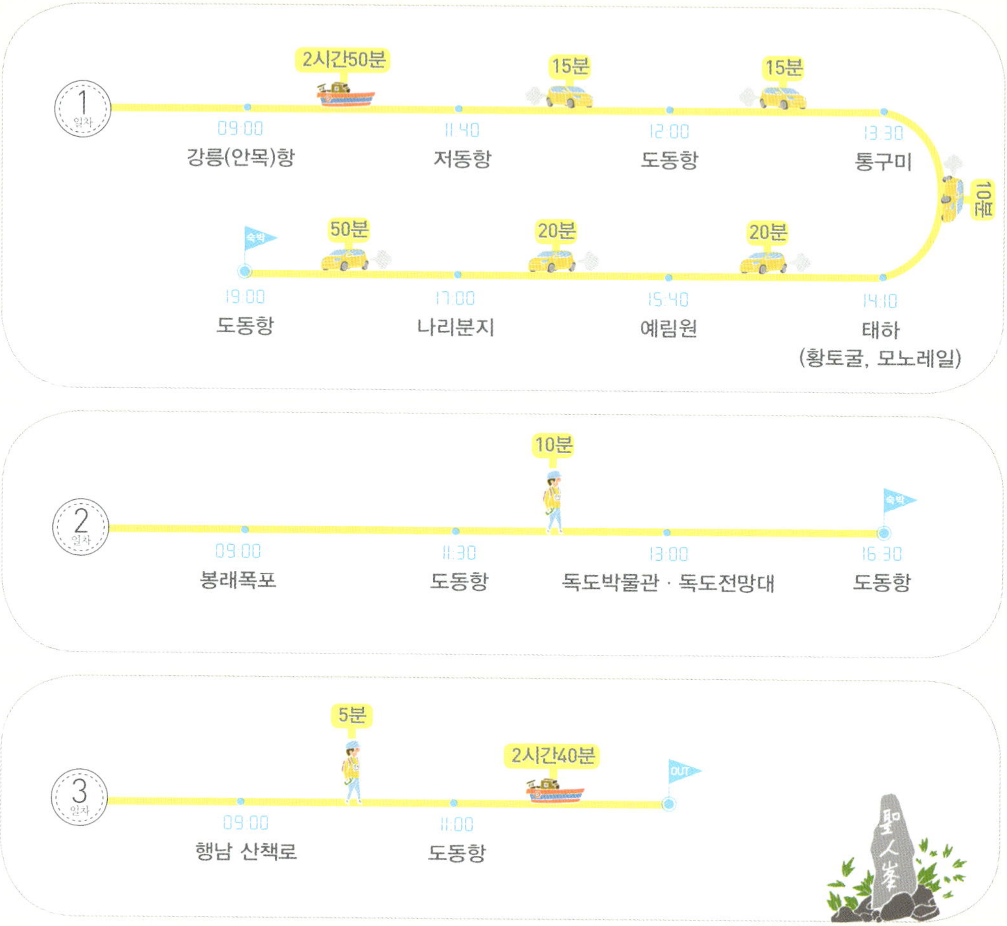

1일차

- 09:00 강릉(안목)항 → (2시간50분)
- 11:40 저동항 → (15분)
- 12:00 도동항 → (15분)
- 13:30 통구미 → (10분)
- 14:10 태하 (황토굴, 모노레일) → (20분)
- 15:40 예림원 → (20분)
- 17:00 나리분지 → (50분)
- 19:00 도동항 (숙박)

2일차

- 09:00 봉래폭포 →
- 11:30 도동항 → (10분)
- 13:00 독도박물관 · 독도전망대 →
- 16:30 도동항 (숙박)

3일차

- 09:00 행남 산책로 → (5분)
- 11:00 도동항 → (2시간40분) OUT

★ **꼭 들러야 하는 곳은 어디?**
통구미, 태하 황토굴, 행남 산책로, 나리분지, 독도전망대, 봉래폭포

● **더 가볼 만한 곳은 어디?**
성인봉, 내수전전망대, 관음도, 석포전망대

☆ **무엇을 먹어야 할까?**
약소불고기, 따개비밥, 홍합밥, 명이나물, 호박엿, 활어회, 물회

꼭 가야 할 볼거리
BEST8

무척 아늑하고 한적해 보이는 통구미마을.

울릉도의 관문 도동항.

통구미

통구미라는 지명은 양쪽으로 높게 솟은 산 사이에 자리한 골짜기처럼 마을 지형이 깊은 통처럼 생긴 데서 유래했다고 한다. 통구미마을 앞 포구에는 울릉도의 대표적인 기암괴석인 거북바위가 마을을 향해 기어오르는 듯한 형상으로 우뚝 솟아 있다.

마을의 이름처럼 골짜기와 산등성이 사이에 마을이 자리하고 있다. 일주도로를 지나는 차 안에서 바라보면 통구미마을은 무척 아늑하고 한적해 보인다.

통구미마을의 포구 역할을 하는 몽돌해변 옆으로 깎아지른 암벽에 여기저기 뿌리를 내리고 있는 향나무 고목들은 통구미에서 놓치지 말아야 할 포인트다. 이곳은 천연기념물 제48호로 지정된 통구미 향나무 자생지이다. 향나무 자생지 아래로 자리한 통구미터널은 오가는 차량이 서로 비켜갈 수 없을 정도로 비좁은 탓에 신호를 놓치면 한참을 기다려야 하는 곳으로, 울릉도의 숨은 명물이다.

주소 경상북도 울릉군 서면 남양3리 산18-1

도동항

울릉도의 관문이다. 망향봉과 행남봉 사이의 좁은 골짜기를 따라 시가지를 형성하고 있다. 울릉도의 행정, 경제, 교통의 중심지인 도동리에는 관공서와 금융기관이 모여 있고 여객선과 유람선은 물론 렌터카와 울릉도 내를 순환하는 버스들도 이곳을 기점으로 움직인다. 이런 탓에 늘 번잡하고 비좁은 도동항은 뭍에서 여객선이 드나드는 시간엔 차와 사람이 얽혀 걷기조차 어려울 지경에 이른다. 어쩌다 버스 두 대가 교차하는 경우가 생기면 좁은 도로에 피할 곳이 없어 인근 식당으로 들어가 피해야 하는 웃지 못할 상황이 벌어지기도 한다.

번잡한 도시를 피해 온 여행에서 이런 복잡함이 반갑진 않겠지만, 울릉도 내 숙박시설과 음식점의 절반 이상이 자리한 도동항을 피해 여행하기는 어렵다. 도시에서 마주하는 번잡함과는 다른 울릉도만의 분위기가 있으니 즐겨보자.

TIP 여행의 동선을 고려해 도동항 근처에 숙박하는 것이 좋다.

태하(황토굴, 모노레일)

울릉도 서북쪽 해안에 태하마을이 자리하고 있다. 일주도로에서 살짝 비켜나 여유롭고 한적한 이 마을 바닷가에는 커다란 황토굴이 자리하고 있는데, 태하의 옛 이름인 황토구미의 유래가 된 동굴이다. 화산섬인 울릉도에서 황토가 나는 곳은 흔치 않은데 굴 입구는 주황색에 가까운 황토로 뒤덮여 있다. 전설에 의하면 황토는 짠맛, 매운맛, 쓴맛, 단맛 등 아홉 가지 맛이 난다 하여 황토구미라고 불렸다고 한다. 황토굴 양쪽에는 태하등대까지 이어지는 해안 산책로와 모노레일 정류장이 있다. 해안 산책로를 따라 등대 쪽으로 가면 아늑한 태하마을과 몽돌해변이 한눈에 들어온다. 모노레일 위에서 보는 태하등대의 풍경도 한 폭의 그림 같다.

TIP ▶ 바람이 센 날이나 동절기에는 모노레일을 운행하지 않는다. 모노레일이 운행하지 않을 경우 20분 정도 산을 오르면 태하등대 관람이 가능하다.

주소　경상북도 울릉군 서면 태하리
전화　054-790-6638
운영　08:00~17:30(매표 마감 16:30)
요금　모노레일 왕복 성인 4,000원, 어린이 2,000원

우와~

예림원

예림원은 울릉도 북면의 보물창고라 불리는 울릉도 유일의 식물원으로 문자조각 공원이다. 전 세계에서 유일하게 울릉군에 자생하는 천연기념물 51호 섬개야광나무와 울릉군 지역 자생분재 300여 점, 희귀 야생화분재 350여 점 등이 있으며, 울릉군 지역 자연석을 이용한 바위 조형물 70여 점도 전시되어 있다.
또한 일몰 해상전망대에는 유리 바닥으로 이루어진 바다 절벽 위에서 담력을 체험할 수 있는 다양한 체험장이 설치되어 있으며 자연 몽돌을 이용한 지압 체험 공간과 폭포 등이 있다. 해상전망대에서는 신비로운 주상절리의 결정체인 코끼리바위와 울릉군 북면의 경치가 한눈에 들어온다.

주소   경상북도 울릉군 북면 현포리 317-4
전화   054-791-9922
운영   08:00~18:00(연중무휴)
요금   성인 5,000원, 학생 3,000원
홈페이지   www.yerimwon.com

나리분지

울릉도의 유일한 평야인 나리분지는 우리나라에서 유일하게 사람이 사는 화산 분화구이다. 강력한 화산 폭발로 울릉도가 생겨날 당시 분화구 안에 화산재가 쌓이면서 분화구에 물이 고이지 않은 덕분이다. 육지의 평야에 비하면 작은 규모이지만 울릉도에서 이만큼 넓고 평평한 곳은 찾아볼 수 없다. 처음 이곳에 정착한 주민들은 식량 사정이 열악해 섬말나리의 뿌리를 먹으며 연명했다고 하는데 '나리'라는 지명도 거기서 유래됐다고 한다.
나리분지에는 울릉도 전통 가옥인 투막집이 남아 있으며 20분 정도 걸어 들어가면 알봉분지에 닿기 직전에 천연기념물 제52호로 지정된 섬백리향과 울릉국화 군락지를 볼 수 있다. 알봉분지에서 신령수에 이르는 원시림도 들러보면 좋다.

주소   경상북도 울릉군 북면 나리

예림원 해상전망대에서 바라보는 풍경은 가히 환상이다.

봉래폭포

성인봉 중턱에서 용출된 지하수가 원시림을 뚫고 나와 이곳까지 힘차게 흐른다. 약 30m 높이에서 3단에 걸쳐 떨어지는 폭포 소리는 우렁차고 시원하다. 수량이 풍부하여 1년 내내 폭포의 장관을 볼 수 있는데 이 폭포에서 떨어지는 물은 도동리와 저동리를 비롯한 울릉읍 주민들의 주요 식수원이 된다.

폭포로 오르는 길에는 한여름에도 서늘한 냉기가 감돌아 천연 에어컨이라 부르는 풍혈風穴과 삼나무 숲 삼림욕장이 있다. 길이 잘 정비되어 있어 다 돌아보는 데 왕복 1시간이면 충분하다.

주소　경상북도 울릉군 울릉읍 저동리 산39
전화　054-790-6422
운영　08:00~18:00
요금　성인 1,200원, 어린이 600원

독도전망대·독도박물관

도동항에서 비탈길을 따라 오르다 보면 나오는 약수공원에서 망향봉 정상을 운행하는 케이블카를 타면 독도전망대에 갈 수 있다. 약수공원에는 독도가 우리나라의 영토임을 입증하는 자료와 독도의 자연환경 등에 관한 자료가 전시되어 있는 독도박물관을 비롯하여 향토사료관, 청마 유치환의 시비 등이 있다.

독도전망대에 오르는 케이블카는 직선거리 490m로 산록정류장에서 3분 정도 소요된다. 독도전망대에서 독도까지는 87.4km 거리로 날씨가 좋으면 육안으로도 볼 수 있다. 하지만 울릉도의 청정일수는 연간 63일밖에 되지 않아 대부분 망원경을 이용해야 볼 수 있다.

전망대에 서면 독도뿐만 아니라 바다와 어우러진 도동 시가지와 도동항, 저동리의 아름다운 풍경이 펼쳐진다. 일출과 일몰 풍경으로도 유명하며 특히 밤에는 어화(오징어잡이 배의 불빛)의 장관에 눈이 부시다.

주소　경상북도 울릉군 울릉읍 약수터길 90-17
전화　케이블카 054-790-6427, 독도박물관 054-790-6432~6
운영　케이블카 06:30 ~ 20:00(매표 마감 19:00), 독도박물관 09:00~18:00
요금　케이블카 성인 7,500원, 어린이 3,500원
홈페이지　독도박물관 http://www.dokdomuseum.go.kr

울릉읍 주민들의 주요 식수원이 되는 봉래폭포.

봉래폭포 삼나무 숲.

독도 전망 케이블카.

날씨가 좋으면 독도가 보인다.

BEST 8 행남 산책로

도동항에서 행남까지 이어진 해안 산책로는 울릉도에서 바위로 이루어진 해안 절경을 가장 가까이에서 감상하며 걸을 수 있는 길이다. 여객터미널에서 도동 반대 방향으로 길을 잡고 계단을 지나면 산책로가 시작되는데 1km가량 구불구불한 길을 지나면 자연 동굴을 지나고 암벽을 연결하는 다리를 건너 도동(행남)등대에 닿는다. 등대에 오르면 저동항을 볼 수 있고, 이어 저동 촛대바위로 향하는 또 다른 해안 산책로가 나온다.

산책로를 따라 걷다 보면 육지에서 볼 수 없는 암석들을 만난다. 대규모 폭발성 분화에 의해 화산재가 쌓여 만들어진 응회암 위를 점성이 높은 마그마와 화산 부스러기들이 덮고 있다. 이 암석들은 구멍이 많고 침식에 약해 파도에 의해 쉽게 깎인다. 그렇게 만들어진 해식애와 해식동굴들이 해안을 따라 곳곳에 나타난다. 해안 산책로와 행남등대 코스는 왕복 1시간30분 정도 소요된다.

주소   경상북도 울릉군 울릉읍 도동리(도동읍↔저동 촛대암)

여행정보 / Travel info

알아두면 좋아요!

울릉도로 가는 배편은 4곳에서 탈 수 있다. 입출항 시간이 모두 다르고 성수기에는 매진되는 경우가 많으니 예약은 필수다.

- 포항 ↔ 울릉도 : 편도 57,300원 + 터미널 이용료 1,500원
  (054-242-5111~2)
- 묵호 ↔ 울릉도 : 편도 49,000원
  (033-531-5891)
- 강릉 ↔ 울릉도 : 편도 49,000원
  (033-653-8670~1)
- 후포 ↔ 울릉도 : 편도 42,100원
  (1666-0369)

울릉도 내를 도는 여행사 버스들의 코스와 비용은 크게 차이가 없다. 도동항에 도착하면 버스가 많으니 그중에 시간대가 맞는 것을 고르는 게 좋다.

육로관광 A코스(20,000원)
: 도동→사동→통구미→남양→구암→태하→현포→천부→나리분지→도동

육로관광 B코스(15,000원)
: 도동→저동→봉래폭포→내수전 전망대→도동

무얼 먹을까?

향토회식당 활어회 · 물회
경상북도 울릉군 울릉읍 도동리 71, 054-791-7711

울릉 약소마을 약소숯불구이
경상북도 울릉군 울릉읍 도동리 571-28,
054-791-7900

향우촌 약소불고기
경상북도 울릉군 울릉읍 도동리 226-3,
054-791-8383

구구식당 따개비밥
경상북도 울릉군 울릉읍 도동리 150-6,
054-791-2287

보배식당 홍합밥
경상북도 울릉군 울릉읍 도동리 189,
054-791-2683

 어디서 묵을까?

성인봉모텔
경상북도 울릉군 울릉읍 도동2길 83,
054-791-2677

푸른바다펜션
경상북도 울릉군 울릉읍 도동리 182-22,
010-9870-2064

추산일가
경상북도 울릉군 북면 추산리 491, 054-791-7788

대아호텔리조트
경상북도 울릉군 울릉읍 사동리 302-1,
054-791-8800, www.daearesort.com

울릉비취호텔
경상북도 울릉군 울릉읍 도동리 41-5,
054-791-2335

축제도 함께 즐겨요!

8월   울릉도 오징어축제

경주

역사와 문화가 공존하는 경주는 '노천 박물관'이라 불릴 만큼 문화재가 지천에 널려 있다. 국보만 31개이고 보물이 82개, 사적 및 명승이 78개 등 국가지정문화재만 212개이다. 천년 세월이 만들어낸 자연 속에 문화유산들이 자리 잡고 있다. 첨성대, 안압지, 문무대왕릉과 세계문화유산에 등재된 불국사, 석굴암, 양동 민속마을까지 다 둘러보려면 2박 3일은 짧아도 너무 짧다.

여행테마	역사, 산책
좋은시기	9~10월
서울에서 이동시간	4시간30분
가는 방법	경부고속도로 김천분기점→서라벌대로→오릉네거리에서 '오릉, 경주경찰서' 방면→포석로를 따라가다 내남네거리에서 우회전해 태종로를 따라 이동

경주 도심의 유적지는 대부분 모여 있으니 자동차보다는 자전거를 이용하기를 권한다. 대릉원 앞에서 자전거를 대여해 대릉원, 분황사, 황룡사지를 돌아보고 대릉원으로 돌아오면 좋다. 자전거를 대여할 때는 신분증이 필요하니 챙겨가자.

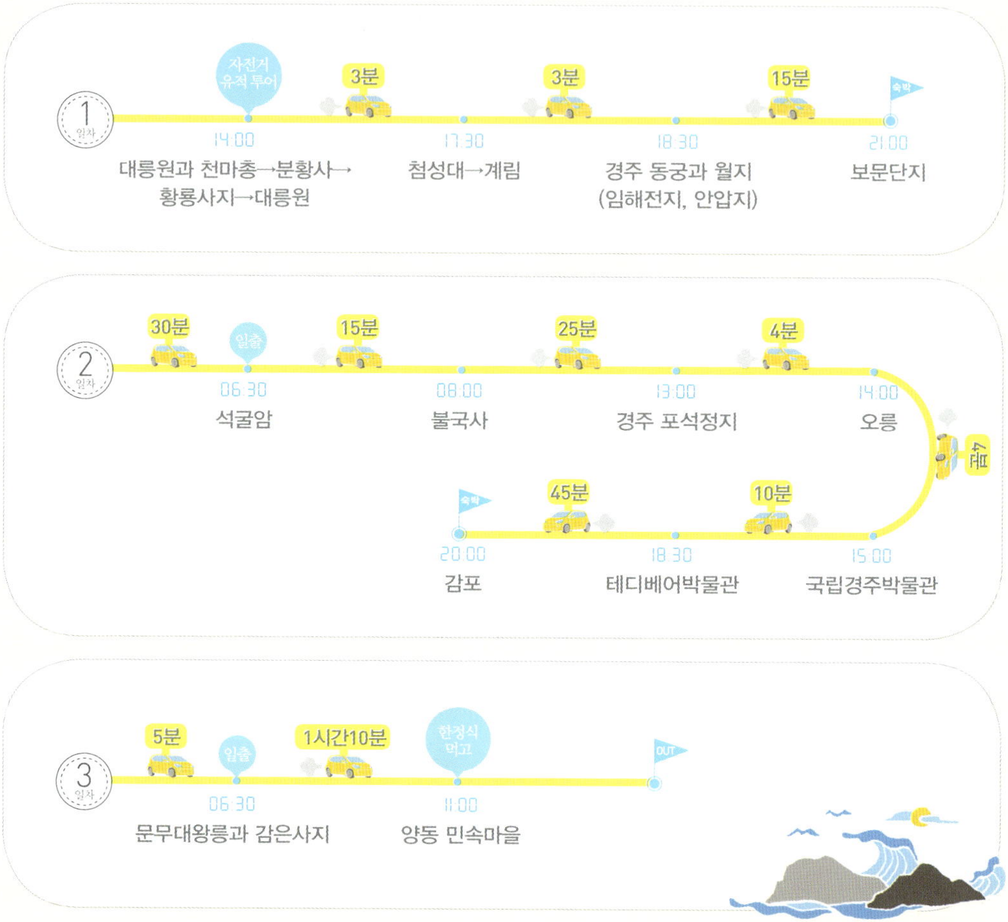

1일차

- 자전거 유적 투어
- 14:00 대릉원과 천마총→분황사→황룡사지→대릉원
- 3분
- 17:30 첨성대→계림
- 3분
- 18:30 경주 동궁과 월지 (임해전지, 안압지)
- 15분
- 21:00 보문단지 숙박

2일차

- 30분
- 일출 06:30 석굴암
- 15분
- 08:00 불국사
- 25분
- 13:00 경주 포석정지
- 4분
- 14:00 오릉
- 검문 15:00 국립경주박물관
- 10분
- 18:30 테디베어박물관
- 45분
- 20:00 감포

3일차

- 5분
- 일출 06:30 문무대왕릉과 감은사지
- 1시간 10분
- 11:00 양동 민속마을
- 한정식 먹고 OUT

★ **꼭 들러야 하는 곳은 어디?**
문무대왕릉, 첨성대, 경주동궁과 월지, 석굴암, 불국사, 대릉원, 분황사

• **더 가볼 만한 곳은 어디?**
남산, 김유신묘, 신라밀레니엄파크, 골굴사, 기림사

☆ **무엇을 먹어야 할까?**
한정식, 해장국, 쌈밥, 떡갈비, 경주빵(황남빵)

꼭 가야 할
볼거리
BEST13

능 내부에 들어가 볼 수 있는 천마총.

신라인이 만든 탑 중에서 현재 남아있는 가장 오래된 탑이다.

신라의 역사가 느껴지는 황룡사지.

대릉원과 천마총

경주 시내에 봉긋 솟은 거대한 고분 중 규모가 가장 크다. 신라시대 미추왕 능을 비롯하여 23기의 고분이 자리 잡고 있으며 봉분이 있는 무덤 위주로 공원화되어 지금의 모습이 되었다. 들어가는 길 내부를 공개해 더욱 유명해진 천마총도 이곳에 있다. 발굴 과정에서 부장품 가운데 하늘을 나는 말이 그려진 말다래(말을 탄 사람의 옷에 흙이 튀지 않도록 가죽 같은 것을 말의 안장 양쪽에 늘어뜨려 놓은 기구)가 출토되어 천마총天馬塚이라 부른다. 대릉원 내 23개의 고분은 모두 평지에 자리 잡고 있어 산책 삼아 힘들이지 않고 돌아볼 수 있다. 천마총에서 발굴된 유물들은 국립경주박물관에서 관람할 수 있다.

주소 경상북도 경주시 황남동 53
전화 054-772-6317
운영 08:30~22:00(연중 무휴)
요금 성인 2,000원, 청소년 1,200원, 어린이 600원

분황사와 황룡사지

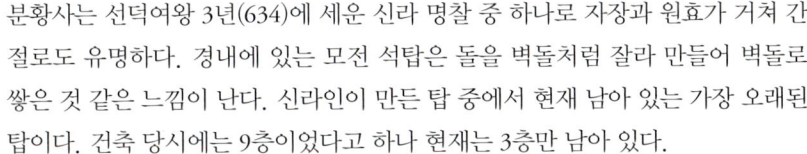
분황사는 선덕여왕 3년(634)에 세운 신라 명찰 중 하나로 자장과 원효가 거쳐 간 절로도 유명하다. 경내에 있는 모전 석탑은 돌을 벽돌처럼 잘라 만들어 벽돌로 쌓은 것 같은 느낌이 난다. 신라인이 만든 탑 중에서 현재 남아 있는 가장 오래된 탑이다. 건축 당시에는 9층이었다고 하나 현재는 3층만 남아 있다.

분황사 바로 앞으로 펼쳐진 넓은 터가 황룡사지이다. 남아 있는 건물은 없으며, 기록과 주춧돌을 근거로 진흥왕에서 선덕여왕까지 신라의 최전성기 약 100년의 이야기만 전해지고 있다.

주소 경상북도 경주시 구황동 313
전화 054-742-9922
운영 09:00~18:00(연중 무휴)
요금 성인 1,300원, 청소년 1,000원, 어린이 800원
홈페이지 www.bunhwangsa.org

첨성대와 계림

국보 31호로 지정된 첨성대는 별을 바라보기 위해 지어진 단이다. 동양에서 현존하는 가장 오래된 것으로 〈삼국유사〉에 따르면 신라 선덕여왕 때 건립된 것으로 기록되어 있다.

첨성대 뒤편으로 무성한 숲이 계림이다. 이곳은 신라의 옛 이름이며 김알지의 탄생 설화가 담겨 있는 곳이다. 〈삼국사기〉 신라본기에 의하면 흰 닭의 울음소리를 듣고 찾아간 숲 속에서 금궤를 발견하였는데 그 안에 어린아이가 들어 있어 이 숲을 계림이라 부르고 아이를 데려다 길렀다고 한다. 이 사람이 김씨 시조인 김알지이다. 비밀을 간직하고 있는 듯 신비스러운 모습의 계림은 해질녘 어스름 할 무렵에 찾으면 세월을 간직한 고목들이 주는 아늑함을 더 깊게 느낄 수 있다.

주소 경상북도 경주시 인왕동 839-1
전화 054-772-5134
운영 09:00~22:00(연중 무휴)

경주 동궁과 월지(임해전지, 안압지)

〈동국여지승람〉에 따르면 안압지는 신라 문무왕 때 조성되어 조선시대에 붙여진 이름이다. 국립문화재연구소에서 실시한 3년간의 발굴조사 결과 신라의 많은 유물이 출토되어 신라의 원지苑池임을 확인하였다. 이곳에서 출토된 유물만 해도 무려 3만여 점으로 국립경주박물관 전시실 하나가 안압지에서 출토된 유물로만 채워져 있다.

현재 안압지 서쪽 호안 위에 누각과 정자 같은 3동의 건물을 복원하였는데 동궁의 건물 사이로 물이 흐르도록 하였다. 달빛과 별빛이 어우러져 낭만적인 야경은 빼놓지 말아야 할 볼거리이다. 안압지 풍경은 3월부터 9월이 가장 좋다.

주소 경상북도 경주시 인왕동 26
전화 054-772-4041
운영 09:00~22:00(입장 마감 21:30까지)
요금 성인 2,000원, 청소년 1,200원, 어린이 600원

신비한 첨성대의 야경.

석굴암

경주시 토함산 동쪽 기슭에 위치한 우리나라의 대표적인 석굴사원이다. 신라 경덕왕 때 재상이었던 김대성이 축조한 것으로 1995년 12월 불국사와 함께 유네스코 세계문화유산으로 지정되었다. 국보 24호로 정식 명칭은 '석굴암 석굴'이다. 유적의 보호를 위해 사진 촬영은 불가능하고 전실 전면에 설치된 유리 밖에서 관람이 가능하다. 비록 유리 밖에서 관람해야 하지만 석굴암에 놓인 본존불과 석상에서 전해오는 감동은 글로 다 설명할 방법이 없다.

주소　경상북도 경주시 진현동 999
전화　054-746-9933
운영　06:30~18:00, 07:00~17:30(2~3월, 10월), 07:00~17:00(동절기)
요금　성인 4,000원, 청소년 3,000원, 어린이 2,000원
홈페이지　www.sukgulam.org

불국사

토함산 남쪽에 있는 사찰로 석굴암과 함께 세계문화유산으로 등재되었다. 불국사는 신라인이 그린 이상적인 피안의 세계를 지상에 옮겨놓은 것으로, 불교에서 바라보는 극락세계를 형상화한 것이다. 경내에는 청운교와 백운교, 석가탑과 다보탑, 금동비로자나불상 등 여러 국보들이 있다.

석굴암을 먼저 관람하고 불국사로 이동하는 것이 좋다. 자가용은 불국사 앞 주차장에 두고 불국사 앞에서 석굴암까지 왕복 운행하는 관광버스를 이용하면 된다. 석굴암 관광버스는 아침 10시부터 매시간 다닌다. 석굴암 관람 후 불국사까지는 산책로를 통해서도 이동이 가능하다.

주소 경상북도 경주시 진현동 15-1
전화 054-746-9913
운영 07:30~17:00
요금 성인 4,000원, 청소년 3,000원, 어린이 2,000원
홈페이지 www.bulguksa.or.kr

청운교와 백운교가 아름다운 불국사.

경주 포석정지

역대 왕들이 유상곡수流觴曲水에 술잔을 띄워 놓고 시를 읊으며 연회를 하던 장소라 전해진다. 석조의 모양이 구불구불한 전복의 모양을 닮아 이곳에 있던 정자에 전복 포鮑 자를 붙여 포석정이라 불렀다. 〈삼국유사〉에 따르면 신라 49대 헌강왕 때 처음으로 기록된 것으로 보이지만, 언제 이 석구가 만들어졌는지는 확실하지 않다. 현재는 술잔을 띄우면 술잔이 물길을 따라 흐르며 돌았다는 석조 구조물만 남아 있다.

주소   경상북도 경주시 배동 454-3
전화   054-745-8484
운영   09:00∼18:00(동절기 17:00)
요금   성인 1,000원, 청소년 600원, 어린이 400원

오릉

신라 시조 박혁거세와 그의 왕후인 알영왕비, 남해 차차웅, 유리 이사금, 파사 이사금의 능으로 신라 오릉이라 불리다 2011년 7월 경주 오릉으로 명칭이 변경되었다.
〈삼국유사〉에 따르면 혁거세가 임금 자리에 있은 지 62년 만에 하늘로 올라갔다가 7일 후 몸이 흩어져 땅에 떨어졌는데, 그때 왕비도 따라 죽었다. 사람들이 흩어진 몸을 같이 묻으려고 했으나 큰 뱀이 방해해서 몸의 다섯 부분을 각각 묻었는데, 그것을 오릉五陵 또는 사릉蛇陵이라 했다는 설이 있다. 버스로 이동하기 불편하고 오릉 외에 큰 볼거리가 없다는 단점이 있지만 경주의 어느 관광지보다 한적하고 운치가 있다.

주소   경상북도 경주시 탑동 67-1
전화   054-772-6903
운영   09:00∼18:00(연중 무휴, 하절기 17:00)
요금   성인 1,000원, 청소년 600원, 어린이 400원

술잔을 띄워 놓고 시를 읊던 포석정지.

국립경주박물관

경상북도 경주시 인왕동仁旺洞에 있는 국립박물관으로 성덕대왕신종(국보 제29호)을 비롯한 신라시대의 유물을 전시하고 있다. 성덕대왕신종은 비천상과 보상당초, 연꽃 문양의 띠가 아름답기로 유명하지만 긴 여운으로 마음을 울리는 소리 또한 아름답다. 안타깝게도 종은 더 이상 직접 치지 않지만 국립박물관 정원에 놓인 성덕대왕신종 곁에 서면 녹음된 소리를 들을 수 있다.

박물관은 40여 개의 국보와 보물을 전시하고 있다. 입구에서 신분증을 맡기고 3,000원을 내면 오디오기기를 대여해준다. 오디오로 전시된 유물에 대한 설명을 들을 수 있다.

TIP 무료 관람이지만 관람 질서 유지를 위해 무료관람권을 발행해준다. 입구 매표소에서 발급받아 입장하자.

주소　경상북도 경주시 일정로 118
전화　054-740-7500, 7501
운영　09:00~18:00(3~12월 매주 토요일 21:00)
요금　무료(특별전시관은 유료)
홈페이지　gyeongju.museum.go.kr

테디베어박물관

테디베어Teddy Bear라는 이름은 미국의 26대 대통령인 시어도어 루스벨트의 애칭인 테디에서 유래했다. 사냥에서 곰을 한 마리도 잡지 못한 대통령에게 새끼 곰을 산 채로 잡아다가 사냥한 것처럼 쏘라고 하자 이를 거절했다는 일화를 소재로 테디베어가 만들어지게 된 것이다.

경주 테디베어박물관은 천재 과학자 그랜트 박사의 가족이 타임머신을 타고 경주의 과거로 떠나는 모험을 테마로 꾸며져 있다. 특히 박혁거세의 탄생에서부터 석굴암, 불국사, 포석정까지 신라 천년의 역사와 문화재를 그랜트 박사 가족이 여행하는 모습으로 만들어 놓아 역사를 보다 쉽고 재미있게 이해할 수 있다.

주소　경상북도 경주시 북군동 116 드림센터 내(현대호텔 우측 서라벌 광장 뒤)
전화　054-742-7400
운영　09:30~19:30(입장 마감 18:30)
요금　성인 9,000원, 청소년 7,000원, 어린이 6,000원
홈페이지　www.teddybearmuseum.com

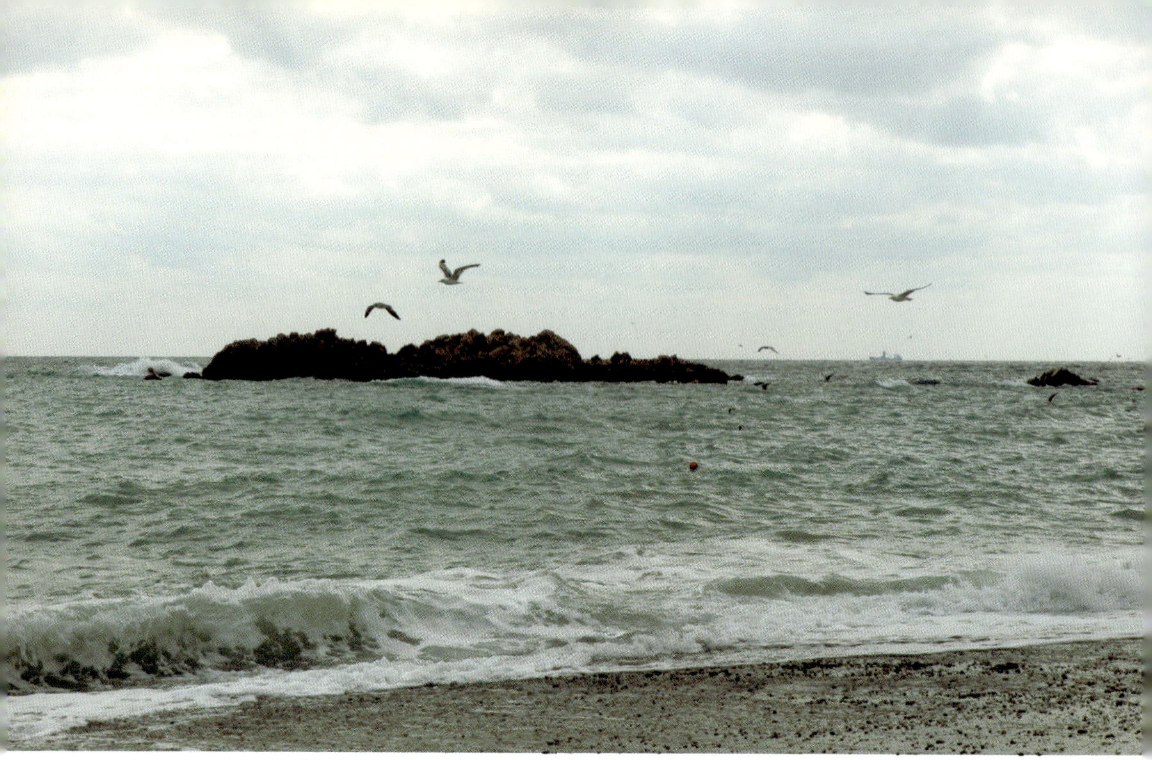

문무대왕릉

대왕암, 대왕바위라는 별칭을 가진 이곳은 신라 30대 문무왕의 수중릉이다. 죽어서도 용이 되어 동해로 침입하는 왜구를 막겠다는 그의 유언에 따라 이곳에서 장사를 지내 대왕암이라 부르게 되었다고 한다. 수중 발굴 조사가 이루어지지 않아 내부에 어떤 시설이 마련되어 있는지 정확히 알 수 없으나 바위 주변에 사방으로 마련된 수로와 인위적으로 파낸 듯한 흔적이 남아 있어 수중릉일 것이라는 기록을 뒷받침하고 있다.

문무대왕릉은 이른 새벽에 장엄한 일출을 연출해 겨울 새벽 여행지로 인기가 좋다.

주소　경상북도 경주시 양북면 봉길리 26

감은사지

경주에서 감포 방향으로 4번 국도를 타고 가다 929번 지방도로로 빠져 달리다 보면 왼쪽 작은 산기슭에 나란히 서 있는 2개의 석탑을 볼 수 있다. 감은사 마당의 커다란 3층 석탑으로, 경주에 있는 3층 석탑 중 가장 큰 규모이다.

감은사는 죽어서도 용이 되어 나라를 지키겠다는 문무왕의 유언에 따라 아들 신문왕이 동해의 대왕암에 아버지의 수중 장을 치르고 682년 문무왕을 기리는 의미로 창건했다. 금당 아래 석축 사이로 제법 큰 공간이 비어 있는 것을 볼 수 있는데, 이는 동해 바다의 물이 드나드는 길로 죽어서도 나라를 지키기 위해 용이 된 문무왕이 오가던 길이라는 설이 전해진다.

> **TIP** 동해를 바라보고 서 있는 석탑에 햇볕이 스며드는 자태는 정갈하다는 느낌마저 든다. 문무대왕릉 바로 인근에 있어 함께 둘러보기 좋다.

주소 경상북도 경주시 양북면 용당리 55-1

양동 민속마을

 500여 년의 전통을 가진 양동 민속마을은 경주 손씨와 여주 이씨를 중심으로 형성된 씨족마을이다. 조선시대의 상류 주택을 포함하여 양반 가옥과 초가 160호가 모여 있다. 안동 하회마을과 함께 2010년 7월 유네스코 세계문화유산에 등록되었다. 입구에서 보면 아담해 보이지만 입구는 좁고 뒤로 갈수록 넓어지는 항아리 형상의 마을로, 마을 구석구석에 국보 1점과 보물 4점, 중요민속자료 13점, 도지정문화재 5점, 향토지정문화재 9점 등이 있다. 마을을 대충 둘러보더라도 반나절의 여유는 있어야 하지만 욕심 내지 않고 집과 집 사이의 오솔길을 그저 어슬렁거리기만 해도 충분한 휴식이 된다.

> **TIP** 양동마을의 전체적인 모습을 보려면 안산인 성주산에 올라가 보아야 한다. 마을을 조망하기에는 나뭇잎이 다 떨어진 겨울철이 특히 좋다.

주소 경상북도 경주시 강동면 양동리 94(양동마을길 134)
전화 문화관광과 054-779-0124
　　　체험문의 054-762-2633
운영 09:00~18:00
요금 성인 4,000원, 청소년 2,000원, 어린이 1,500원
홈페이지 yangdong.invil.org

여행정보
Travel info

 알아두면 좋아요!

종합이용권을 이용하면 경주 시내 대부분의 유적지를 저렴한 비용으로 돌아볼 수 있어 좋다.
　요금　성인 5,000원, 청소년 2,700원,
　　　　어린이 2,000원
　구입처　대릉원, 경주 동궁과 월지(임해전지,
　　　　안압지), 경주 포석정지, 첨성대, 경주
　　　　오릉, 경주 김유신묘, 경주 무열왕릉
　유효기간　3일(1곳이라도 관람 시 환불 불가)

경주 시내버스 승차권 5장을 포함해 여러 관광지의 할인 쿠폰이 포함되어 있는 시티패스를 이용하면 알뜰하게 여행할 수 있다.
　홈페이지　www.citypass.me
　이용안내　신경주역안내소 054-777-7102~3

해장국거리, 쌈밥거리, 불고기단지, 매운탕단지, 보문음식단지 등 경주 시내를 중심으로 음식 거리가 조성되어 있어 취향대로 골라 찾으면 된다. 콘도, 리조트, 호텔, 펜션 등 대부분의 숙박시설은 보문단지 인근에 모여 있다.

 무얼 먹을까?

마루밥상　한정식
경상북도 경주시 보문동 102-8, 054-772-8652
숙영식당　찰보리밥정식
경상북도 경주시 황남동 13-5, 054-772-3369
은정횟집　복어탕
경상북도 경주시 감포읍 감포리 492-2,
054-744-8600
대구갈비　매운갈비찜
경상북도 경주시 황오동 329-3, 054-772-1384
요석궁　한정식
경상북도 경주시 교촌안길 19-4, 054-772-3347,
www.yosukgung.com

 **어디서 묵을까?**

스위스로젠호텔
경상북도 경주시 신평동 242-19, 054-748-4848,
www.swissrosen.co.kr
켄싱턴리조트
경상북도 경주시 북군동 11-1, 054-748-8400,
www.kensingtonresort.co.kr
수오재
경상북도 경주시 배반동 217, 054-748-1310
옥산모텔
경상북도 경주시 안강읍 옥산2리 1440번지,
054-762-9500
경주게스트하우스
경상북도 경주시 원화로 240-3, 054-745-7100

합천과 창녕을 아우르는 여행길에서 과거와 현재를 동시에 만나보자. 아름다운 자연 경관과 더불어 해인사 팔만대장경 등 국보적 가치를 가진 문화유산을 품은 합천, 생태계의 보물창고로 다양한 수생식물과 철새 등 사계절 내내 독특한 자연 경관을 보여주는 창녕을 돌아보는 코스다. 1억4,000만 년 전 태고의 신비부터 근대에 이르는 역사 유적들까지 유유자적 시간 여행을 떠나보자.

합천·창녕

여행테마	**문화, 산책**
좋은시기	**4~5월**
서울에서 이동시간	**4시간**
가는 방법	중부내륙고속도로 낙동분기점→성주IC에서 '합천, 고령' 방면→가야로, 성주가야산로를 따라 이동하다 야천삼거리에서 '가야산국립공원, 해인사' 방면→가야산로를 따라 가다 해인사길로 이동

합천 · 창녕
Course

느릿느릿 생각하며 걷는 여행지들로 이루어진 코스다. 해인사 소리길과 우포늪은 편안한 산책으로 하루를 투자해도 좋은 여행지이니 시간을 넉넉히 할애하자. 우포늪은 자전거를 대여해 돌아봐도 좋다.

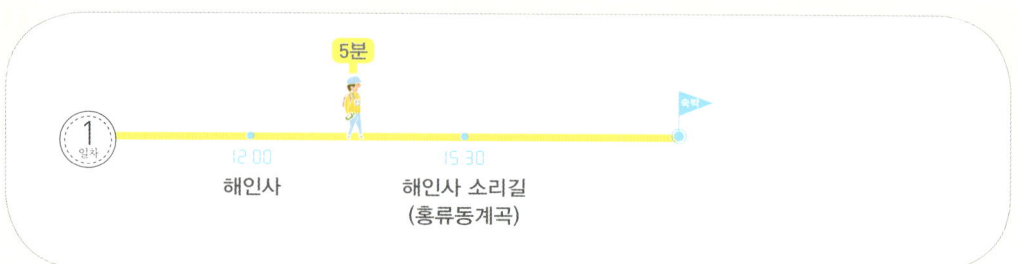

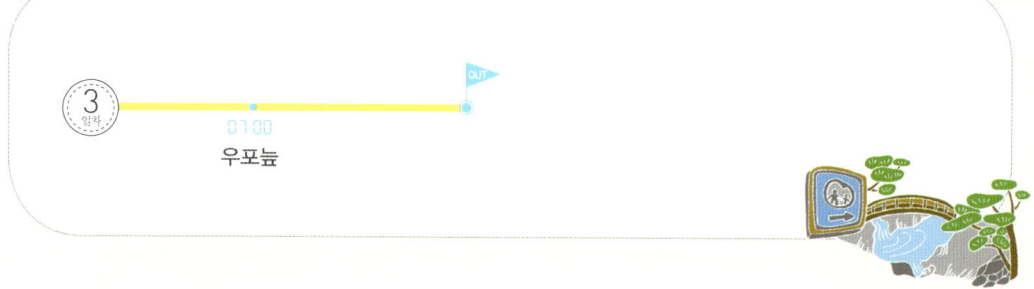

★ 꼭 들러야 하는 곳은 어디?
   홍류동계곡, 해인사, 창녕시장, 창녕박물관, 우포늪
● 더 가볼 만한 곳은 어디?
   대장경테마파크, 함벽루, 황매산, 관룡사, 부곡온천, 화왕산
☆ 무엇을 먹어야 할까?
   수구레국밥, 시래기밥상, 순대볶음, 대장경밥상, 사찰밥상

꼭 가야 할
볼거리
BEST6

BEST 1 해인사

802년 신라의 순응과 이정이 창건한 해인사는 양산 통도사, 순천 송광사와 함께 삼보三寶 사찰로 꼽힌다. 삼보란 불교에서 가장 귀하게 여기는 세 가지 보물로 불佛, 법法, 승僧을 이른다. 해인사는 그중 법보 사찰로, 조선 태조 때 강화도에 보관하던 팔만대장경을 해인사로 옮기면서부터 지정됐다.

대장경이란 산크리스트어로 '세 개의 광주리'라는 뜻으로, 부처님의 말씀을 담고 있는 경經, 부처를 따르는 사람들이 지켜야 할 도리를 밝히는 율律, 부처의 가르침을 해석하는 론論으로 구성된다. 경판의 개수가 팔만 개라 해서 팔만대장경이라 이름 붙였으며, 각 경판에는 450여 자가 새겨져 있다. 팔만대장경은 원나라의 침입을 받은 고려가 불력으로 물리칠 수 있기를 기원하기 위해 만든 것으로, 이전에 만든 대장경이 불타버린 후 만들었다 해서 재조대장경으로도 불린다. 주차장에서 출발해 해인사로 가는 길에 자리한 성보박물관에 관련 자료가 있으니 꼭 들러 팔만대장경에 대해 알아보자.

해인사의 본전은 화엄종의 주불인 비로자나불을 모시고 있는 대적광전이다. 이곳과 법보전에 있는 쌍둥이 비로자나불은 국내에서 가장 오래된 목조불이다. 대적광전 뒤가 바로 팔만대장경을 보관하고 있는 장경판전이다. 흔히 팔만대장경이 세계문화유산에 등재된 것으로 생각하지만 실제로는 팔만대장경을 보관한 장경판전이 유네스코 세계문화유산에 등재되어 있다.

주소　경상남도 합천군 가야면 치인리 10
전화　055-934-3000
운영　09:00~18:00(동절기 17:00)
요금　성인 3,000원, 청소년 1,500원, 어린이 700원
홈페이지　www.haeinsa.or.kr

해인사 소리길(홍류동계곡)

야천리에서 해인사 일주문까지 홍류동계곡을 따라가는 6km 거리에 해인사 소리길이 있다. 새소리, 물소리, 바람소리, 세월 가는 소리를 벗 삼아 사색에 빠져 걷는 천년 숲길이다. 가을에 붉은 단풍이 계곡에 비쳐, 흐르는 물마저 붉게 물든다는 홍류동계곡을 포함하는데 이 계곡은 가야산국립공원 입구에서 해인사 일주문까지 4km에 이른다.

계곡에는 신라 말 대학자 고운 최치원의 발자취가 곳곳에 남아 있다. 가야산국립공원 관리소를 지나면 '고운 최치원 둔세지孤雲崔致遠遯世地'라는 비석이 우뚝 서 있고 이곳에 최치원의 '농산시'를 새긴 제시석과 송림과 어우러진 농산정이 그림처럼 앉아 있다. 최치원이 바둑을 뒀다는 농산정은 홍류동계곡 제일의 비경이다. 계곡 건너 길가에는 최치원의 영정을 모신 학사당이 남아 있으니 들러보면 좋다. 걷다가 '송림 사이로 흐르는 물이 기암괴석에 부딪히는 소리가 고운 최치원 선생의 귀를 먹게 했다'는 계곡 물소리가 끝날 즈음, 해인사 종소리가 묵직하게 가슴에 울린다. 계곡을 따라 걷는 동안 웅장한 폭포소리와 청아한 물소리가 거세졌다 잦아들기를 반복한다.

주소　경상남도 합천군 가야면 야천리 943(대장경천년세계문화축전 주차장)

합천 영상테마파크

2003년 영화 〈태극기 휘날리며〉의 평양 시가지 전투 세트장을 제작하여 영화 흥행 후 많은 관광객이 찾아오자 합천군 용주면 가호리에 약 7만 평 규모의 합천 영상테마파크가 조성되었다. 1930~1940년대 일제 강점기 경성 시가지의 모습과 1960~1980년대 서울 소공동 거리를 재현해 2009년 〈전우치〉, 〈포화속으로〉, 2010년 〈자이언트〉, 2011년 〈마이웨이〉, 2012년 〈각시탈〉 등 약 70여 편의 드라마와 영화가 촬영된 곳이다.

영상테마파크 출입구는 '가호역'이라는 기차역으로 꾸며져 있다. 소박한 시골역처럼 꾸며 놓아 여행객들의 호기심을 자극한다. 입구 바로 앞에는 합천 영상테마파크에서 촬영한 작품들의 목록이 적혀 있다.

합천 영상테마파크에서는 이색적인 추억을 쌓을 수 있다. 과거 시절에 대한 기억이 없는 사람이라면 타임머신을 타고 시간여행하는 기분을 느낄 수 있고 40대 이상이라면 옛 추억에 잠기는 기분으로 산책을 할 수 있다. 바쁘게 여행을 즐기다가 출입구로 꾸며진 가호역 플랫폼에 앉아 오지 않는 기차를 기다려보자. 한 박자 쉬어가는 여행의 여유를 느낄 수 있다.

주소   경상남도 합천군 용주면 가호리 418
전화   055-930-3744
운영   09:00~18:00(동절기 17:00)
요금   성인 3,000원, 어린이 2,000원

창녕시장

창녕은 구한말 보부상들의 주요 활동지역으로 창녕장은 경상도에서 규모가 가장 큰 장 중 하나로 손꼽혔다. 읍내장 또는 대평장으로도 불렸는데 예전보다 규모가 많이 줄어들기는 했지만 지금도 옛 장터의 모습이 비교적 잘 남아 있다. 장터는 크게 3구역으로 나뉘어 있다. 상설 재래시장인 창녕시장, 시외버스터미널과 옛 공설운동장 인근으로 구별된다. 주요 장터는 1947년 개설된 술정리의 창녕시장이다. 창녕의 대표 농산물은 고추와 마늘로 지금도 김장철이 다가오면 장은 더욱 활기를 띤다.

장날이 열리는 3, 8일에는 서부 경남 최대 규모의 소시장으로 알려진 창녕우시장도 함께 열린다. 새벽을 여는 우시장으로 시작해 잉어와 가물치, 미꾸라지 등 민물고기를 판매하는 어물전과 창녕 지역에서 생산되는 귀한 약재인 마름(말밤), 향수를 불러일으키는 뻥튀기 기계가 시장의 활기를 더한다. 소가죽 안쪽에 붙은 살로 만드는 수구레국밥은 창녕장의 명물로 꼽히니 꼭 맛보자.

> **TIP** 창녕시장 바로 옆에 있는 석빙고 주차장은 장이 서는 날이면 무척 붐빈다. 도보로 5분 거리에 있는 만옥정공원 주차장은 비교적 한적하니 이용하면 좋다.

주소 경상남도 창녕군 창녕읍 교하리 263-12

수구레국밥은 맛도 좋고 가격도 좋다.

박물관 주변으로 30여 기의 고분이 흩어져있다.

유물 관람!

창녕박물관·교동 고분군

창녕군 창녕읍 교리에 있는 종합박물관으로 선사시대부터 가야시대까지 창녕 지역에서 출토된 유물을 중심으로 전시하고 있다. 1996년 창녕유물전시관으로 출발하여 1997년 창녕박물관으로 명칭을 변경하였다.

1층에 2개 전시실이 운영되고 있으며 창녕의 고분 유적에서 출토된 276점의 유물을 전시하고 있다. 지하에는 시청각실이 마련되어 있어 창녕군의 문화유적을 한눈에 알 수 있는 시청각자료를 감상할 수 있다.

창녕박물관에서 특히 눈길을 끄는 것은 계성 고분 이전 복원관이다. 계성 고분군의 무덤 하나를 그대로 옮겨와 내부를 볼 수 있게 만들어 놓았다. 돌방을 만들고 그 위에 흙을 덮은 구조인데 무덤 안을 들여다볼 수 있다는 점이 흥미롭다.

박물관 주변에는 30여 기의 고분이 흩어져 있다. 일제 강점기 때 대구에 살던 일본인 오쿠라가 발견한 교동 고분군이다. 야산의 능선을 따라 부드러운 곡선을 그리며 늘어선 고분들의 모습이 이채롭다. 박물관 뒤쪽 고분군 정상에 오르면 박물관과 창녕읍내가 한눈에 들어온다. 현재 속의 과거, 그 시간의 흔적을 느껴보자.

주소   경남 창녕군 창녕읍 교리 87-1
전화   055-530-1501
운영   박물관 09:00~18:00
홈페이지   www.housengarden.net

우포늪

우포늪은 국내 최대의 자연 늪지로 1억4,000만 년 전 태고의 신비를 간직하고 있다. 1997년 7월 26일 생태계보전지역 가운데 생태계특별보호구역으로 지정되었고, 이듬해 3월 2일에는 국제습지조약 보존습지로 지정되어 국제적인 습지가 되었다. 아침 물안개가 피어오를 때 신비한 풍경을 연출해 사진가들에게는 이미 잘 알려진 명소다.

북쪽에 있는 우항산(일명 소목산)은 하늘에서 보면 소가 목을 내밀고 우포늪의 물을 마시는 모양이라고 해서 '소벌'이라 불리기도 하는데 우포늪과 목포늪, 사지포, 쪽지벌 등 4개 늪으로 이루어져 있다. 각기 다른 늪마다 2~4km의 탐방로가 마련돼 있고 여기에는 가시연꽃과 천연기념물 노랑부리저어새 등 1,500여 종의 동식물이 서식하고 있다. 동식물의 낙원이기 때문에 학자들은 우포늪을 '살아 있는 자연사 박물관'이라고 부른다.

우포늪 입구에는 우포늪의 생태환경을 이해할 수 있는 자연학습공간인 우포늪 생태관이 있다. 우포늪의 이해, 우포늪의 사계, 살아 있는 우포늪, 우포늪의 가족들, 생태환경의 이해 등의 전시실로 구성돼 있으며 현장감 있는 입체 모형, 영상 등을 볼 수 있다. 특히 생태관 2층 가상 체험실에서는 3D 입체안경을 쓰고 계절마다 다른 동식물의 모습을 생생하게 관람할 수 있다.

우포를 한눈에 바라보려면 입구에서 멀지 않은 곳에 있는 전망대에 올라가는 것이 좋다. 계단 길로 약 100m 정도 올라가면 나무의 키를 훌쩍 넘긴 높이에서 우포를 바라볼 수 있다. 무리지어 나는 새들과 유유자적 자맥질하는 오리 가족을 보고 있노라면 마음의 고리가 느슨해진다.

우포늪의 진면목을 느끼려면 새벽 산책을 추천한다. 안개가 자욱이 낀 풍경도 좋고, 밤새 자연에서 뿜어져 나온 산소를 들이마시면 가슴속까지 맑아지는 느낌이다.

TIP ▶ 우포의 4개 늪을 일주하면 14km이다. 생태관을 출발해 300m를 가면 바로 우포늪이 나오고 늪 옆으로 탐방로가 나 있다. 왼쪽으로 진입해 시계방향으로 돈다.

주소   경상남도 창녕군 유어면 대대리
전화   055-530-1551
운영   우포늪 생태관 09:00~18:00(매표는 17:00)
요금   우포늪 생태관 성인 2,000원, 청소년 1,500원, 어린이 1,000원
홈페이지   www.upo.or.kr

여행정보 / Travel info

 알아두면 좋아요!

창녕은 생태관광지로 주목받기 전 온천 여행지로 각광받던 곳이다. 1980년대까지는 창녕의 부곡 온천을 최고의 국내 신혼여행지로 꼽았을 정도이다. 최근 웰빙과 힐링 바람을 타고 다시 인기가 상승하기 시작했다. 부곡온천지구에 들러 여독을 풀어보자.

봄이면 진달래, 여름이면 억새들의 초원, 가을이면 억새의 금빛 물결, 겨울에는 설경이 아름다운 화왕산이 있다. 드라마 〈허준〉, 〈대장금〉 등의 촬영지로도 유명하다.

 무얼 먹을까?

현대식당   수구레국밥
경상남도 창녕군 창녕읍 창녕시장, 055-614-3314

시래기밥상   시래기밥상
경상남도 창녕군 영산면 동리 323-2, 055-536-4555

도리원   장아찌밥상
경상남도 창녕군 영산면 온천로, 055-521-6116, www.doriwon.kr

토담   수제비 · 비빔밥
경상남도 창녕읍 화왕산로, 055-533-2022

도천진짜순대   순대볶음
경상남도 창녕군 도천면 일리 532, 055-536-4388

백운장식당   도토리비빔밥
경상남도 합천군 가야면 치인리 10, 055-932-7593

해인식당   대장경밥상
경상남도 합천군 가야면 구원리 104-1, 055-933-1117

 **어디서 묵을까?**

대천장호텔
경상남도 창녕군 부곡면 온천중앙로 12,
055-536-5656

그린비취호텔
경상남도 창녕군 부곡면 거문리 217-8,
055-521-8200

해인사호텔
경상남도 합천군 가야면 치인리 1230-112,
055-933-2000

오도산 자연휴양림
경상남도 합천군 봉산면 압곡리 산 150번지,
055-930-3733

합천 레이크뷰펜션
경상남도 합천군 봉산면 노곡리 57, 055-931-3306

 축제도 함께 즐겨요!

4월   낙동강 유채축제
5월   합천 황매산철쭉제
9~11월   대장경세계문화축전
12월   부곡하와이 얼음나라 얼음조각축제

바다 위를 가로지르는 다리 위로 매일같이 수많은 차량이 오가고 매년 수만 명이 넘는 사람이 다양한 축제의 현장 속으로 빠져든다. 밤에는 색색의 조명이 밝히는 환상적인 야경에 감탄사가 절로 나온다. 대한민국을 대표하는 관광지일 뿐 아니라 국내에서 가장 많은 국제회의, 전시회, 컨벤션 행사가 열리는 국제도시 부산으로의 여행은 눈과 귀가 잠시도 쉴 틈이 없다.

부산

여행테마	산책, 바다
좋은시기	5월, 8~9월
서울에서 이동시간	5시간
가는 방법	경부고속도로, 대구부산고속도로, 중앙고속도로, 남해고속도로 대저분기점→남해고속도로를 따라 이동하다 원동IC에서 수영강변대로→동백사거리에서 '동백섬, APEC누리마루' 방면→동백로를 따라 이동

주말에는 차가 상당히 막힌다. 시티투어버스를 이용하면 좋다. 부산 시티투어 버스 코스를 참고하면 효율적인 동선으로 여행할 수 있다. 달맞이 동산이나 광안리 등 야경이 멋진 여행지가 많으니 야간 시간까지 알뜰하게 여행해보자.

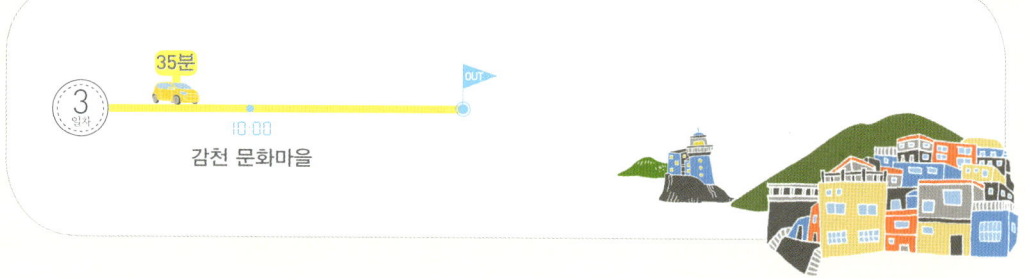

★ **꼭 들러야 하는 곳은 어디?**
동백섬, 해운대해수욕장, 달맞이동산, 자갈치시장, 태종대

• **더 가볼 만한 곳은 어디?**
광안리해변(광안대교), 이기대, 오륙도 해맞이공원, 용두산공원, 기장 대룡마을(기장시장)

☆ **무엇을 먹어야 할까?**
돼지국밥, 밀면, 대구탕, 완당, 씨앗호떡, 족발

꼭 가야 할 볼거리 BEST8

제13차 APEC 정상회의 회의장인 누리마루 하우스.

해운대 석각.

여름이면 백사장은 형형색색 질서정연한 파라솔로 장관을 이룬다.

동백섬(누리마루)

예전에는 독립된 섬이었으나 오랜 세월에 걸친 퇴적작용으로 현재는 육지화되어 해운대해수욕장의 백사장과 연결되어 있다. 형태가 다리미를 닮았다 하여 '다리미섬'이라고도 하는데 섬 안에는 동백공원이 있고 동남쪽에는 신라 말기의 유학자 최치원이 '해운대海雲臺'라고 새긴 바위가 있다.

동백섬은 우리나라의 대표적인 동백꽃 감상 명소 중 하나로 동백나무와 소나무가 어우러진 경관이 아름다운 곳이다. 섬에는 2005년 제13차 APEC 정상회의 회의장인 누리마루 하우스가 건립되어 있다. 누리마루 하우스는 한국 전통 건축인 정자를 현대식으로 표현한 것인데, 국내외 언론들로부터 역대 APEC 정상회의장 가운데 풍광이 가장 뛰어난 곳으로 평가받기도 했다.

주소 부산시 해운대구 우동 710-1
전화 051-749-7621

해운대해수욕장

1965년에 개설한 국내 최대 해수욕장으로 무려 12만 명에 달하는 인원을 수용할 수 있다. 뒤에는 울창한 송림이 있고 앞으로는 망망대해가 펼쳐져 있다. 해운대라는 이름은 신라 말기의 유학자 최치원 선생의 자字인 '해운海雲'에서 유래되었다. 해수욕장에서 동백섬으로 이어진 해안 산책로에서 해운대 해안과 시가지를 굽어보는 경치는 가히 절경이며, 날씨가 좋으면 일본의 대마도까지 한눈에 볼 수 있어 대한팔경 중 하나로 손꼽힌다.

전국에서 가장 많은 피서객이 몰리는 여름이면 백사장은 형형색색 질서정연한 파라솔로 장관을 이룬다. 2008년에는 해수욕장 1.5km 구간에 설치된 7,937개의 파라솔 수가 세계 최고기록으로 인정받아 기네스북에 등재되는 재미있는 일도 있었다.

TIP▶ 해운대를 사이에 두고 달맞이공원과 동백섬이 있다. 해운대해수욕장에 주차해두고 달맞이공원에서 해운대해수욕장까지 걸어보는 것도 좋다.

주소 부산시 해운대구 해운대해변로 264(중1동 1015)
전화 해운대 관광 안내소 051-749-5700
홈페이지 sunnfun.haeundae.go.kr

BEST 9 달맞이동산(해월정, 문텐로드)

달맞이동산은 해운대해수욕장에서 송정해수욕장으로 이어지는 와우산 중턱에 있는 고갯길이다. 일출과 월출을 한자리에서 볼 수 있는 명소로 고갯길 꼭대기에는 동해와 남해가 만나는 '해월정'이라는 정자가 있다. 달맞이길 월출은 그 아름다운 풍광 덕분에 예부터 부산팔경 중 하나로 꼽히며, 굽이길이 15번 나온다고 하여 15곡도라고도 한다. 이 길에 상징성을 부여해 문텐로드Moontan Road라는 이름을 붙이고 드라이브 코스로 지정했다.

달맞이동산은 문텐로드의 시작점이면서 부산에서 둘째가라면 서러운 드라이브 코스이다. 해월정을 중심으로 카페촌, 화랑가, 레스토랑이 즐비해 연인들의 데이트 코스로 사랑받고 있다.

TIP ▶ 정월 대보름날 달맞이언덕에 올라 소원을 빌면 사랑이 이뤄진다는 전설이 전해진다. 연인 사이라면 보름달 빛을 받으며 걸어보는 것도 좋다. 문텐로드의 조명이 켜지는 시간(일몰~23:00, 00:05~일출)을 확인하고 가면 좋다.

주소　부산시 해운대구 중2동
전화　달맞이길 관광안내소 051-749-5710
홈페이지　moontan.haeundae.go.kr

일출과 월출을 한자리에서 볼 수 있는 달맞이동산.

보수동 책방골목

6·25전쟁 때 부산으로 피란 온 사람들이 모여 살았던 중구 일대의 영주산, 보수산 자락에 천막 학교들이 하나 둘 생기기 시작하자 이 골목은 수많은 학생들의 통학로로 붐비게 되었다. 당시는 살림이 어려워 책이 귀했으므로 읽은 책은 팔고 필요한 헌책을 구입해 공부를 해야 했다. 책을 사고파는 노점이 하나 둘 모여 책방골목을 형성했는데, 그것이 지금 보수동 책방골목의 시작이다.

물질의 풍요로움에 길들여진 현대인에게 어울릴 것 같지 않은 이곳은 손때 묻은 도서가 빼곡히 들어찬 독특한 풍경을 만나보려는 나들이객과 저렴한 가격에 책을 구입하려는 이들로 붐빈다. 해마다 보수동 문화축제가 열려 책표지 만들기, 나만의 책 만들기 등 다양한 이벤트를 즐기는 문화공간으로 변신해 많은 이들의 호응을 얻고 있다.

주소 　부산시 중구 보수동 1가 119
운영 　매월 첫째, 셋째 일요일 휴무
홈페이지 　www.bosubook.com

비프광장

해마다 10월이면 부산 센텀시티와 해운대, 남포동 일대에 부산국제영화제가 화려한 막을 올린다. 특히 남포동은 부산에서 극장이 밀집되어 있는 곳이다. 8·15 해방 후 한두 군데 생기기 시작한 극장이 1960년대에 이르러 20여 곳 이상 들어서면서 부산 영화의 메카로 자리 잡았다. 이후 1996년 처음으로 부산국제영화제가 개최되면서 그 일대 거리를 비프(Busan International Film Festival : BIFF)광장이라 명명하게 되었다.

남포동 (구)부영극장에서 충무동 육교까지 428m에 이르는 도로를 '스타의 거리'와 '영화제의 거리'로 부른다. 세계적인 배우 및 감독의 핸드프린팅을 볼 수 있다.

TIP 비프광장, 국제시장, 보수동 책방골목까지 도보로 여행이 가능하다.

주소 부산시 중구 남포동5가 18

태종대

부산 영도 남쪽에 위치한 해안의 넓은 언덕으로 1969년까지는 군사시설이어서 민간인의 출입이 통제되었던 곳이다. 이후 4.3km의 순환도로를 따라 유원지로 개발되었다. 신라 태종 무열왕이 활쏘기를 즐겼던 곳이라 해서 태종대라는 이름이 붙었다고 전해진다.

울창한 숲과 기암절벽, 바다가 어우러져 아름다운 풍광을 만들어내는 태종대는 산책길을 따라 탁 트인 경관을 즐길 수 있는 곳이다. 한때 '자살바위'로 유명했던 신선암은 태종대의 대표적 명소로, 깎아지른 절벽 위에 우뚝 솟은 바위의 형상에 감탄사가 터져 나온다.

승용차의 진입이 금지되어 있어 잘 가꿔진 산책로를 따라 전망대까지 오르는 데 40여 분이 소요된다. 관람열차인 '다누비열차'를 이용하면 수월하게 전망대에 오를 수 있다. 5개 정류장에 정차하며, 티켓은 1일 이용권으로 횟수에 상관없이 탈 수 있다.

주소　부산시 영도구 동삼2동 산29-1
전화　051-405-2004
운영　04:00~24:00 다누비열차 09:30~20:00(매표 19:00)
요금　다누비열차 성인 2,000원, 청소년 1,500원, 어린이 1,000원
홈페이지　taejongdae.bisco.or.kr

자갈치시장

부산의 대표적인 재래시장으로, 자갈치란 이름은 지금의 충무동 로터리까지 뻗어 있던 자갈밭을 자갈 처處라 불렀던 데서 유래되었다. 1889년 일본이 자국 어민을 보호하기 위해 인근에 부산수산주식회사를 세웠던 것이 현재 수산시장의 원형이다. 이후 자갈치시장 상인들이 주축이 되어 1922년에 부산어업협동조합을 세우면서 근대적인 시장의 모습을 서서히 갖추게 되었다.

일제시대 건축물이 그대로 남아 있는 건어물시장과 부두, 그리고 멋지게 단장한 자갈치시장 건물 뒤편의 수변공원은 장을 보러 나온 사람보다 관광객들로 붐빈다. 부산 아지매들의 무뚝뚝하지만 정겨운 사투리를 들으며 펄떡이는 물고기, 싱싱한 해산물이 넘치는 시장통을 걷는 것이 자갈치시장의 매력 포인트다. 바다 내음 물씬 풍기는 바닷가의 활기 속에서 즐기는 곰장어구이는 별미 중의 별미다.

주소 부산시 중구 자갈치해안로 52(남포동 4가 37-1번지)
전화 051-713-8059
홈페이지 jagalchimarket.bisco.or.kr

감천 문화마을

한국의 산토리니라 불리는 감천 문화마을에는 알록달록한 지붕을 인 집들이 산비탈을 따라 모여 있다. 멀리 부산항과 감천항이 보이고 성냥갑처럼 촘촘히 들어차 있는 집들의 모습이 그리스의 산토리니와 꼭 닮아 있다. 넉넉지 않은 생활 형편 때문에 그때그때 상황에 맞춰 페인트를 칠하기 시작한 것이 지금의 알록달록한 건물의 모습을 이루게 되었다고 한다.

낙후된 마을을 되살리기 위한 노력으로 2009년 마을 미술프로젝트가 시작됐다. 재개발과 재건축을 통해서가 아닌 보존과 재생에 가치를 두고 현재의 문화마을로 재탄생했다.

계획을 세우고 둘러보면 좋겠지만 길은 미로처럼 얽히고 설켜 종잡을 수 없고 무척이나 비좁다. 좁은 골목 사이로 장독이며 화분, 빨래가 널려 있으니 잘 피해 다녀야 한다. 마을 전체를 조망할 수 있는 하늘마루와 목욕탕을 개조해 만든 감내

어울터는 감천 문화마을에서 빼놓지 말아야 할 포인트다. 하늘마루는 감정초등학교 길 건너의 감천2동 새마을금고에서 150m 정도 마을 안으로 들어가면 된다.

TIP 골목은 감정초등학교 공영주차장에서 시작해 A, B코스로 나뉜다. 느긋하게 2시간 정도면 돌아볼 수 있다. 감천마을 지도는 하늘마루에서 2,000원에 판매하니 필요하면 구입하자.

주소 부산시 사하구 감천2동 감내2로 177-11
전화 하늘마루 마을정보센터 070-4219-5556
홈페이지 cafe.naver.com/gamcheon2

스탬프를 모두 찍으면 기념품을 준다.

목욕탕을 개조해 만든 감내어울터 내부에는 전시실이 있다.

여행정보
Travel info

 알아두면 좋아요!

바다와 산, 강, 호수가 어우러진 부산 갈맷길은 총 9개 코스로 이루어져 부산의 눈부신 속살을 그대로 느낄 수 있다. 문텐로드에서 오륙도 선착장에 이르는 2코스 중 오륙도 해맞이공원에서 동생말에 이르는 4.7km 구간이 가장 인기가 좋다.

KTX와 숙박시설을 함께 이용할 수 있는 패키지 상품이 많다. KTX로 부산에 도착한 후 렌터카나 부산 시티투어 버스를 이용하면 조금 더 효율적으로 여행할 수 있다. 시티투어 버스(1688-0098, www.citytourbusan.com)는 부산역에서 출발하며 해운대, 태종대 코스와 야경 시티투어 버스 등으로 나뉘어 운영한다.

 무얼 먹을까?

본전돼지국밥　돼지국밥
부산시 동구 중앙대로 214번길 3-8(초량3동 1200-6), 051-441-2946

원조합천식당　돼지국밥
부산시 부산진구 범천1동 839-40, 051-635-2513

18번완당　완당
부산시 중구 남포동3가 1, 부산극장 맞은편, 051-245-0018

할매가야밀면　밀면
부산시 중구 남포동2가 17-1, 051-246-3314

초량밀면　밀면
부산시 동구 초량동 363-2, 051-462-1575

백화양곱창　곱창
부산시 중구 남포동6가 32 자갈치시장 내, 051-245-0105

남포횟집　산곰장어구이
부산시 중구 남포동 6가 24-1 자갈치시장 내, 051-256-2558

 **어디서 묵을까?**

토요코인호텔
부산시 해운대구 중동 1130-1, 해운대점
051-710-1045
*일본 체인의 비즈니스호텔로 부산에 4개 지점 운영 중

코모도호텔
부산시 중구 영주동 743-80, 051-466-9101

대영호텔
부산시 중구 부평2가 68, 051-241-4661

비치모텔
부산시 영도구 하리해안길 10-9, 051-405-3331

MK모텔
부산시 해운대구 구남로18번길 41, 051-731-0094

 축제도 함께 즐겨요!

1월	북극곰수영대회
2월	달맞이온천축제
4월	광안리 어방축제
5월	기장 멸치축제, 오륙도축제, 부산 국제연극제
6월	해운대 모래축제
8월	부산 바다축제, 송정 해변축제, 부산 국제록페스티벌
10월	부산 자갈치축제, 부산 불꽃축제

눈이 시리도록 아름다운 바다를 만나고 시원한 바람을 만끽할 수 있는 코스다. 바람의 언덕에서 불어오는 바람을 느끼는 것만으로도 떠나오길 잘했다는 생각이 든다. 케이블카를 타고 올라가 내려다보는 다도해와 바다 건너 작은 섬 언덕에서 바라보는 그림 같은 풍경은 마음까지 정화시킨다. 별빛이 쏟아지는 섬에서의 하룻밤은 세상 부러울 게 없게 해준다.

통영·거제

여행테마	**바다**
좋은시기	**5월, 9월**
서울에서 이동시간	**5시간30분**
가는 방법	통영대전중부고속도로 비룡분기점 이후 남해안대로를 따라 이동→'남부, 상문동' 방면→'거제해금강, 학동흑진주몽돌해변, 외도' 방면→거제중앙로를 따라 이동하다 거제대로, 해금강로, 도장포 1길 따라 이동

통영·거제
Course

섬 여행은 날씨와 모든 여건이 맞아야 가능하니 소매물도행 배와 물때를 확인하고 일정을 계획하자. 한려수도 조망 케이블카는 찾는 사람이 많으니 아침 일찍 가는 것이 좋다.

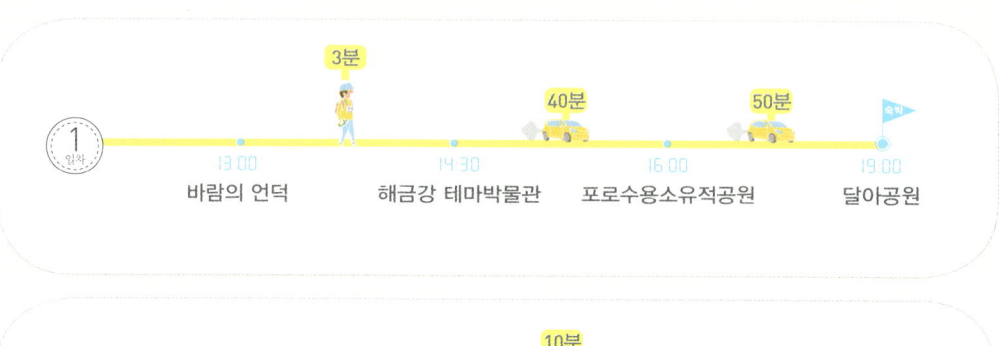

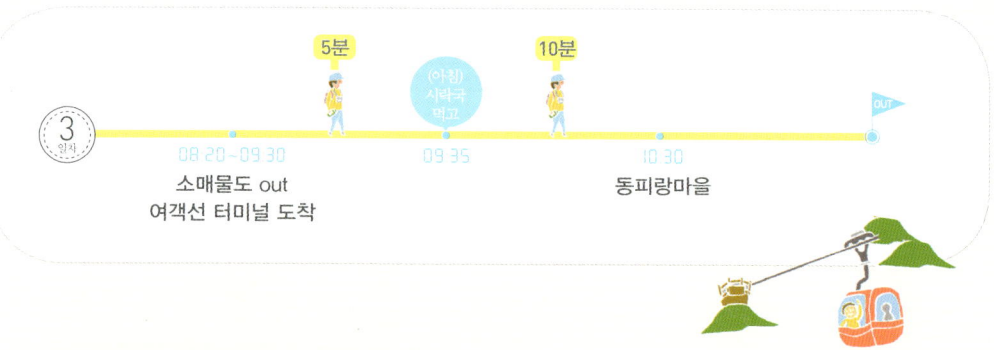

★ 꼭 들러야 하는 곳은 어디?
바람의 언덕, 해금강 테마박물관, 동피랑마을, 한려수도 조망 케이블카

• 더 가볼 만한 곳은 어디?
학동(몽돌)해수욕장, 지심도, 외도, 매물도, 제승당, 박경리기념관, 남망산 조각공원

☆ 무엇을 먹어야 할까?
멍게비빔밥, 도다리쑥국, 물메기탕, 복국, 다찌, 오미사꿀빵, 시락국

꼭 가야 할 볼거리
BEST7

시원한 바다가 내려다보이는 바람의 언덕.

향수를 불러일으키는 해금강 테마박물관.

바람의 언덕

거제시 남부면 도장포 마을의 북쪽 언덕에 낮게 누운 포근한 언덕이 있다. 드라마 〈이브의 화원〉, 〈회전목마〉, 예능프로그램 〈1박2일〉 촬영지로 알려진 바람의 언덕이다. 시원스러운 바다가 보이는 전망 좋은 곳으로 나무 계단을 따라 오르면 이곳의 이름이 왜 '바람의 언덕'인지 자연스레 느낄 수 있다. 도장포 마을 바닷가 선착장에서 나무로 만들어진 산책로를 따라 언덕으로 한 걸음씩 내딛다 보면, 몽돌해변으로 유명한 학동마을의 전경을 볼 수 있다. 바람의 언덕에서 좌측으로 내려가면 나오는 도장포 항구는 해금강을 돌아보는 유람선 관광과 외도 여행의 출발지이다.

주소 경상남도 거제시 남부면 갈곶리

해금강 테마박물관

폐교가 된 초등학교 분교에 조성한 박물관으로 한국근현대사전시관, 유럽장식미술관, 안보역사유물관, 해양역사유물관 등으로 이뤄져 있다. 1층에는 어른들의 향수를 불러일으키는 우리나라 60~70년대 생활 모습을 재현하고 있으며 1,2층에는 유럽 중세시대의 갑옷과 투구, 베니스 가면, 범선 등 세계 각국에서 수집한 물건들이 전시되어 있다. 놀라운 것은 이 모든 게 한 개인이 수집한 물건들이고 더욱이 장소가 협소해 소장품의 1/3밖에 전시할 수 없었다는 사실이다. 해금강 테마박물관은 어른들에게는 추억을, 어린이들에게는 신기한 볼거리를 제공해 가족 단위 여행객들에게 사랑받고 있다.

주소 경상남도 거제시 남부면 해금강로 120(갈곶리 262-5)
전화 055-632-0670
운영 09:00~19:00(동절기 17:00)
요금 성인 6,000원, 청소년 4,000원, 어린이 3,000원
홈페이지 www.hggmuseum.com

포로수용소유적공원

가슴 아픈 현대사를 간직한 거제도 포로수용소가 유적공원으로 다시 태어났다. 거제도 포로수용소는 1950년 11월에 생겨나 한국전쟁 당시 엄청난 숫자의 피란민과 전쟁포로가 수용되었던 곳이다. 한국전쟁 당시 거제도는 고립되어 있어 자연스럽게 수용소가 되었다. 이는 제2차 세계대전 이후 세계 최대의 단일 수용소다. 현재 유적공원의 시설들은 대부분 공원 건립과 함께 재현된 것으로 경비소 집무실과 보급창고 일부만 남아 당시의 모습을 전하고 있다. 옛 수용소 경비도로를 따라 자리한 전시관 속의 희미한 사진과 빛바랜 용품에서 당시의 안타까운 모습을 아련하게 상상해 볼 수 있다.

주소　경상남도 거제시 계룡로 61(고현동 362)
전화　055-639-0625
운영　09:00~18:00(동절기 17:00, 매월 마지막 월요일 휴관)
요금　성인 7,000원, 청소년 5,000원, 어린이 3,000원
홈페이지　www.pow.or.kr

달아공원

처음에는 이곳 지형이 코끼리 어금니와 닮았다고 해서 '달아'라는 이름이 붙여졌는데 현재는 '달이 아름다운 곳'이라는 뜻으로 불린다고 한다. 완만한 공원길을 올라가면 관해정이 나오는데, 한려해상국립공원을 한눈에 볼 수 있다. 작은 공원이지만 이곳에 서서 바라보는 풍경은 한 폭의 그림 같다.

공원은 통영시 남쪽의 미륵도 해안을 일주하는 23km의 산양일주도로 중간에 있다. 일주도로에는 동백나무 가로수가 있어 동백로라고도 하며, 다도해의 절경을 즐길 수 있는 드라이브 코스로 유명하다. 해질 무렵 시원스러운 해안도로를 따라 달리며 송도, 학림도, 연대도 등 이름도 들어보지 못한 섬에서부터 매물도, 거제도까지 한려해상의 아름다움을 감상해보자.

주소　경상남도 통영시 산양읍 연화리 114

달이 아름다운 달아공원.

한려수도 조망 케이블카

미륵산은 높이 461m로 그다지 높지 않다. 예전에는 걸어서 정상까지 올랐지만 국내 최장(1975m)의 케이블카가 생기면서 쉽게 오를 수 있게 되었다. 케이블카로 상부 정류장에 도착하면 약 400m 길이의 데크가 미륵산 정상까지 설치되어 있다. 8인승 케이블카 48대가 쏟아내는 사람들로 미륵산 정상이 붐비는 건 당연지사. 여행객이 붐비는 주말이면 케이블카를 탑승하는 데만 해도 꽤 오랜 시간을 기다려야 한다. 하지만 '동양의 나폴리'라 불리는 통영항과 한려수도의 아름다운 풍광을 마주하는 순간 지루했던 시간이 싹 잊혀진다.

미륵산 정상에는 한산대첩 전망대, 신선대 전망대, 통영상륙작전 전망대, 한려수도 전망대, 당포해전 전망대, 박경리 묘소 쉼터 등 7곳의 전망대가 마련되어 있다. 각 전망대마다 조금씩 다른 모습의 한려수도를 감상할 수 있어 어느 곳 하나 놓치기 아깝다.

> **TIP** 케이블카 탑승과 별개로 매표는 2~3시간 전에 마감될 수 있으며 갑작스러운 기상 악화로 중단될 수 있기 때문에 예약을 받지 않는다.

주소 경상남도 통영시 발개로 205(도남동 349-1)
전화 055-649-3804~5
운영 09:30~19:00(동절기 17:00, 하부 탑승은 마감 1시간 전까지 가능, 매월 둘째·넷째 월요일 휴무)
요금 왕복 성인 10,000원, 청소년·어린이 6,000원
홈페이지 www.ttdc.kr

소매물도

매물도 옆에 있는 작은 섬이라고 하여 '소매물도'라고 불린다. 하루 3번, 통영 여객선터미널에서 배가 운항한다. 선착장에 배가 닿으면 깎아지른 고갯길에 아슬아슬하게 올려진 건물들이 옹기종기 모여 있는 풍경이 가장 먼저 눈에 들어온다. 샛담길, 학교길, 골목길, 갈담길이라 이름 붙여진 4개 갈래길을 따라 소매물도의 아름다운 풍광을 돌아볼 수 있다. 학교길을 따라 망태봉 정상에 오르면 등대섬의 그림 같은 풍경에 감탄이 절로 나온다. 소매물도에서 바라본 등대섬과 기암괴석, 층층이 얽혀 있는 바위 절벽 풍광이 특히 환상적이다. 소매물도와 등대섬은 하루 2번, 길이 70m의 열목개 자갈길로 연결된다. 선착장에 내려 학교길을 거쳐 등대섬까지 건너갔다 오는 코스는 3시간30분 정도면 충분하다. 단 등대섬에 건너갈 때는 물때를 확인해야 한다.

TIP 소매물도 선착장 근처 외에는 매점이나 식당이 없으니 물이나 간식은 미리 준비해야 한다. 화장실은 소매물도와 등대섬에 각각 하나씩 있는데 소매물도 화장실은 유료다. 여름이라면 자외선 차단제와 물, 겨울이라면 방한·방풍이 되는 옷이 필수다.

주소　경상남도 통영시 한산면 매죽리 소매물도
전화　055-645-3717, 055-641-0313
운영　07:00, 11:00, 14:30(1시간15분 소요)
요금　편도 성인 14,600원, 어린이 7,300원(7월 24일~8월 10일 10% 할증)
홈페이지　www.gjbada.com

통영항 여객선 터미널
주소　경상남도 통영시 서호동 316 통영항 여객선 터미널(주차 가능, 24시간 5,000원)
전화　1666-0960

동피랑마을과 중앙시장

반짝이는 바다와 아늑한 항구가 동화 같은 산기슭 마을 동피랑을 품고 있다. 동피랑은 '동쪽 피랑(벼랑)'에 자리한 마을이라는 뜻으로, 일제 강점기 시절 통영항과 중앙시장에서 인부로 일하던 외지 하층민들이 기거하면서 만들어졌다고 한다. 벽화가 그려지기 전 통영시는 마을을 철거하고 충무공이 설치한 옛 통제영의 동포루를 복원하면서 주변에 공원을 조성할 예정이었다. 그런데 '푸른 통영 21'이라는 시민단체가 '달동네도 가꾸면 아름다워질 수 있다.'며 공모전을 열어 전국 각지의 미술학도들이 골목마다 아름다운 벽화를 그린 후 상황은 달라졌다. 허름한 달동네는 바닷가의 벽화마을로 새로 태어나 주말이면 200~300명 이상의 여행객이 찾는 여행지가 됐다.

마을을 한 바퀴 돌다 보면 파고다카페를 만난다. 간판만 카페이지 사실은 조그만 구멍가게다. 통영항이 시원스레 보이는 카페 앞 의자에 앉아 소박한 커피믹스 한 잔을 마시며 바다를 바라봐도 좋고 동피랑 골목과 이어진 언덕을 내려와 중앙시장에서 삶의 생생함을 느껴 봐도 좋다.

TIP 여행지이지만 이곳에 거주하는 주민에게는 조용히 쉬고 싶은 집이다. 주민들에게 피해가 가지 않도록 여행하자.

주소 경상남도 통영시 동호동

여행정보
Travel info

 알아두면 좋아요!

통영은 여행할 곳이 많은 도시다. 남망산조각공원, 세병관, 향토역사관, 해저터널, 전혁림미술관, 청마문학관, 박경리기념관을 비롯해 욕지도, 사량도 등의 섬 여행도 좋다.

봄에는 거제의 지심도 여행도 좋다. 거제도 동쪽 장승포 해안에서 6km 거리의 지심도는 겨울부터 봄까지 동백꽃이 만개해 온 섬이 붉게 물든다.

  장승포항 도선 문의 055-681-6007

거제 장승포항에서 15분 거리에 공곶이의 수선화농장이 있다. 3월경에 만개한 수선화를 만날 수 있다.

거제도 남단의 낙조 명소 여차-홍포 드라이브 코스는 '황제의 길'로 불린다. 소대병도를 비롯한 섬들이 펼치는 절경이 이어진다.

 무얼 먹을까?

백만석 멍게비빔밥
경상남도 거제시 상동동 960, 055-638-3300
옥포횟집 도다리쑥국
경상남도 거제시 옥포 1동 1964번지, 055-687-3277
평화횟집 도다리쑥국
경상남도 거제시 사등면 성포리 351, 055-632-5124
원조밀물식당 멍게비빔밥
경상남도 통영시 항남동 139-33, 055-643-2777
송학횟집 물메기탕
경상남도 통영시 중앙동 39-2, 055-644-2460

동광식당 복국
경상남도 통영시 중앙동 54-11, 055-644-1112
대추나무다찌 다찌
경상남도 통영시 항남동 101-2, 055-641-3877

 **어디서 묵을까?**

한산호텔콘도
경상남도 통영시 항남동 151-86, 055-642-3374,
www.hotelhansan.com
ES리조트클럽
경상남도 통영시 산양읍 미남리 산120,
055-641-0515, www.clubesresort.com
몽돌하우스
경상남도 통영시 용남면 장평리 162,
055-645-7755, www.mongdolhouse.com
신라모텔
경상남도 통영시 동충4길 51, 055-643-3361
거제도 비치호텔
경상남도 거제시 장승포 해안로 16, 055-682-5161
장승포 비치호텔
경상남도 거제시 장승포 해안로 18, 055-682-5151
거제투어하우스
경상남도 거제시 장승포로 127, 055-681-6008

 축제도 함께 즐겨요!

3월 한려수도 굴축제
4월 거제 대금산 진달래축제
8월 통영 한산대첩축제
11월 거제 섬꽃축제

해안을 따라 펼쳐지는 푸른 바다와 다정하게 어우러진 섬이 아름답다. 잔잔하고 푸른 바다 위에 도란도란 모여 있는 섬은 한려수도의 낭만 어린 풍광을 보여준다. 한려수도는 풍광이 좋기도 하지만 임진왜란 당시 승리를 이끌어낸 전적지이기도 하다. 아기자기한 다도해의 풍광과 함께 충무공 관련 유적을 찾아 여행해보는 것도 좋다.

사천 · 남해

여행테마	바다
좋은시기	5~6월
서울에서 이동시간	4시간
가는 방법	남해고속도로 진주분기점 이후 곤양IC사거리에서 '곤양' 방면으로 곤양로를 따라 이동→다솔사길을 따라 이동

사천 · 남해 Course

사천에서 남해로 들어갈 때 창선 삼천포대교를 이용해 건너면 섬에서 섬을 바라본다. 크고 작은 섬들이 도란도란 떠있는 남해바다와 소박한 어촌 마을, 아름다운 해변을 지나는 것만으로도 여행은 만족스럽다.

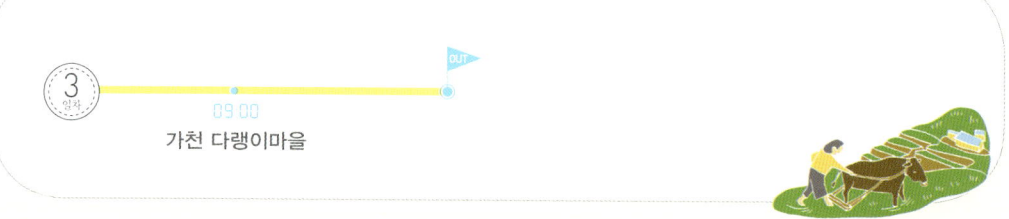

★ 꼭 들러야 하는 곳은 어디?
  삼천포 유람선, 창선 삼천포대교, 독일마을, 미조항, 금산 보리암, 상주 은모래비치
● 더 가볼 만한 곳은 어디?
  선진리성, 실안해안도로, 원예예술촌, 남해 편백자연휴양림
☆ 무엇을 먹어야 할까?
  멸치회무침, 멸치회쌈밥, 장어구이, 활어회

꼭 가야 할
볼거리
BEST9

BEST 1 다솔사

'많은 군사를 거느린다'는 이름처럼 다솔사로 오르는 길 양 옆에는 하늘 높이 뻗은 소나무들이 사찰을 지키듯이 서 있다. 신라 지증왕 때 만들어진 사찰로 경남 지역에서 가장 오래된 절 중 하나이다. 몇 차례의 화재로 옛 건물은 소실되었고, 지금의 건물은 모두 1910년대에 지은 것이다. 절로 가는 계단 끝에 있는 대양루만이 조선 영조 때인 1748년에 지어진 건물로 절에서 가장 오랜 역사를 담고 있다.

대양루 맞은편으로 본전인 적멸보궁이 있는데, 원래는 대웅전이었으나 1979년 오른편에 있는 응진전을 수리하다가 탱화 뒤 벽에서 사리가 발견되어 대웅전을 적멸보궁으로 개축하고 부처님의 사리를 모시게 되었다. 소설가 김동리가 머물며 소설 〈등신불〉을 쓴 곳으로도 유명하다. 해발 300m가 넘는 봉암산, 봉명산, 천왕산으로 이어진 등산로에 오르면 다도해를 바라볼 수 있다.

TIP 다솔사 뒤로 난 길을 2km 오르면 부속 암자 보안암이 있다. 이곳에는 고려시대에 만들어진 석굴이 있다. 석굴 내부의 불상과 나한은 경주 토함산의 석굴암과 비교하며 둘러보면 좋다.

주소 경상남도 사천시 곤명면 용산리 86
전화 055-853-0283
홈페이지 www.dasolsa.co.kr

BEST 2 항공우주박물관

한국항공우주산업이 운영하는 항공·우주 전문 박물관이다. 전시관은 실내 전시장과 야외 전시장으로 구성되어 1층은 항공, 2층은 우주를 주제로 전시하고 있다. 1층은 항공 발달사를 시작으로 항공기의 종류 등을 알려주고 있다. 2층은 우주복을 비롯해 우주에서 사용하는 물건들이 전시되어 있다. 우주 김치, 우주 라면 등 2008년 우리나라 최초의 우주인이 사용했던 한국형 우주 음식들도 있다. 항공우주박물관에서 빼놓지 말아야 할 것은 다양한 비행기들을 한곳에서 둘러볼 수 있는 야외 전시장이다. 커다란 수송기에서부터 전투기와 장갑차, 한때 우리나라 대통령 전용기로 이용되었던 C54-스카이마스터 수송기 내부를 전시장으로 꾸며 놓았고 영화 〈웰컴 투 동막골〉에 등장했던 비행기도 있다.

주소 경상남도 사천시 사남면 공단1로 78
전화 055-851-6565
운영 09:00~18:00(동절기 17:00)
요금 성인 2,000원, 어린이 1,000원
홈페이지 www.aerospacemuseum.co.kr

 ### 삼천포 유람선

 유람선을 이용해 삼천포대교와 인근의 섬들을 돌아보며 해상관광을 즐기는 것은 사천관광의 큰 매력 중 하나이다. 임진왜란 당시 성웅 이순신 장군이 왜적을 무찌른 역사적 현장의 뱃길을 따라 남해안의 절경을 감상하며 1시간30분 정도 항해한다. 선착장을 출발하여 창선 삼천포대교, 실안 죽방렴, 비토(거북바위, 토끼섬), 단항대교를 거쳐 신수도, 삼천포 화력발전소, 코끼리바위, 남일대해수욕장, 씨앗섬을 돌아 선착장으로 돌아오는 코스이다.

코스에 포함된 창선 삼천포대교의 야간 경관조명은 한려해상의 아름다운 푸른 바다와 빛이 멋들어진 조화를 이루어 관광객들의 발길을 멈추게 한다. 또 다른 관광 포인트인 실안 죽방장은 사천의 대표적인 어업 형태로 이곳에서 어획하는 멸치의 맛과 질이 우수하다고 정평이 나 있다. 또한 10cm 정도의 참나무 말뚝을 부채꼴 모양으로 박아 만든 죽방렴과 바다, 섬 그리고 일몰이 환상적인 조화를 이루는 실안 노을 풍경 역시 유명세를 타고 있다.

1,000명이 승선 가능한 초호화 유람선 한려수도호는 매일 1~2회 운항하며 동시에 700명이 승선 가능한 훼밀리호는 매일 2회, 일반 유람선은 수시 운항한다. 매년 1월 1일이면 새해 일출 관광 유람선을 운항하기도 한다.

주소　경상남도 사천시 대방동 유람선길 70
전화　055-835-0172
요금　성인 16,000원
홈페이지　www.tourship.net

창선 삼천포대교

우리나라 최초의 섬과 섬을 잇는 다리로, 경남 사천시와 남해군을 연결하는 5개의 교량(삼천포대교, 초양대교, 늑도대교, 창선대교, 단항교)을 일컫는다. 총 길이 3.4km로 2003년 4월 28일 개통되었으며, '2006년 한국의 아름다운 길 100선' 대상에 선정되기도 했다. 다리가 생기기 전에는 남해도로 들어가는 유일한 다리였던 하동 쪽의 남해대교를 건너면 남해도 끝에서 사천을 코앞에 두고 다시 하동 쪽으로 돌아 나와야 했다. 그러나 창선 삼천포대교가 놓이면서 하동에서 남해도를 지나 사천으로 나갈 수 있게 되었다. 남해도와 사천 여행이 수월해진 셈이다. 창선 삼천포대교에서 바라보면 삼천포항과 사천시의 전경이 더욱 가까이 보이고 남해군의 단항에서 바라보면 섬과 섬을 연결하는 다리의 모양을 조금 더 실감나게 볼 수 있다. 조명시설이 잘 되어 있어 밤이면 검은 바다를 배경으로 오색별빛의 축제가 펼쳐지는 듯하다.

TIP 인근에 숙박하면 공원을 산책하며 야경을 즐길 수 있다.

주소　경상남도 남해군 창선면 단항리
전화　삼천포대교 관광안내소 055-867-5238

BEST 5 독일마을

1960년대 산업 역군으로 독일에 파견되어 한국 경제발전에 기여한 독일 교포들이 한국에 정착할 수 있도록 삶의 터전을 제공해주고, 독일의 이국문화를 경험하는 관광지로 개발하기 위해 2001년부터 조성한 곳이다. 드라마 〈환상의 커플〉 촬영지로 유명세를 타기 시작한 이곳은 드라마의 성공 이후 명실상부 남해의 명소로 자리 잡았다.

남해군 삼동면 물건리와 동천리, 봉화리 일대에 걸쳐 조성되었으며 주택이 모여 있는 마을은 산과 바다를 함께 조망할 수 있는 동천리 문화예술촌 안에 있다. 독일 교포들이 직접 독일에서 공수해온 자재들로 전통적인 독일 양식 주택을 건립하였다. 이 주택들은 독일 교포들의 주거지 또는 휴양지로 이용되며, 관광객을 위한 민박으로도 운영된다. 이국적인 분위기의 건물들 사이로 힐끗힐끗 보이는 남해 바다를 감상하며 산책을 즐기기 좋다.

주소 경상남도 남해군 삼동면 물건리 1074-2
홈페이지 남해독일마을.com

미조항

'미륵이 도운 마을'이라는 뜻이다. 한국에서 다섯 번째로 큰 섬인 남해섬의 동남쪽 끝에 있는 항구로, 산들에 둘러싸여 움푹하게 들어앉아 있다. 주변 풍광이 무척 아름다워 국내에서 손꼽히는 미항으로 알려져 있다. 사람이 살고 있는 섬인 조도鳥島, 호도虎島가 있고, 그 외 사람이 살지 않는 작은 섬들이 떠 있는 앞바다는 뛰어난 절경으로 인해 '남해안의 베니스'로 불린다. 바다 위 보석처럼 박힌 16개의 크고 작은 섬들이 만들어내는 멋진 해안 풍경은 미조항만이 가지는 또 하나의 자랑거리다.

초여름 미조항은 그물 가득 잡힌 은빛 멸치를 털어내는 어부들의 빠른 손놀림으로 분주하다. 항구는 남항과 북항으로 이루어져 있으며 횟집들이 늘어서 있고 멸치, 갈치회 등 먹을거리가 많다. 손맛이 좋아 방파제 주변에는 낚시꾼들이 끊이지 않는다. 미조항 입구에는 해풍을 막기 위해 조성된 방풍림인 상록수림(천연기념물 제29호)이 있는데 느티나무, 팽나무, 후박나무, 돈나무 등 15종의 나무가 서식하고 있다.

주소 경상남도 남해군 미조면

상주 은모래비치

해수욕장을 이루는 모래가 은가루를 뿌린 듯 반짝거린다 하여 은모래비치라고 불린다. 백사장이 일직선이 아니라 호수처럼 둥근 부채꼴 모양인 것이 특징이다. 남해에서도 12경 중 하나로 꼽힐 정도로 아름답다. 해수욕장 뒤쪽에는 태조 이성계가 조선을 건국하기 전 백일기도를 드렸다는 남해 금산이 병풍처럼 둘러싸고 있다.

2km에 걸쳐 둥그렇게 이어진 백사장은 유난히 하얗고 고우며 울창한 송림이 있어 휴식을 취하기에도 그만이다. 바다에 100m 정도 걸어 들어가도 수심이 어른 허리밖에 오지 않을 정도로 모래 바닥의 경사가 완만하고 수온이 따뜻해서 아이들을 동반한 가족 단위 여행객이 즐겨 찾는다.

주소　경상남도 남해군 상주면 상주리 1136-1

금산 보리암

683년 원효가 이곳에 초당을 짓고 수도하면서 관세음보살을 친견한 뒤 산 이름을 보광산, 초암의 이름을 보광사라 지었다고 한다. 이성계가 조선을 건국할 무렵 보광산에서 새 나라를 열기 위한 백일기도를 드렸는데 그는 새 나라의 문이 열리면 이 산 전체를 비단으로 덮어주겠다고 약속했다. 그런데 조선을 세운 후 정말 산 전체를 비단으로 덮어줄 수는 없었기에 산 이름에 '비단 금'자를 넣어 금산이라고 바꾸어 부르게 했다는 이야기가 전해진다.

망망대해가 한눈에 내려다보이는 금산의 절벽에 자리 잡은 보리암의 풍경은 가히 예술이다. 초승달 모양의 상주 은모래비치와 소박한 마을, 아기자기하게 떠 있는 섬들이 펼쳐진다. 깎아지른 절벽 위에 세워진 보리암에서 보는 여명과 푸른 남해 바다의 장엄함은 표현할 수 없을 정도로 아름답다.

TIP 주차장에서 보리암 초입까지 마을버스(2,000원)를 운행한다. 보리암에서 15분만 오르면 금산 정상에 닿을 수 있다. 가는 길이 수월하니 다녀오자.

주소　경상남도 남해군 상주면 상주리 2065
전화　055-862-6115
요금　성인 1,000원, 청소년 무료

은가루를 뿌린 듯 반짝거리는 은모래비치.

금산의 절벽에 자리 잡은 보리암의 풍경.

보리암에서 내려다보는 망망대해의 풍경은 예술이다.

BEST 9 가천 다랭이마을

남해군 홍현리 가천마을에 들어서면 손바닥만 한 논이 언덕 위부터 마을을 둘러싸며 바다까지 이어진다. 45도 경사의 비탈에 108개 층층계단, 680여 개 논이 펼쳐져 있다. 길도, 집도, 논도 산허리를 따라 곡선을 그리며 바다를 바라보고 있다. 다랭이마을은 아이를 안고 있는 어머니의 형상을 한 남해도의 자궁 부위에 해당하는 곳으로, 5.9m의 수바위와 4.9m의 암바위가 생명의 탄생을 의미하는 마을이다. 온통 바다로 둘러싸였지만 마을이 자리 잡은 가파른 산자락이 추락하듯 바다와 만나는 지형 탓에 양식 등 어업은 엄두를 내지 못해 논을 만들어 삶을 이어가고 있다.

따뜻한 바람이 언덕을 쓸어주듯 불어오면 손바닥만 한 다랭이 논에서 초록의 생명이 쑥쑥 자라난다. 다랭이마을은 온통 초록이 일렁거리는 봄에 가장 아름답다. 다랭이마을의 풍광을 잘 볼 수 있도록 전망대를 만들어 놓았으니 올라봐도 좋고 마을에서 운영하는 체험프로그램에 참여해봐도 좋다.

주소   경상남도 남해군 남면 홍현리
홈페이지   darangyi.go2vil.org

여행정보
Travel info

 알아두면 좋아요!

남해 독일마을을 가로질러 길을 따라 올라가면 고개 위에 원예술촌이 있다. 원예전문가를 중심으로 집과 정원을 개인별 작품으로 조성하여 가꾼 마을이다. 입장해보면 왜 예술촌이라 이름 붙였는지 알 수 있다.

사천에도 걷기 좋은 길이 있다. '이순신 바닷길'은 임진왜란 당시 이순신 장군이 사천시 용현면 선진 앞바다에 최초로 거북선을 출정시켜 왜선 13척을 침몰시키고 승전한 사천해전을 테마로 한 56km의 도보 여행길이다. 총 5개 코스이며 제5코스가 가장 인기가 좋다.

 무얼 먹을까?

우리식당 멸치회무침 · 멸치쌈밥
경상남도 남해군 삼동면 지족리 288-7,
055-867-0074

배가네 멸치쌈밥
경상남도 남해군 삼동면 금송리 1400-1,
055-867-7337

달반늘 장어구이
경상남도 남해군 삼동면 지족리 1082,
055-867-2970

시장콩죽 팥죽
경상남도 남해읍 북변리 282-2, 055-864-3596

남해한우식육식당 소고기국밥
경상남도 남해군 이동면 다정리 805,
055-863-3949

시골할매 유자잎 막걸리 · 된장찌개
경상남도 남해군 남면 홍현리 가천 다랭이마을 856,
055-862-8381

양재해물전골 해물전골
경상남도 사천시 동동 173-14, 055-832-1149

 어디서 묵을까?

마린원더스호텔
경상남도 남해군 남면 남서대로 575-13,
055-862-8880

바래길펜션
경상남도 남해군 창선면 동대리 6-1,
055-867-9898

양지모던모텔
경상남도 사천시 사천읍 옥산로 71,
055-852-1885

삼천포해상관광호텔
경상남도 사천시 대방동 598, 055-832-3004

가천 다랭이마을 민박
경상남도 남해군 남면 홍현리, darangyi.go2vil.org

 축제도 함께 즐겨요!

1월   삼천포대교 해맞이축제
5월   보물섬 멸치축제
5월   보물섬 마늘축제
7~8월   남해섬 공연예술제

PART
4

오감만족!
전라도

서천
군산
부안
고창
담양
목포
진도
해남
보길도
완주
전주
하동
여수
보성 순천
구례

구례·하동

장엄한 지리산의 정기가 깃든 산과 들은 가히 천혜의 절경이다. 지리산 줄기를 따라 섬진강이 유유히 흐르고 봄이면 물길 따라 꽃이 흐른다. 자연이 선물하는 햇빛과 공기로 녹차가 자라고 산수유가 온 마을을 물들이는가 하면 봄눈 같은 벚꽃이 흩날린다. 강줄기가 바다로 빠져나가는 섬진강 하구의 재첩까지 맛보면 오감만족 여행이 된다.

여행테마 문화, 트레킹
좋은시기 3~4월
서울에서 이동시간 4시간 10분
가는 방법 순천완주고속도로 완주분기점→용방교차로에서 '구례, 지리산 국립공원' 방면→산업로→용방삼거리에서 '천은사, 광의, 용방' 방면→선월길, 구만제로, 광의초교길을 따라 가다 노고단로를 따라 이동

구례·하동 Course

노고단을 오르는 길은 잘 정비되어 있지만 그래도 지리산이다. 트레킹화나 운동화를 챙겨 신자. 화개장터에서 쌍계사로 이어지는 십리 벚꽃길은 무척 붐비니 대중교통을 이용하거나 걷는 것이 좋다.

1일차
- 10:00 노고단
- 25분
- 14:00 화엄사
- 35분
- 17:00 화개장터

2일차
- 10:00 쌍계사
- 12분
- 4분
- 14:00 차문화센터
- 25분
- 15:30 최참판댁 (토지 촬영지)
- 6분
- 18:30 평사리 들판 (평사리 공원)

3일차
- 10:30 삼성궁
- 1시간10분

★ 꼭 들러야 하는 곳은 어디?
노고단, 화개장터, 쌍계사, 최팜판댁(토지 촬영지)

● 더 가볼 만한 곳은 어디?
운조루(오미리마을), 천은사, 상위(산수유)마을, 백련리도요지

☆ 무엇을 먹어야 할까?
재첩국, 다슬기수제비, 참게매운탕, 녹차, 산채정식

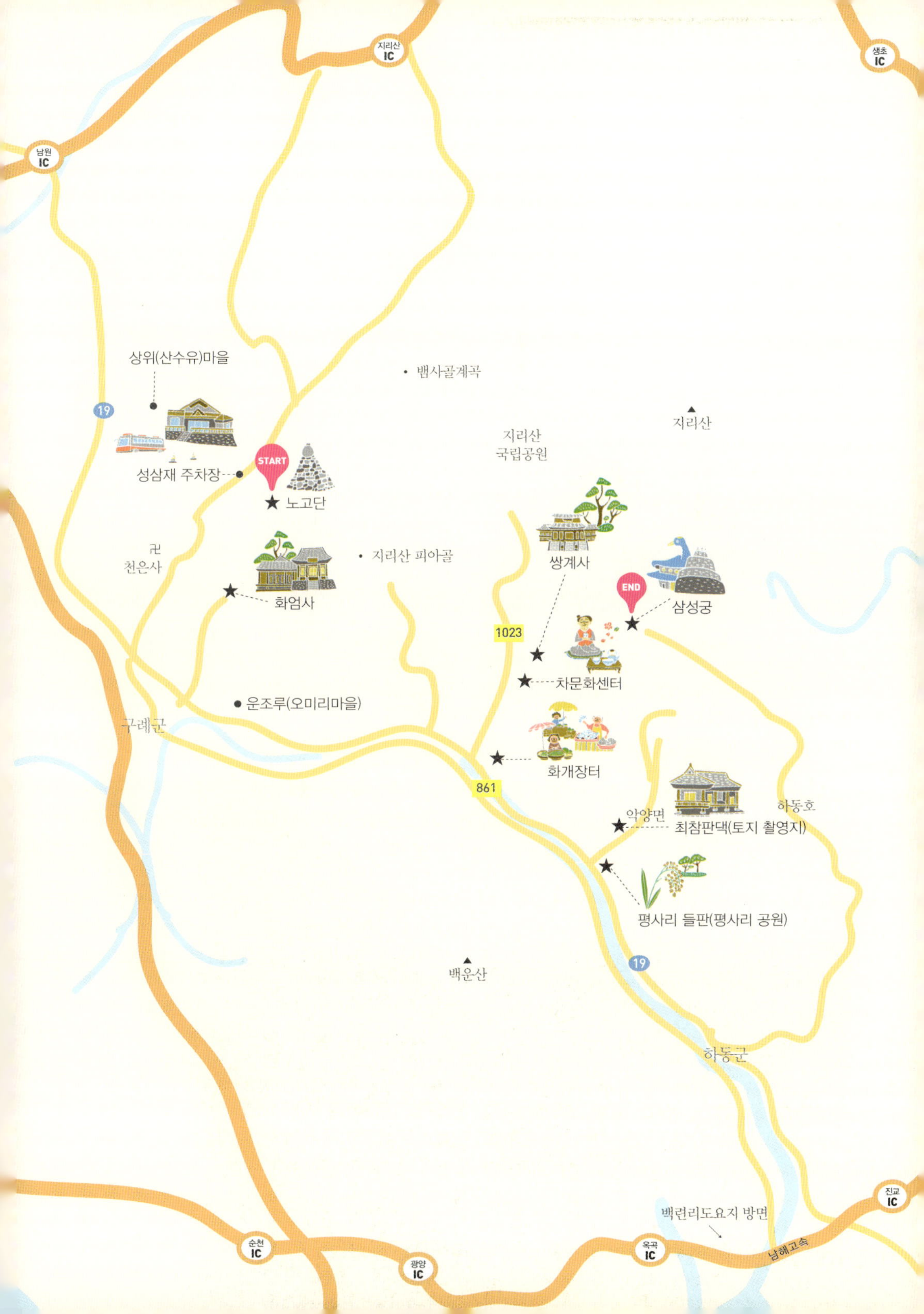

지리산 IC
생초 IC
남원 IC
상위(산수유)마을
뱀사골계곡
19
지리산
지리산 국립공원
START
성삼재 주차장
노고단
천은사
지리산 피아골
화엄사
쌍계사
END
삼성궁
1023
차문화센터
운조루(오미리마을)
구례군
화개장터
861
하동호
악양면
최참판댁(토지 촬영지)
평사리 들판(평사리 공원)
백운산
19
하동군
백련리도요지 방면
진교 IC
순천 IC
광양 IC
옥곡 IC
남해고속

꼭 가야 할 볼거리
BEST8

노고단

지리산 서쪽의 노고단(1,507m)은 천왕봉(1,915m), 반야봉(1,734m)과 함께 지리산 3대 봉우리 중 하나로 신라시대부터 현재까지 제사를 지내며 국운을 기원했던 영봉이다.

노고단 정상에서 바라보는 노고단 운해는 지리산 10경 중 제2경으로 발아래 펼쳐지는 구름바다가 가히 절경이다. 성삼재 정상의 휴게소 옆으로 오르면 산책로처럼 꾸며진 길을 따라 1시간30분 정도면 닿을 수 있다.

노고단 대피소는 노고단 산장이라 불리는데 제2차 세계대전 때 군 휴양소로 쓰이기도 했다. 현대식 시설이 갖춰져 있어 지리산 종주를 하는 사람들이 숙소로 이용한다. 침낭과 담요는 대여가 가능하고 간단한 요깃거리도 판매하고 있으니 약간의 불편만 감수한다면 색다른 추억거리가 될 것이다.

주소　전라남도 구례군 산동면 좌사리 산110-2
전화　노고단 대피소 061-783-1507
운영　노고단 정상 10:00~15:30 입장 가능

화엄사

화엄사는 지리산의 반야봉과 노고단 자락의 남쪽 기슭, 노고단으로 오르는 계곡 변에 위치한다. 해발 250m의 산간지대로, 주변의 자연 환경이 수려하며 장엄한 모습을 보존하고 있다.

다른 절과는 달리 대웅전을 중심으로 가람을 배치하지 않고 각황전에 비로자나불을 주불로 모시고 공양한다. 주요 문화재로는 국보 제12호인 석등石燈, 국보 제35호인 사사자 삼층석탑, 국보 제67호인 각황전이 있으며 보물 제132호인 동오층석탑, 보물 제133호인 서오층석탑, 보물 제300호인 원통전 전 사자탑, 보물 제299호인 대웅전 등이 있다. 화엄사의 또 다른 매력은 구층암이다. 구층암 오르는 길은 쪼르르 흐르는 물 소리와 대숲에서 부는 바람이 귀를 간질여 시름을 내려놓게 한다.

주소　전라남도 구례군 마산면 황전리 12
전화　매표소 061-782-0019
요금　성인 3,500원, 청소년 1,800원, 어린이 1,300원
홈페이지　www.hwaeomsa.org

화개장터

예전 재래식 시장이 복원되어 현대식으로 만들어졌지만 옛 명칭을 그대로 써서 화개장터로 부른다. 옛날 화개장터의 명성을 되살리기 위해 전통 장옥 3동, 장돌뱅이들의 저잣거리와 난전, 주막, 대장간 등 옛 시골장터 모습을 원형 그대로 되살리고 넓은 주차장과 화장실 등 편의시설을 곁들여 2001년에 개장하였다.

화개장은 본래 화개천이 섬진강으로 합류하는 지점에 열리던 장으로, 섬진강의 행상선行商船 돛단배가 들어올 수 있는 가장 상류 지점에 위치하는 지리적 특징으로 인해 장터가 들어서게 되었다. 조선시대 때부터 섬진강의 물길을 주요 교통수단으로 하여 경상도와 전라도 사람들이 5일마다 이 시장에 모였다. 8·15 해방 전까지 전국 5대 시장 가운데 하나였을 만큼 활발했으며 지금도 전통 5일장의 맥을 이어가고 있다. '경상도와 전라도를 가로지르는 섬진강 줄기 따라 화개장터엔…….' 가수 조영남의 노래로 더욱 유명한 화개장터에는 노랫말처럼 있을 것은 다 있고 없을 건 없다.

주소　경상남도 하동군 화개면 탑리

쌍계사

857년 도선국사에 의해 창건된 사찰로 양옆으로 시냇물이 흘러 쌍계사라 불렀다고 한다. 쌍계사 경내에는 국보 제47호인 진감선사대공탑비眞鑑禪師大空塔碑를 비롯하여 쌍계사 부도, 대웅전에 이르기까지 총 6개의 보물이 있다. 보물 제500호인 대웅전 뒤에는 앙증맞은 크기의 마애불이 숨은 듯 자리하고 있다. 고려시대 양식으로 얼굴이 후덕하게 조각된 마애불은 두 손을 소매에 넣고 눈을 감은 채 편안한 모습이다. 그 소박한 모습 때문에 대웅전에 있는 금동불상보다 오히려 이 마애불에 더 정이 간다.

쌍계사는 우리나라에서 둘째가라면 서러울 벚꽃 명소다. 꽃샘추위가 끝나고 4월로 접어들면 화개에서 쌍계사로 가는 길에 벚꽃이 만개한다. 십리벚꽃길이라 이름 붙여진 이 길은 온통 하늘을 덮어버린 왕벚꽃과 좁은 도로 위로 터널을 이루는 벚꽃에 나도 모르게 절로 탄성이 터져 나온다. 바람이라도 불라치면 흩날리는 벚꽃 잎에 술렁대는 마음을 어찌할 수 없다.

주소 경상남도 하동군 운수리 208
전화 055-883-1901
요금 성인 2,500원, 청소년 1,000원, 어린이 500원
홈페이지 www.ssanggyesa.net

BEST 5 차문화센터

우리나라에서 처음 차를 재배한 곳인 쌍계사 차 시배지 옆에 지어진 차 박물관이다. 하동의 특산물인 야생차를 널리 홍보할 목적으로 세워졌다. 2005년 개장했으며 크게 전시관과 체험관으로 나누어져 있다. 전시관에는 우리나라에서 가장 오래된 차나무에서 딴 찻잎으로 만든 천년차(1,300년)를 비롯한 다양한 차와 관련 유물 및 차 도구가 전시되어 있어 우리나라 차의 역사와 유물을 한눈에 볼 수 있다. 체험관에는 찻잎을 이용한 전통 수제 덖음차를 만들 수 있는 체험과 우리 차 다례 체험을 하면서 하동녹차의 색·향·미를 느낄 수 있는 다실을 갖추고 있다. 매년 5월 초는 본격적인 차 수확기로, 참가자들이 실제로 찻잎을 따고 덖고 말리는 과정을 모두 체험해 볼 수 있다. 여행길에 들러 구수한 차 한 잔과 마음을 나눠보자.

주소   경상남도 하동군 화개면 운수리 664
전화   055-880-2895

BEST 6 최참판댁(토지 촬영지)

박경리의 대하소설 〈토지〉의 주 무대가 되었던 전통 가옥으로 소설 속 무대를 실제 공간에 재현해놓았다. 1897년 추석에 시작되어 1945년 광복까지의 시간을 이어가는 이 작품은 한반도를 벗어나 일본과 러시아를 넘나든다. 이 장대한 이야기의 주인공인 서희와 길상의 어린 시절 배경이 되는 곳이 바로 하동 평사리의 농촌마을이다.

관광을 목적으로 만들어진 마을이라지만 상업적인 기운은 찾아볼 수 없고 그림처럼 아름답기만 하다. 최참판댁 대문 앞에서는 악양 들판, 부부송, 동정호를 한눈에 담을 수 있다. 지리산 능선의 완만한 자락 위에 자리하는 마을은 섬진강 물줄기를 따라 넓은 평야를 앞마당으로 삼은 듯 넉넉함이 느껴진다. 최참판댁은 2002년 완성되어 개방된 이후 2004년 드라마 〈토지〉를 비롯해 수많은 방송사 드라마와 영화 촬영지로 등장하며 큰 사랑을 받고 있다.

주소   경상남도 하동군 악양면 평사리 497
전화   055-880-2383
운영   09:00~18:00
요금   성인 1,000원, 청소년 800원, 어린이 500원

소설 〈토지〉의 배경인 최참판댁.

평사리(악양) 들판·평사리 공원

하동군 악양면에 있는 평야로 중국의 명승지 악양루岳陽樓의 이름을 옮겨 놓은 곳이다. 지리산 계곡물이 섬진강으로 흘러들면서 큰 평야를 이루었으니, 중국 양자강 중류의 악양과 동정호洞庭湖를 연상하여 이름 붙인 것이라고 전해진다.

최참판댁에서 내려다본 악양 들판 사이를 걸어보고 느껴보자. 고운 모래알이 반짝이는 섬진강변에도 가보자. 1997년부터 조성하기 시작한 평사리 공원에는 캠핑사이트와 식수대, 바비큐 그릴 등이 준비되어 있어 캠핑 마니아들의 발걸음이 이어지고 있다. 인근 평사리 문학관과 한옥 체험관도 관광객들이 빼놓지 않고 들르는 곳이다.

주소　경상남도 하동군 악양면 평사리

삼성궁

민족의 영산인 지리산 품 속 깊은 곳, 청암면 청학동 산길을 돌아 해발 850m에 삼성궁三聖宮이 자리하고 있다. 정확한 명칭은 '지리산 청학선원 삼성궁'으로 한풀선사라는 분이 제자들과 함께 수행 장소로 조성해놓은 공간이다.

산길을 오르다 만나는 삼성궁 입구에는 '민족통일대장군', '만주회복여장군'이라 쓰인 장승과 '징을 세 번 치고 기다리세요'라고 쓰인 팻말이 있다. 이 징을 세 번 치고 옷매무새를 가다듬고 기다리면 삿갓을 쓴 도포 차림의 도우미가 나와 길을 안내한다.

삼성궁은 환인, 환웅 그리고 단군을 모시는 종교적인 색채를 지닌 공간이다. 들어가는 입구도 아주 독특하고 내부도 수많은 돌탑과 태극 모양의 연못 등으로 꾸며져 있어 이색적이다.

한풀선사와 수행자들이 이곳이 소도라는 것을 알리기 위해 쌓고 있는 솟대는 1,000개가 넘는다. 한반도와 만주를 상징하여 조성한 연못, 한낮에도 햇빛 한 점 들지 않는 토굴, 전시관, 전통 찻집 아사달, 천궁, 숙소 등이 여기저기 흩어져 있다. 그 사이 맷돌·절구통·다듬잇돌 등으로 꾸며진 길과 담장이 짜임새 있게 가꾸어져 있다. 평범한 여행에 조미료가 필요하다면 지리산 정기를 받은 도인의 세계를 맛볼 수 있는 삼성궁에 들러보자.

주소 경상남도 하동군 청남면 묵계리 1738
전화 055-884-1279
요금 성인 5,000원, 청소년 3,000원 어린이 2,000원
홈페이지 www.bdsj.or.kr

여행정보
Travel info

 알아두면 좋아요!

쌍계사에서 3km 떨어진 곳에 불일폭포가 자리하고 있다. 지리산 10경에 포함돼 등산객의 발길이 끊이지 않는다.

전국 최대의 산수유 군락지인 구례는 봄이 되면 노란 산수유꽃이 장관을 이룬다. 구례군 산동면 지리산 온천관광지 일원에서는 매년 3월 말경 '구례 산수유꽃축제'가 열린다.

 무얼 먹을까?

토지사랑 멍게비빔밥
경상남도 하동군 악양면 평사리 448-2,
055-882-7111, 최참판댁 매표소 인근

섬진강 참다슬기 재첩국
경상남도 하동군 하동읍 읍내리 295-8,
055-884-0272

동흥식당 재첩국
경상남도 하동군 하동읍 관평리 221-34,
055-884-2257

섬진강 다슬기수제비
전라남도 구례군 토지면 파도리 851-2,
061-781-9393

지리산식당 산채정식
전라남도 구례군 마산면 황전리 546, 061-782-4054

 **어디서 묵을까?**

사랑초펜션
경상남도 하동군 금남면 대송리 77,
010-4311-6328, www.sarangcho.kr

쉬어가는 누각
경상남도 하동군 화개면 용강리 822,
055-884-0151

청학동 자연산장
경상남도 하동군 청암면 묵계리 1537-6,
055-882-4137

지리산 리틀프린스펜션
전라남도 구례군 마산면 화엄사로 386-9,
061-783-4700

상아파크호텔
전라남도 구례군 산동면 관산리 521,
061-783-7770

화엄각펜션
전라남도 구례군 마산면 화엄사로 386-13,
061-782-9911

 축제도 함께 즐겨요!

3월 구례 산수유꽃축제
4월 섬진강변 벚꽃축제
4월 화개장터 십리벚꽃길축제
5월 하동 야생차문화축제
8월 섬진강축제
9월 북천 코스모스 · 메밀축제
10월 악양 대봉감축제, 토지문학제
11월 피아골 단풍축제, 참숭어축제

케이블카를 타고 단숨에 오르는 대둔산부터 계곡을 따라 올라가면 만나는 화암사, 싱그러운 초록이 가득한 수목원까지 둘러보다 보면 머릿속이 시원해진다. 완주에서 자연을 만나고 여유를 찾았다면 한옥마을 골목길에서는 시간여행자가 되어 잠시 길을 잃어도 좋다. 급하게 돌아보기보단 여유 있게 사색을 즐겨보자. 목적지에 빨리 도착해도 좋겠지만 느리게 걷고 찬찬히 바라보는 게 더 좋은 길이다.

전주 · 완주

여행테마	문화, 트레킹
좋은시기	3~4월
서울에서 이동시간	4시간 10분
가는 방법	통영대전중부고속도로 비룡분기점→추부IC에서 '진암, 금산' 방면→금산로를 따라가다 마전교차로에서 '장대리, 전주, 추부, 마전리' 방면→양청사거리에서 '전주, 진산, 대전' 방면으로 이동

전주 · 완주 Course

대둔산은 가을과 겨울, 화암사는 봄과 여름이 특히 더 좋은 트레킹 코스이니 계절에 따라 산행을 즐겨보자. 한옥마을은 즐기는 만큼 시간이 소요되니 여유롭게 둘러보자.

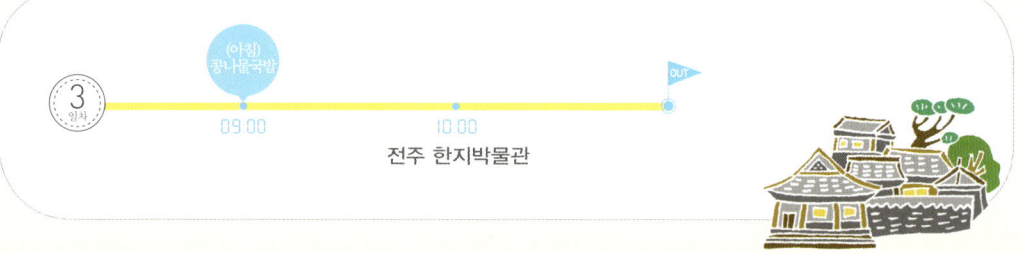

★ 꼭 들러야 하는 곳은 어디?
  화암사, 오스갤러리, 전주 한옥마을, 오목대, 막걸리골목, 전주 한지박물관
● 더 가볼 만한 곳은 어디?
  고산 자연휴양림, 위봉사, 덕진공원, 모악산
☆ 무엇을 먹어야 할까?
  막걸리, 비빔밥, 콩나물국밥, 한정식, 가게맥주

꼭 가야 할
볼거리
BEST9

케이블카를 타고 오른 뒤 조금만 걸으면 암벽 사이를 잇는 구름다리를 만날 수 있다.

화암사 극락전은 국내에서 유일한 하앙식 목조건물이다.

BEST 1 대둔산

충청남도 논산과 금산, 전라북도 완주의 경계에 걸쳐 있는 대둔산은 가을이면 울긋불긋 물드는 단풍과 기암절벽이 어우러져 환상적인 절경을 이룬다. 케이블카를 타지 않으면 오르는 데 3시간에서 5시간 정도 소요되지만 케이블카가 있어 산행은 어렵지 않다. 케이블카를 타고 7부 능선까지 올라 조금만 걸으면 까마득한 절벽을 잇는 구름다리가 나온다. 아찔하기도 한 구름다리와 암벽 등반을 하는 듯한 계단을 40여 분 걸어야 정상에 닿을 수 있다. 마천대에 오르면 세상이 한눈에 내려다보인다. 기가 막힌 절경을 보면 오르는 동안의 수고로움은 금세 잊혀진다.

TIP 대둔산 케이블카는 오전에 일찍 가지 않으면 한참 기다려야 한다. 매표를 먼저 해두고 식사를 하거나 식당에 부탁하면 케이블카를 예약해주기도 하니 문의해보자.

주소   전라북도 완주군 운주면 산북리 611-34
전화   063-263-6621
케이블카   운영 4~11월 09:00~18:00, 12~3월 09:00~17:00
         요금 왕복 성인 9,000원, 편도 성인 6,000원

BEST 2 화암사

불명산 계곡 중턱에 위치한 화암사에 가려면 주차장에 차를 두고 작은 계곡을 따라 올라가야 한다. 빨리 걸으면 15분이면 너끈하지만 아기자기한 계곡을 빠르게 지나치기엔 아쉽다. 가는 동안 작은 물길을 건너기도 하고 맑은 소리를 가진 폭포를 만나기도 하고 계곡 사이에 놓인 계단을 지나기도 한다. 계곡을 잇는 계단에는 화암사를 찾은 예술가들의 작품이 전시되어 있는데, 감상하며 걷다 보면 30분은 족히 걸린다. 사찰이라기보다 절집이라는 말이 더 어울리는 화암사 극락전은 보물 제633호로 국내에서 유일한 하앙식 목조건축물이니 챙겨보는 것도 잊지 말자.

TIP 화암사 오르는 길에는 작은 계곡이 이어지니, 여름에는 물에 젖어도 되는 트레킹화나 스포츠 샌들을 신고 발을 담그며 걷는 것도 좋다.

주소   전라북도 완주군 경천면 가천리 1078
전화   063-261-7576

BEST 3 대아수목원

옛날 화전민이 밭을 일구다 떠난 운암산 기슭에 1995년 5월 대아수목원이 자리 잡았다. 우리나라 최대의 금낭화 자생지로 알려지기도 한 대아수목원은 산책로와 온실, 대아저수지 일대를 바라볼 수 있는 전망대 등 볼거리가 가득하다.
봄기운이 무르익어 꽃이 한창일 무렵, 약 2만 평에 이르는 금낭화 자생지를 찾으면 활처럼 휘어진 줄기에 담홍색의 아름다운 꽃이 대롱거린다. 각 지역 천연기념물로 지정된 나무들의 종자를 심은 천연기념물 후계동산과 한겨울에도 바나나와 파인애플이 열리는 열대식물원도 대아수목원의 특별한 볼거리다. 수목원 일대를 바라볼 수 있는 2곳의 전망대 중 한 곳 정도는 들러 봐도 좋다.

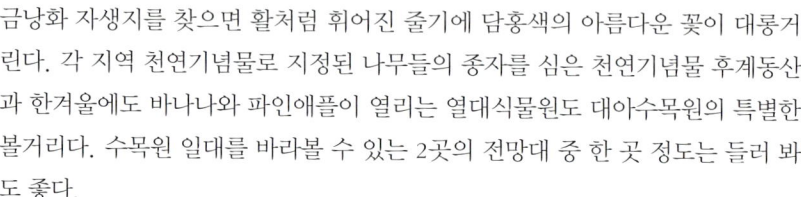

주소 전라북도 완주군 동상면 대아수목원로 94-34
전화 063-243-1951
운영 3~10월 09:00~18:00, 11~2월 09:00~17:00 (1월 1일, 설날, 추석날 휴무)
홈페이지 www.daeagarden.kr

BEST 4 오스갤러리

전주 시내에서 20분 정도를 달리면 나오는 작은 시골 마을을 가로질러 산길로 돌아들면 평화로운 호수가 바라다보이는 곳에 오스갤러리가 자리 잡고 있다. 갤러리와 카페를 겸하는 오스갤러리는 고전적 느낌과 현대적 감각이 자연스럽게 어우러진 건물이다. 처마 끝까지 기어 올라간 담쟁이넝쿨은 빨간 벽돌과 콘크리트 건물을 조화롭게 만든다. 여행 중 분위기 있는 곳에서의 휴식과 커피 한잔을 원한다면 들러 봐도 좋을 곳이다.

주소 전라북도 완주군 소양면 대흥리 396-1
전화 063-244-7116
운영 09:00~23:00
홈페이지 www.osart.co.kr

우리나라 최대의 금낭화 자생지인 대아수목원.

고전적 느낌과 현대적 감각이 잘 어울리는 그림 같은 카페이자 갤러리이다.

송광사

신라시대 도의선사가 창건한 사찰로 순천의 송광사와 한자까지 같다. 창건 당시 이름은 백련사로 그때는 일주문이 3km 밖에 있을 정도로 큰 사찰이었다고 한다. 임진왜란 때 많은 부분이 파괴되어 한때 폐찰이 되었다가 1622년부터 다시 세우기 시작해 14년 만인 1636년에 완공되었다.

봄이면 진입로 약 2km 구간에 벚꽃이 장관을 이루고 여름이면 연꽃이 뒤뜰 연못을 가득 메운다. 휴식, 순례길 걷기 등의 형태로 템플스테이도 운영하고 있으니 참가해 봐도 좋다.

주소   전라북도 완주군 소양면 대흥리 569-2
전화   063-243-8091

전주 한옥마을

전주 한옥마을은 전주시 완산구 교동과 풍남동 일대에 위치하고 있다. 1977년에 한옥마을보존지구로 지정된 뒤, 2010년 11월 세계에서 133번째, 국내 7번째로 국제슬로시티로 지정되었다. 한옥 8,000여 채가 밀집되어 있는 이 마을은 일제강점기 때 일제가 성곽을 헐고 성 안으로 들어오는 것에 반발해 자연스럽게 형성되었는데 당시의 모습을 고스란히 간직하고 있다.

낮은 처마를 따라 이어지는 한옥마을은 사방에 한눈팔기 좋은 것들이 널려 있어 빠르게 걸을 수가 없다. 적당히 전통적이면서 적당히 현대적인 거리에 예스러운 조형물들이 한데 뒤섞여 한옥마을 중심에 선 당산나무로 이어진다. 지금도 매년 음력 1월 15일이면 주민의 안녕과 평온을 기원하는 당산제가 열린다. 당산나무에 소원을 빌어보는 것도 색다른 재미이다. 옛 선비들이 모여 공부하던 곳인 양사재와 전주 향교, 전주 8경의 하나로 꼽히는 한벽루에서 보는 시원한 물줄기는 또 다른 감상 포인트다.

> **TIP** 전주 한옥마을 곳곳에 주차장이 있지만 낮은 돌담길 사이를 걸어서 여행하는 것을 추천한다.
> 풍남문 → 전동성당 → 경기전 → 공예품전시관 → 당산나무 → 양사재 → 전주향교 → 한벽루의 코스로 둘러보면 좋다.

주소 전라북도 전주시 완산구 풍남동3가 15-11
전화 063-281-2333

한옥마을을 꼼꼼히 둘러보려면 하루 종일 있어도 시간이 모자란다.

오목대

한옥마을 관광안내소에서 태조로를 따라 오른쪽으로 걸으면 한옥마을을 내려다볼 수 있는 오목대를 만난다. 오목대는 조선왕조를 개창한 태조 이성계가 황산대첩에서 왜구를 물리치고 이를 축하하기 위해 잔치를 베풀었던 곳이다. 잘 정비된 산책로 계단을 따라 10여 분, 오목대에 오르면 전주 한옥마을의 전망이 한눈에 내려다보인다. 까만 기와지붕이 가지런히 들어선 모습이 무척이나 정겹다. 신발을 벗고 오목대의 오래된 마루에 앉아 나른하게 휴식을 즐겨보자.

 ## 막걸리골목

전주는 먹거리가 풍부하기로 유명한 도시다. 더 이상 설명이 필요 없는 비빔밥과 개운한 콩나물국밥으로 유명한 전주의 또 다른 먹거리는 바로 막걸리다. 몇 년 전부터 생겨나기 시작한 막걸리집은 삼천동, 효자동, 경원동, 서신동, 평화동에 이어 인후동까지 합세해 무려 6개 골목, 200여 곳이 넘는다. 막걸리골목을 비교해 보는 것도 전주 시내 탐방의 묘미이다. 특히 경원동 막걸리골목은 전주의 대표 음식 중 하나인 콩나물국밥집 거리와 연결되어 있어 먹거리 여행으로 좋은 코스이다.

전주 한지박물관

한지역사관, 한지미래관, 기획전시실, 한지생활관, 한지재현관의 5개 전시실로 이루어진 전주 한지박물관은 전주페이퍼 전주공장 내에 위치하고 있다. 한지공예품은 물론 고문서, 고서적 등 한지 관련 다양한 유물을 소장하고 있으며 우리 한지의 우수성을 알릴 수 있는 다양한 주제의 특별전을 개최한다. 또한 일반인들이 직접 한지를 만들어볼 수 있는 기회를 제공한다. 박물관 관람은 물론 한지 만들기 체험(화~일요일)도 무료다.

주소 전라북도 전주시 덕진구 팔복동 2가 180
전화 063-210-8103
운영 09:00~17:00(매주 월요일, 1월 1일, 설 연휴, 추석 연휴 휴무)
홈페이지 www.hanjimuseum.co.kr

쇄목기

종이뜨기(手抄紙)

여행 정보 / Travel info

 알아두면 좋아요!

전주에 전통문화와 함께 자연 생태를 찾아 거닐 수 있는 한옥마을 둘레길인 '숨길'이 조성됐다. 한옥마을 공예품전시관에서 출발해 당산나무, 오목대, 전주향교, 전주천 수변생태공원 등 전주의 관광명소를 모두 걸어서 여행할 수 있다.

숨길 코스(총 길이 7.1km / 약 3시간 소요)
공예품전시관→당산나무→오목대→양사재→전주향교→한벽루→전주천 수변생태공원→치명자산 성지 입구→88올림픽 기념 숲→전주천→서방바위→각시바위→자연생태박물관→한옥마을 명품관

 무얼 먹을까?

왱이콩나물국밥 콩나물국밥
전라북도 전주시 완산구 경원동 2가 12-1,
063-287-6980

삼백집 콩나물국밥
전라북도 전주시 완산구 고사동 454-1,
063-284-2227
* 하루 300그릇만 판다. 전화 확인 필수.

고궁 비빔밥
전라북도 전주시 덕진구 덕진동 2가 168-9,
063-251-3211

옛촌막걸리 막걸리
전라북도 전주시 완산구 서신동 843-16,
063-272-9992

두여인생막걸리 막걸리
전라북도 전주시 완산구 삼천동 1가 621-12,

063-221-0271

용진집 막걸리
전라북도 전주시 완산구 삼성동 1가 627-9,
063-224-8164

전일수퍼 황태구이, 계란말이
전라북도 전주시 완산구 경원동 3가 13-12,
063-284-0793

 **어디서 묵을까?**

전주 한옥마을은 전통 한옥에서 숙박이 가능하다. 전국에 수많은 고택 숙박시설이 있지만 규모나 시설 면에서 한옥마을이 으뜸이다.

한옥생활체험관
전라북도 전주시 완산구 어진길 29번지,
063-287-6300, www.jjhanok.com

동락원
전라북도 전주시 완산구 풍남동 3가 44번지,
063-287-2040, www.jkhanok.co.kr

한성호텔
전라북도 전주시 완산구 고사동 199,
063-228-0014, www.hotelhansung.kr

 **축제도 함께 즐겨요!**

2월   만경강 달빛축제
4월   모악산 진달래축제
5월   전주 한지문화축제
10월 전주 비빔밥축제
10월 완주 와일드푸드축제

서천·군산

서해안을 따라 내려오다 보면 태안반도와 변산반도 사이에 서천과 군산이 있다. 우리나라 4대강 중 하나인 금강이 충청남도와 충청북도를 에두르며 흐르다가 서해 바다에 이르는 곳이 바로 금강 하구둑이 있는 곳이다. 다른 서해의 여행지에 비해 상대적으로 덜 알려졌지만 자세히 들여다보면 이만한 여행지가 없다.

여행테마	**산책, 바다**
좋은시기	**3~4월, 9월**
서울에서 이동시간	**2시간50분**
가는 방법	서해안고속도로 둔대분기점→춘장대IC에서 '서천, 비인' 방면→충서로 지나 성내사거리에서 '서면, 춘장대' 방면→서인로를 따라 가다 '서천화력(동백정), 동백나무숲' 방면 이동

서천·군산 Course

금강변에 펼쳐진 갈대밭은 여름에 가도 좋지만 2월에서 4월 사이에는 모두 베어져 없으니 확인하고 가자. 어느 계절에 여행하더라도 먹거리가 풍부하니 별미를 맛보자.

- ★ 꼭 들러야 하는 곳은 어디?
  마량리 동백나무숲(동백정), 신성리 갈대밭, 선유도, 경암동(항동) 철길마을
- • 더 가볼 만한 곳은 어디?
  홍원항, 월하성어촌체험마을, 군산 근대역사박물관, 옛 군산세관, 비응항
- ☆ 무엇을 먹어야 할까?
  꽃게장, 쌈밥, 주꾸미, 활어회, 짬뽕

꼭 가야 할 볼거리 BEST6

수령 500년 이상의 동백나무 85그루가 작은 언덕을 뒤덮고 있다.

한산 모시의 전통을 느낄 수 있는 한산모시관에 들러보자.

마량리 동백나무숲(동백정)

500년 수령의 동백나무 85그루가 해안이 내려다보이는 작은 언덕을 뒤덮고 있다. 언덕 위 동백정에서 바라보는 일몰은 서천에서도 최고로 손꼽힌다. 동백나무는 보통 10m 높이까지 자라는데 마량리의 동백나무는 키가 작다. 해안가 언덕에 군락을 이룬 채 수백 년간 해풍을 맞으며 자라다 보니 가지가 옆으로 굽으며 사방으로 퍼진 형상을 하고 있다. 그 덕에 서천의 마량리 동백나무숲은 천연기념물 제169호로 지정될 만큼 독특한 풍광으로 유명하다. 약 300년 전 마량첨사가 바다 위에 꽃다발이 떠 있는 꿈을 꾸고 바다에 나갔다가 발견한 꽃을 건져다 심었는데 그것이 바로 이 숲이 되었다는 전설이 있다.

주소 충청남도 서천군 서면 마량리 313-4
전화 041-952-7999
운영 09:00~18:00
요금 성인 1,000원, 어린이 300원

한산모시관

여름철 최고의 옷감인 모시, 그중에서도 최고로 손꼽히는 한산 모시의 고장이 바로 서천 한산면이다. 서천이라는 지명보다 한산이라는 이름이 더 알려졌을 만큼 모시로 유명한 곳으로, 한산 모시의 전통과 우수성을 알리기 위해 한산모시관을 지어 관람객들을 맞이한다.

한산 모시 전수관에서는 모시의 유래에서부터 모시를 만드는 방법까지 알 수 있고, 다양한 모시 제품을 볼 수 있다. 뿐만 아니라 모시전수관 한쪽에는 직접 모시 짜기를 체험해볼 수 있는 체험관도 있고 무형문화재로 지정된 장인들이 공방에서 작업하는 모습을 볼 수도 있다. 작업에 방해가 되지만 않는다면 가까이 다가가 볼 수 있으며, 잠시 쉴 때를 이용해 궁금한 것들을 물어볼 수도 있다.

주소 충청남도 서천군 한산면 지현리 60-1
전화 041-951-4100
운영 10:00~18:00(동절기 17:00)
요금 성인 1,000원, 어린이 300원
홈페이지 www.hansanmosi.kr

신성리 갈대밭

신성리 갈대밭은 금강 하류의 퇴적물이 쌓인 곳에 자연적으로 생겼으며 금강 하구둑으로 조성된 담수호가 있어 철새들이 많이 찾는다. 지금은 물길이 막혔지만 금강 하구둑이 생기기 전에는 바닷물이 금강 줄기를 따라 신성리까지 역류했다. 이 일대는 30여 년 전만 해도 무역선과 고깃배들이 드나들던 물길이었지만 이제는 마을마다 있던 크고 작은 나루터는 흔적조차 희미하다.

갈대밭 사이로는 산책로가 놓여 있다. 서천군이 갈대밭을 관광지로 개발하기 위해 만든 산책로에는 시를 새긴 나무판이 여기저기 세워져 있다. 또 수로를 건널 수 있도록 나무다리를 놓는 등 갈대밭 구석구석까지 다닐 수 있게 꾸며놓았다. 키가 3~4m 정도 되는 갈대 숲길은 사람이 들어가면 잘 보이지 않을 정도다. 영화 〈공동경비구역 JSA〉의 촬영지로 알려지기 시작하면서 드라마와 영화 촬영이 꾸준히 이어지고 있다. 갈대가 무르익는 가을에는 평온함과 애잔한 가을의 정취를, 겨울에는 호젓함을 느낄 수 있다.

주소 충청남도 서천군 한산면 신성리

금강 하구둑 (철새도래지)

1990년 금강 하구둑이 완성되자 갈대숲을 찾아 겨울 철새들이 오기 시작하면서 국내 최대의 철새 도래지가 되었다. 겨울이면 가창오리, 청둥오리, 혹부리오리, 기러기, 검은머리물떼새 등 각종 희귀 철새 수만 마리가 날아와 장관을 이룬다. 특히 가창오리의 군무는 매우 뛰어난 볼거리를 제공해 철새 탐조객이 많이 찾는다. 서산천수만, 주남저수지와 함께 우리나라 3대 철새 도래지로 알려져 있으며, 철새의 모습을 가장 가까운 거리에서 관찰할 수 있다. 근처에는 철새조망대가 있어 금강 일대의 철새를 자세히 관찰할 수 있다. 11층 높이의 철새조망대는 국내 최대 규모의 철새 관찰시설로 겨울철 자연학습의 명소로 알려져 있다. 360도 회전하는 전망대에서 탐망경으로 고니, 물떼새, 말똥가리, 오리, 개리 등 세계적으로 희귀한 철새들을 관찰할 수 있다.

겨울 철새들의 방문과 함께 시작되는 군산 철새관광페스티벌은 군산을 대표하는 축제로 관광객들에게 특별한 추억을 선사한다.

주소   전라북도 군산시 성산면 성덕리 411-1
전화   041-950-4579

경암동(항동) 철길마을

전북 군산시 경암동 12통. 아슬아슬하게 마주 보고 선 판잣집 사이를 기찻길이 시냇물 흘러가듯 지나간다. 일제 강점기 시절, 일본인들이 바다를 매립해 방직 공장을 지었는데 해방 후 땅주인이 따로 없어 갈 곳 없는 가난한 사람들이 자연스럽게 모여들기 시작했다.

기찻길은 군산시 조촌동에 소재한 신문용지 제조업체 '페이퍼코리아'의 생산품과 원료를 실어 나르기 위해 1944년에 만들어졌다. 총 연장 2.5km의 페이퍼코리아선은 공장과 군산역을 잇는다. 이 가운데 철길마을 사이를 통과하는 구간은 경암 사거리에서 원스톱 주유소에 이르는 약 1.1km다. 그러나 2008년 6월을 마지막으로 열차 운행이 중단되면서 아쉽게도 지금은 기차가 다니는 모습을 볼 수 없다.

현재 많은 이들이 이곳을 떠나 빈집이 눈에 띄기는 하지만 여전히 철길마을에는 소박한 사람들의 삶이 이어지고 있다.

주소   전라북도 군산시 경암동

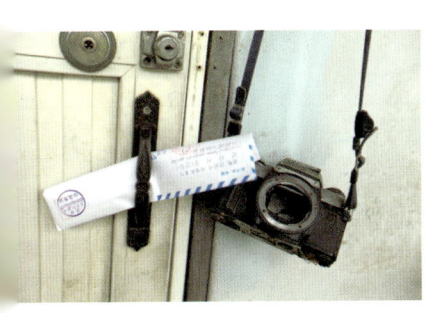

선유도

새만금방조제 앞바다의 63개 섬들이 몰려 있는 고군산군도의 대표적인 섬이다. '신선이 노니는 섬'이란 뜻처럼 풍경이 아름답다. 선유도는 원래 섬 하나의 이름이지만 보통은 고군산군도를 대표하는 이름으로 쓰이며 선유도와 다리로 연결된 무녀도, 장자도, 대장도를 통틀어 부르는 이름이기도 하다.

선유도에 도착하면 가장 먼저 반겨주는 건 골프장에서 볼 수 있는 전동카트다. 자동차가 다닐 수 없는 섬의 특성상 메인 교통수단은 전동카트와 자전거. 섬 이곳저곳과 숙박시설에서 대여해주는 곳이 많으니 이용하자.

선유도 최고의 볼거리는 밀물 때 폭 100m, 길이 800m의 모래밭으로 가늘게 이어지는 명사십리해수욕장과 망주봉이 어우러진 모습이다. 명사십리해수욕장에서 바라보는 일몰도 놓치지 말자. 춤추는 무녀를 닮았다고 이름 붙인 무녀도와 장자도까지 자전거 여행을 할 수 있으니 즐겨보자.

전화 군산여객터미널 063-472-2712
운항 군산→선유도 08:00~15:00, 선유도→군산 09:50~17:00(1시간20분 소요)
요금 왕복 성인 25,800원, 어린이 12,500원
홈페이지 www.sunyudo.com

여행정보 / Travel info

 **알아두면 좋아요!**

서천은 한산 소국주의 고향이다. 한산모시관 인근에 판매장이 있으니 들러보자.

군산에서 선유도에 들어가려면 비응도나 야미도, 신시도 또는 군산여객터미널로 가야 한다. 비응도나 야미도, 신시도에서는 오고가는 배가 같다. 여객선터미널에서는 오고가는 배가 달라 시간 선택이 가능하다.

 무얼 먹을까?

복성루 짬뽕
전라북도 군산시 미원동 332, 063-445-8412, 일요일 휴무

금강식당 꽃게장백반
전라북도 군산시 경암동 644-6, 063-443-5760, www.kkcrab.com

옹고집 쌈밥 쌈밥
전라북도 군산시 나포면 서포리 449, 063-453-8883

서산회관 주꾸미볶음
충청남도 서천군 서면 마량리 311, 041-951-7677

할매온정집 아귀찜
충청남도 서천군 장항읍 창선 2리 572, 041-956-4860

혜민네회센타 활어 · 주꾸미
충청남도 서천군 서면 도둔리, 041-952-2373

덕수궁해물칼국수 해물칼국수
충청남도 서천군 마서면 도삼리 73-15, 041-956-7066

 **어디서 묵을까?**

유로빌리지 36
전라북도 군산시 옥구읍 오곡리 440-2, 063-471-1112, www.gunsanvill.co.kr

애플트리호텔
전라북도 군산시 오식도동 899, 063-734-1234, www.appletreehotels.com

산호텔
충청남도 서천군 종천면 화산리 308-25, 041-952-8012, www.sanhotel.net

바닷가펜션
충청남도 서천군 서면 도둔리 1251-1, 041-952-0737

휴모텔
충청남도 서천군 서면 도둔리 480-26, 041-952-0077, www.huemotel.com

 축제도 함께 즐겨요!

3월 말~4월   동백꽃주꾸미축제
5월   군산 꽁당보리축제
6월   한산 모시문화제
5월 말~6월 초   서천 광어 · 도미축제
9월   홍원항 자연산 전어 · 꽃게축제
11월   군산 세계철새축제
12월 31일~1월 1일   마량포구 해넘이 · 해맞이 축제

산, 들, 바다가 어우러진 외변산의 아름다움을 만끽하기에 이보다 좋을 수는 없다. 드라이브를 해도 도보로 걸어도 좋은 여행이다. 이 길을 지나다 보면 멋진 풍경에 차도 사람도 가다 서다를 반복하기 일쑤다. 여행객들은 아름다운 풍광을 사진 속에 다 담을 수 없어 아쉬워한다. 수억 년 동안 겹겹이 쌓인 세월이 엿보이는 채석강의 아름다움은 일몰 때 더욱 빛을 발한다.

부안·고창

여행테마	**산책, 바다**
좋은시기	**4~5월**
서울에서 이동시간	**3시간40분**
가는 방법	서해안고속도로 동서천분기점→부령로→백련교차로에서 '격포, 변산, 새만금방조제' 방면→변산로를 따라 이동하다 운산교차로에서 '변산반도국립공원, 고사포해변' 방면으로 이동

부안 · 고창 Course

변산 해안도로를 달리다 보면 풍경에 반해 길가에 정차한 차들을 자주 볼 수 있다. 부안의 여행지들은 대부분 인근이다. 채석강, 격포항 근처에 숙박을 잡으면 편리하다.

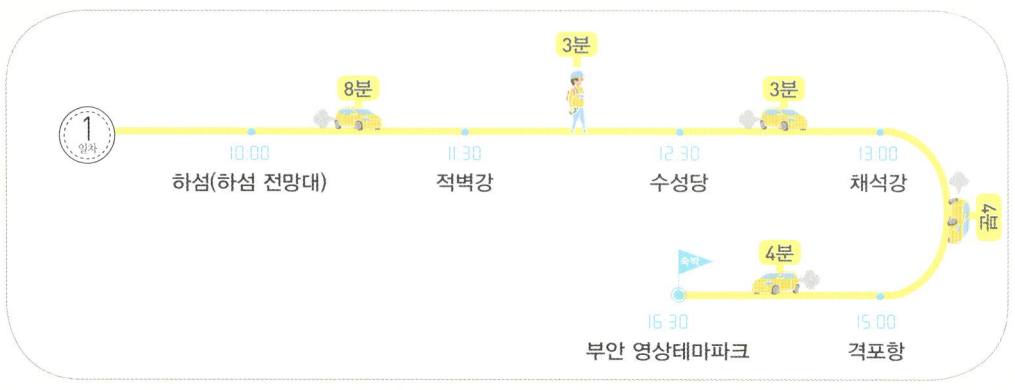

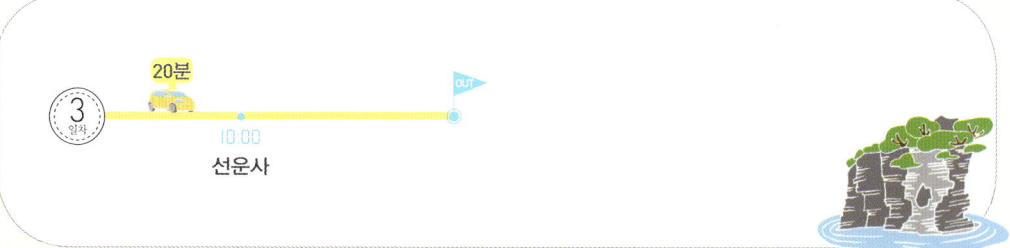

- ★ 꼭 들러야 하는 곳은 어디?
  하섬(하섬 전망대), 채석강, 격포항, 내소사, 고창읍성, 선운사
- ● 더 가볼 만한 곳은 어디?
  문수사, 학원관광농장, 미당시문학관, 직소폭포, 죽막마을, 구시포해수욕장
- ☆ 무엇을 먹어야 할까?
  젓갈정식, 해물칼국수, 백합죽, 바지락칼국수, 꽃게장, 갈치조림백반

꼭 가야 할
볼거리
BEST11

BEST 1 하섬·하섬전망대

새우(하蝦) 모양을 한 작은 섬으로 바다에 떠 있는 연꽃 같다 하여 연꽃 하遐자를 쓰기도 한다. 변산반도국립공원에 속하며 변산면의 고사포해수욕장에서 약 2km, 성천포구에서 약 1km 떨어진 지점에 있다. 하섬은 음력 1일과 15일을 전후하여 간조 때가 되면 2~3일 동안 너비 약 20m, 길이 2km로 바다가 갈라지는 현상이 나타난다. 물이 빠지면 모래와 개펄이 적당히 섞여 굴, 조개, 낙지 등을 잡는 갯벌체험을 즐기기에 좋다.

주소　전라북도 부안군 변산면 운산리

BEST 2 적벽강

채석강의 끝인 죽막竹幕마을을 경계로 북쪽이 적벽강이고, 남쪽이 격포해수욕장을 포함한 채석강이다. 후박나무 군락(천연기념물 제123호)이 있는 연안으로부터 용두산을 돌아 절벽과 암반으로 펼쳐지는 해안선 약 2km를 적벽강이라 하는데, 이는 중국의 적벽강만큼 경치가 아름답다고 해서 붙여진 이름이다. 후박나무 군락을 따라 이어지는 바위 조각들은 하나하나 특별한 이름을 가지는 듯 그 모습이 기묘하다. 적벽강은 붉은 노을이 바위를 더욱 진한 붉은 빛으로 물들일 때 가장 아름답다. 영화 〈관상〉의 촬영지이기도 하다.

주소　전라북도 부안군 변산면

BEST 3 수성당

적벽강의 절벽 위로는 서해 바다의 수호신인 개양할미의 사당, 수성당이 자리한다. 전설에 의하면, 수성당에서 칠산七山 바다를 수호하는 수성할머니라는 해신海神을 받들어 모셨는데 이 여신은 키가 매우 커서 서해 바다를 걸어 다니며 깊은 곳은 메우고 위험한 곳은 표시를 하여 어부들을 보호하고 풍랑을 다스려 고기가 잘 잡히게 해준다고 한다. 또 수성할머니는 딸 여덟을 낳아 각 도에 딸을 한 명씩 시집보내고 막내딸만 데리고 살면서 서해의 수심을 재어 어부들의 생명을 보호해 준다고 한다. 그래서 수성당을 구낭사九娘祠라고도 한다. 1960년대 초까지 수성할머니의 영정이 있었는데, 외부인의 출입이 많아지면서 없어져버렸다. 수성당 주변은 성스러운 곳으로 내부 관람을 제한하고 있어 아쉽다.

주소　전라북도 부안군 변산면 격포리 산35-17

BEST 4 채석강

수려한 자연 환경 덕에 반도 전체가 국립공원으로 지정된 변산반도의 서쪽 해안 끝에 채석강이 있다. 채석강이라는 이름은 중국 당나라 때의 시인 이태백이 술을 마시며 배를 타다가 강물에 뜬 달을 잡으려다 빠져 죽었다는 채석강과 비슷하다 해서 지어진 이름이다.

수만 겹으로 이뤄진 절벽에는 해안 침식으로 인한 낙석 위험 때문에 사람의 접근을 막는 난간이 설치되어 있다. 절벽을 따라 선캄브리아대의 화강암과 편마암 위에 중생대 백악기의 퇴적암이 쌓여 있다. 절벽은 마치 책들을 켜켜이 쌓아올린 거대한 책장처럼 보이고, 절벽 위 소나무들이 운치를 더한다.

격포항 방면으로 자리한 해식 동굴 안쪽으로 들어서면 바다와 기암, 하늘이 어우러져 마치 자연이 만들어 낸 예술품 같다. 해질 무렵 채석강 일대는 붉게 물들어 넋을 잃게 하는 장관을 연출한다. 채석강 탐방은 물때를 확인하고 찾아야 멋진 경관을 더욱 자세히 즐길 수 있다.

TIP 보트를 타고 채석강을 바다에서 정면으로 바라볼 수 있는 체험프로그램이 있으니 이용해봐도 좋다.

주소　전라북도 부안군 변산면 격포리 301-1
전화　격포분소 063-583-2064

성스러운 수성당

보트 체험!

격포항
BEST 5

격포리 해안가는 채석강과 적벽강처럼 유명 관광지 못지않은 명소이다. 격포항이 있는 격포마을은 '아름다운 어촌 100선'에 선정되기도 했다. 주변의 위도, 고군산군도, 홍도 등 서해안 도서와 연계된 해상교통의 중심지다. 청정해역에는 수산물이 풍부한데 특히 봄에는 주꾸미, 가을엔 전어가 유명하다. 주꾸미, 갑오징어, 꽃게, 우럭, 백합, 바지락 등이 많이 잡히고 횟집과 음식점들도 많이 들어서 있다.

격포는 특히 주꾸미와 바지락, 백합 등 조개류가 맛이 좋다. 자연산 바지락을 시원하게 우려낸 바지락칼국수와 바지락죽, 그리고 쫄깃한 왕백합이 입속 가득 씹히는 백합죽은 일대 식당 어디에서든 맛볼 수 있다.

부안의 또 하나의 볼거리, 위도로 향하는 여객선이 격포항에서 출발한다.

주소   전라북도 부안군 변산면 격포리
전화   격포항 여객선터미널 063-581-0023

 ## 부안 영상테마파크

부안군 변산면 격포리에 위치한 영상테마파크는 민속촌과 촬영세트장 개념을 접목한 테마공원이다. 화려한 화면 속 모습을 기대하고 세트장을 찾은 관람객들은 촬영을 위한 필요 부분만을 강조해 만든 촬영세트를 보고 화면과 다른 모습에 실망하는 경우가 많다. 하지만 부안 영상테마파크에 들어서면 그 규모와 시설의 웅장함에 놀라게 된다. 철저한 고증을 거쳐 경복궁과 창덕궁의 주요 전각들이 복원된 왕궁 시설을 중심으로 양반가와 서원, 일반 백성의 가옥과 장터, 성터 등 다양한 건축물들이 성곽으로 둘러싸인 넓은 터를 따라 자리하고 있어 마치 타임머신을 타고 시간 여행을 떠나온 듯하다.

영화 〈왕의 남자〉, 〈음란서생〉과 드라마 〈불멸의 이순신〉, 〈이산〉의 촬영지이기도 한 이곳은 상설무대와 전시관, 문화체험장과 음식체험장 등 관람을 위한 일반 편의시설들이 알차게 준비되어 있다. 다양한 체험도 가능한데 국궁, 승마 체험과 영화 속 주인공이 되어보는 궁중의상 체험 등을 할 수도 있다. 드라마 〈해를 품은 달〉의 주인공인 김수현의 의상도 입어볼 수 있다.

주소   전라북도 부안군 변산면 격포리 375
전화   063-583-0975
운영   09:00~18:00(주말 18:30)
요금   성인 4,000원, 청소년 3,500원, 어린이 3,000원
홈페이지   www.buanpark.com

내소사

내소사 입구 주차장에 차를 세우고 작은 다리를 건너면 매표소가 나온다. 초입부터 키가 30~40m쯤 될 듯한 나무들의 향연이 펼쳐진다. '아름다운 숲'과 '한국의 아름다운 길'에 선정된 내소사 전나무 숲길이다. 약 500m의 전나무 숲길은 어느 누가 걷기에도 어려움이 없다. 전나무 숲길에서는 나이테 안내판을 비롯해 숲을 설명해주는 해설판을 곳곳에서 만날 수 있다. 나무 밑에는 의자가 있어 언제든 쉬어갈 수 있다. 왼쪽 계곡엔 물이 흐르고 이따금 길을 가로지르는 다람쥐가 여유롭게 사람들을 관찰한다. 길지 않은 길이지만 마치 거대한 트레킹 코스의 축소판처럼 모든 것을 갖췄다. 길의 끝에는 드라마〈대장금〉촬영 장소였던 작은 연못도 있다. 전나무, 왕벚나무, 단풍나무가 어우러져 피톤치드가 샘솟는 느낌이다. 울창한 전나무 숲은 햇볕이 내리쬐는 한여름에도 가을처럼 서늘하다.

〈나의 문화유산 답사기〉의 저자 유홍준 교수는 한국의 5대 사찰 중 하나로 내소사를 꼽았다. 산과 건물의 조화로움이 매력으로 꼽혔다. 쇠못을 쓰지 않고 나무를 깎아 끼워 맞춰 지었다는 보물 제291호 대웅전은 화려하지는 않지만 수수하고 그윽한 매력을 뽐낸다. 정면 여덟 짝의 꽃무늬 문살은 나무를 깎아 만드는 조각의 아름다움을 그대로 보여준다. 마치 손으로 빚은 듯 잎사귀까지 표현한 문살의 나무 조각은 세월의 흔적과 함께 수수한 멋을 자랑하고 있다.

주소   전라북도 부안군 진서면 석포리 268
전화   063-582-3082
홈페이지   www.naesosa.org

유홍준 교수가 꼽은 한국의 5대 사찰 내소사.

BEST 8 곰소염전

곰소염전은 일제 말기 연동마을에서 호도(범섬)와 웅연도, 작도를 연결하는 제방을 축조하면서 형성되었다고 한다. 곰소는 오염되지 않은 청정지역으로 이곳 곰소의 소금 생산 면적은 전국 소금 생산 면적의 1%에 불과하지만 미네랄이 풍부하고 짠맛보다 단맛이 강해 고급품으로 대접받는다.

천일염과 더불어 젓갈도 유명한 특산품이다. 부산물을 섞지 않고 자연 발효와 오랜 숙성을 거쳐 탄생하는 젓갈은 곰소염전의 천일염으로 만들어져 감칠맛이 더하다. 소설가 김훈은 〈자전거 여행〉에서 '짠맛은 바다의 것이고, 향기는 햇볕의 것이다. 바람 한 점 없는 여름날, 뜨거운 폭양 아래서 짜고 향기롭고 굵은 소금이 익는다. 가장 고통스런 날에 가장 영롱한 결정체들이 염전 바닥에 깔린다.'고 표현하기도 했다. 곰소 천일염의 생산 시기는 3~10월 말이며, 여름엔 소금을 채취하는 모습을 매일 볼 수 있다.

> **TIP** 내비게이션으로 검색하면 못 찾는 경우가 많다. 곰소항에서 정읍 방면으로 1km 정도 가다 보면 왼쪽에 있다.

주소 전라북도 부안군 진서면 곰소리 788

BEST 9 고창읍성

전라북도 고창군 고창읍 읍내리에 있는 조선 전기의 읍성으로 왜적의 침입을 막기 위해 쌓은 석성이다. 현재 고창읍을 두르고 서 있는데 길이는 1,700m, 높이는 4~6m이다. 임진왜란을 겪으면서 성곽을 제외한 성 안 시설들이 불타고 무너졌는데 지금은 동헌, 객사 등 옛 건물들이 어느 정도 복원된 상태다.

고창읍성에는 '머리에 돌을 이고 성을 한 바퀴 돌면 다리병이 낫고, 두 바퀴 돌면 무병장수하고, 세 바퀴 돌면 극락에 간다.'는 이야기가 전해온다. 1,700m에 이르는 길을 따라 오르락내리락 하다 보면 자연히 건강해지고 그래서 극락에 간다고 하지 않았을까 하는 생각이 든다. 지금도 음력 9월 9일을 전후해서 고창모양성제와 답성놀이를 한다. 성내에는 1871년에 세운 대원군 척화비가 있고 읍성 앞에는 조선 후기 판소리의 대가인 신재효의 생가가 있다.

성 위로 난 흙길을 따라 걸으며 잠시 쉬어가기도 하고 위로 오르며 시원하게 보이는 고창읍을 바라보고 심호흡도 해보자.

주소　전라북도 고창군 고창읍 중앙로 245
전화　063-560-8067
운영　매표 09:00~18:00, 읍성 내 출입 04:00~20:00
요금　성인 1,000원, 청소년 600원, 어린이 400원
홈페이지　culture.gochang.go.kr/site_eupsung

고인돌박물관

전북 고창은 세계적으로 유명한 고인돌 산지로 2000년 12월 유네스코가 지정한 세계문화유산이다. 고인돌박물관은 강화와 화순의 고인돌 유적과 함께 고창 지석묘군(사적 제391호)을 보존·관리하고, 관광자원으로 활용하기 위해 조성한 공원이다. 고창의 고인돌은 매산 기슭을 따라 곳곳에 놓여 있으며 500여 기에 이른다. 고인돌 사이로 만들어진 길을 따라 하나하나 살피면서 관람을 해보자. 그 크기와 모양이 제각각이다.

2008년 9월 25일 개관한 고인돌박물관은 고창의 고인돌과 선사문화에 관한 이해를 돕는다. 전 세계 고인돌의 70% 이상이 한반도에 모여 있어 고인돌은 우리나라가 가진 세계적인 유산이라 할 수 있다. 특히 고창의 고인돌 무리는 학술적으로 의미 있는 곳이니 한 번쯤 답사를 해볼 만하다. 박물관 야외에는 청동기시대의 생활상을 살펴볼 수 있도록 움집·가축우리 등과 목교·해자 등으로 꾸민 선사마을 재현공간과 고인돌 상석 끌기 등의 체험을 할 수 있는 체험실습장, 야외무대, 묘제변천전시장 등이 있다.

고인돌

주소　전라북도 고창군 고창읍 도산리 676 (고인돌공원갈길 74)
전화　063-560-2576~8
운영　09:00~18:00 (동절기 17:00)
요금　성인 3,000원, 청소년 2,000원, 어린이 1,000원
홈페이지　www.gcdolmen.go.kr

선운사

선운사는 신라 진흥왕이 창건했다는 설과 백제 위덕왕 24년에 고승 검단선사가 창건했다는 두 가지 설이 전해진다. 하지만 이곳은 당시 신라와 세력 다툼이 치열했던 백제의 영토였기 때문에 신라의 왕이 이곳에 사찰을 창건하였을 가능성은 희박해 검단선사 창건설이 정설로 받아들여진다.

본래 선운사의 자리는 용이 살던 큰 못이었는데 검단 스님이 용을 몰아내고 돌을 던져 연못을 메웠다고 한다. 그 무렵, 마을에 눈병이 돌았는데 못에 숯을 한 가마씩 갖다 부으면 눈병이 씻은 듯이 낫곤 하여, 마을 사람들이 너도나도 숯과 돌을 가져옴으로써 못이 금방 메워졌다고 한다. 이 자리에 검단 스님이 절을 세우고 '오묘한 지혜의 경계인 구름雲에 머무르면서 갈고 닦아 선정禪의 경지

를 얻는다' 하여 절 이름을 선운禪雲이라 지었다고 한다.

선운사 절경의 절정은 가을 단풍이다. 붉은 꽃무릇이 진 도솔천 골짜기를 알록달록하게 물들이는 단풍에 탄성이 절로 나온다. 수면에 내려앉은 단풍은 곱다는 말로는 다 표현할 수 없다. 눈 내리는 한겨울에는 선운사 뒤의 동백꽃이 붉은 꽃송이를 피워내니 놓치지 말자.

주소 　전라북도 고창군 아산면 선운사로 250
전화 　063-561-1422
운영 　05:00~20:00
요금 　성인 3,000원, 청소년 2,000원, 어린이 1,000원
홈페이지 　www.seonunsa.org

수면에 내려앉은 단풍은 곱다는 말로는 다 표현할 수 없다.

여행 정보
Travel info

 알아두면 좋아요!

변산 마실길이 인기다. 모두 4구간, 8코스(총 길이 66km)로 되어 있는데 연속해서 이어지는 해안의 절경이 가히 일품이다.

선운사 여행을 마치고 나왔다면 서정주 시인의 생가와 시문학관과 벽화마을로 유명한 돋음볕 벽화마을도 들러보자. 선운사에서 차로 10분 정도면 갈 수 있다.

 무얼 먹을까?

곰소쉼터 젓갈정식
전라북도 부안군 진서면 진서리 1219-19.
063-584-8007

원조해물칼국수 해물칼국수 · 백합죽
전라북도 부안군 진서면 곰소리 581,
063-582-0114

칠산 꽃게장 전문점 꽃게장
전라북도 부안군 진서면 진서리 1232,
063-581-3470

황토마을 갈치조림백반
전라북도 고창군 고창읍 읍내리 38-4,
063-664-9979

 **어디서 묵을까?**

해나루가족호텔
전라북도 부안군 변산면 도청리 203-6,
063-580-0700

변산 대명리조트
전라북도 부안군 변산면 격포리 257,
063-584-7788

채석 리조텔 오크빌
전라북도 부안군 변산면 격포로 196,
063-583-8046

변산 바람꽃펜션
전라북도 부안군 진서면 운호리 343,
063-584-2885

학원농장 황토집민박
전라북도 고창군 공음면 학원농장길 158-6,
019-531-0845, 학원농장 내

히든모텔
전라북도 고창군 고창읍 동리로 240,
063-562-1006

힐링카운티
전라북도 고창군 고창읍 석정리 744-20,
063-560-7300

 축제도 함께 즐겨요!

1월   덕산 온천축제
4월   고창 청보리밭축제
5월   부안 마실축제
7월   부안 님의뽕축제
9월   선운문화제, 메밀꽃잔치
10월 고창 모양성제
10월 말~11월 고창 국화축제
11월 미당문화제 및 질마재문화축제

남녘의 봄이 무르익는 계절이 되면 혹독한 추위를 견뎌낸 차나무들은 싱그러움을 머금고 대나무는 더 시원스러워진다. 초록 찻잎은 짙어지고 대나무 마디마디에서 봄기운이 전해진다. 그야말로 '힐링'이 되는 여행이다. 온통 초록인 차밭과 대나무 숲에서 사랑하는 사람과 함께 2박 3일을 보내보자.

보성·담양

여행테마	문화, 산책
좋은시기	4~5월
서울에서 이동시간	4시간 40분
가는 방법	순천완주고속도로 완주분기점→동순천IC에서 '여수, 광양항' 방면→무평로→신대교차로 '여수, 목포' 방면→남해고속도로 해룡교차로 이후 고흥IC교차로에서 '벌교' 방면으로 이동

보성·담양 Course

대부분 걷기 좋은 코스이지만 차밭, 대나무 숲을 누비고 다니자면 많이 걸으니 편한 신발을 준비하자. 율포의 해수탕과 녹차온천에서 여행의 피로를 푸는 것도 좋다.

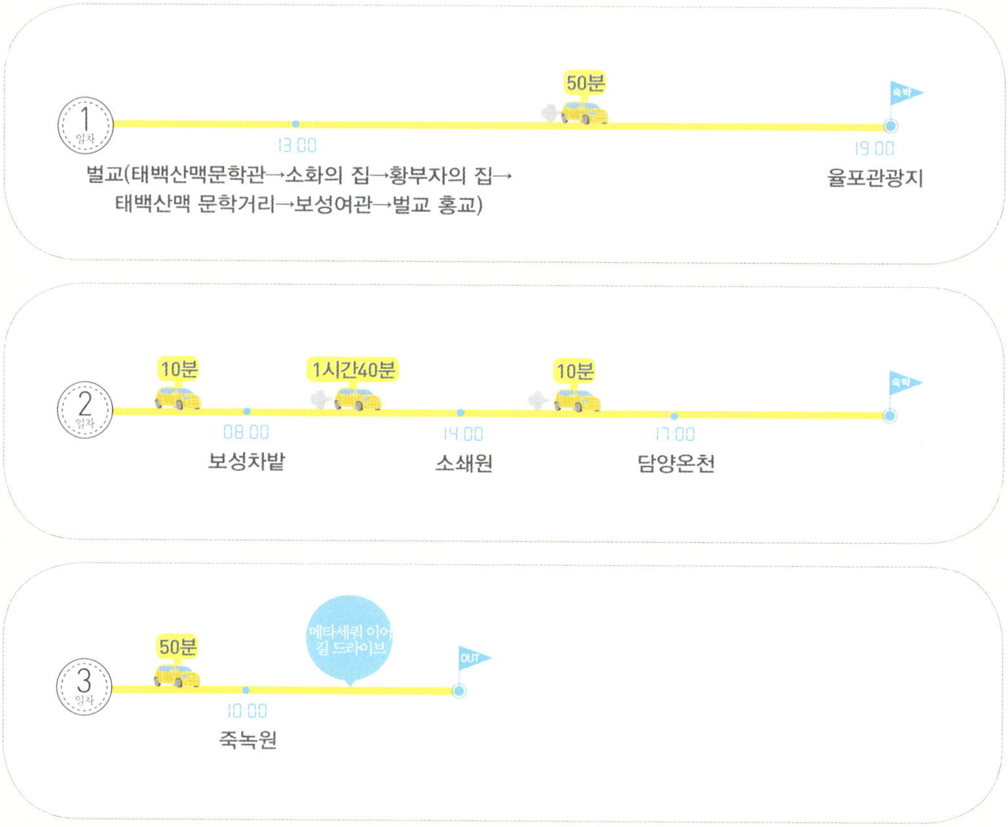

1일차
- 13:00 벌교(태백산맥문학관→소화의 집→황부자의 집→태백산맥 문학거리→보성여관→벌교 홍교)
- 50분
- 19:00 율포관광지

2일차
- 08:00 보성차밭
- 10분
- 14:00 소쇄원
- 1시간 40분
- 17:00 담양온천
- 10분

3일차
- 10:00 죽녹원
- 50분
- 메타세쿼이아 길 드라이브

★ 꼭 들러야 하는 곳은 어디?
보성차밭, 소쇄원, 담양온천, 죽녹원

● 더 가볼 만한 곳은 어디?
대나무골 테마공원, 명옥헌, 삼지내마을, 보성 강골마을(한옥마을)

☆ 무엇을 먹어야 할까?
꼬막정식, 짱뚱어탕, 죽통밥, 떡갈비, 녹차, 녹차한우

꼭 가야 할 볼거리 BEST6

토벌대 숙소였던 보성여관.

태백산맥문학관을 출발지로 삼고 벌교를 둘러보자.

BEST 1 벌교

소설 〈태백산맥〉의 무대인 벌교를 찾았다면 태백산맥문학관을 출발지로 삼는 것이 좋다. 태백산맥문학관 외벽에는 소설가 조정래의 필체로 '문학은 인간의 인간다운 삶을 위하여 인간에게 기여해야 한다'는 글귀가 적혀 있다.

〈태백산맥〉은 소화의 집으로 숨어든 빨치산 정하섭과 소화의 애틋한 사랑으로 시작한다. 문학관 앞에는 무당의 딸로 나오는 소화의 집과 그 집을 마련해준 현 부자의 집이 있다. 벌교읍을 바라보는 중도 방죽 쪽으로 가면 잘 정비된 산책로가 있고 벌교우체국에서 벌교읍사무소 사이 750m 길에는 보성 벌교 문학거리가 조성되어 있다. 벌교초등학교 정문 옆에는 토벌대 숙소였던 보성여관(남도여관)이 있다. 사실 태백산맥 문학거리가 조성된 곳은 일제 강점기의 번화가였다고 한다. 특별하게 관람할 건 없지만 골목골목이 마치 세트장 같은 느낌이라 산책하듯 걷기 좋다. 제법 널찍한 골목길을 따라 쭉 걷다 보면 여기저기서 쉽게 태백산맥의 흔적을 찾을 수 있다.

사람들이 벌교를 찾는 또 하나의 이유는 바로 꼬막이다. 벌교 앞 여자만 갯벌이 길러낸 꼬막은 맛이 깊고도 차다. 전국 꼬막 생산량의 60%를 차지하는 벌교에는 꼬막 전문 식당이 즐비하니 빼놓지 말고 들러보자.

꼬막 제철은 11~3월

보성여관
주소   전라남도 보성군 벌교읍 태백산맥길 19
운영   09:00~17:00

태백산맥문학관
주소   전라남도 보성군 벌교읍 회정리 357-2
전화   061-858-2992
운영   09:00~17:00(하절기 18:00, 매주 월요일 휴관)
요금   성인 2,000원, 어린이 1,000원

율포관광지(해수녹차탕)

율포관광지 안에는 전국에서 유일한 해수 풀장과 해수녹차온천탕이 마련되어 있다. 3,000평 규모인 인공 해수 풀장은 조수 간만의 차로 아무 때나 해수욕을 즐기지 못하는 단점을 보완하기 위해 지하 120m에서 끌어올린 암반 해수로 만들었다. 해수녹차온천탕은 지하 해수에 보성지역에서 생산되는 녹차잎을 우려낸 녹수탕에서 목욕을 즐길 수 있는 곳이다.

녹차는 콜레스테롤을 저하시키는 기능을 하고 폴리페놀 성분이 있어 구취 제거 및 구강 보호에 도움을 주며 모발을 부드럽게 하는 효과가 있다. 해수는 인체의 호르몬 분비를 촉진시켜 위장병, 부인병과 함께 피부염을 방지하고 인체 내 노폐물 분비를 촉진시킨다. 또한 피로회복을 돕고 땀의 분비량을 촉진시켜 다이어트에 좋은 것으로 알려져 있다. 해수녹차온천탕에서 녹차의 또 다른 맛을 몸으로 즐겨보자.

주소   전라남도 보성군 회천면 우암길 24(동율리 678)
전화   061-853-4566, 061-850-5566
운영   06:00~20:00(연중 무휴)
요금   성인 6,000원, 어린이 4,000원

© 보성군청

보성차밭

보성군은 전국 차 생산량의 40%를 차지하는 지역으로 〈동국여지승람〉, 〈세종실록지리지〉 등 여러 문헌에 차의 자생지로 기록되어 있을 만큼 차의 본고장으로 불린다. 보성다원은 보성군의 차나무 재배단지를 통틀어 일컫는 말이다. 그중 가장 규모가 큰 곳은 대한다원이다. 보성군 일대에 인공 차밭이 들어서기 시작한 것은 1939년부터다. 1960년대에는 현재보다 훨씬 넓은 차밭이 조성되었지만 국내 차 산업이 부진하면서 재배 면적이 줄어들었다.

보성읍에서 율포해수욕장 방면으로 18번 국도를 따라가면 봇재가 나오고, 봇재 아래로 굽이굽이 짙은 녹색이 끝없이 펼쳐진다. 정원수처럼 잘 다듬어진 차나무들이 산비탈의 구부러진 골짜기를 따라 빼곡히 늘어선 모습은 가히 장관이다. 1985년부터 해마다 5월에 차문화 행사인 다향제茶香祭를 열어 다신제, 찻잎 따기, 차 만들기, 차 아가씨 선발대회 등의 행사를 개최한다. 또 1999년부터 매년 겨울에는 '보성차밭 빛의 축제'도 펼쳐진다.

> **TIP** 대한다원 초입에서 녹차아이스크림을 판매한다. 시중에서 맛볼 수 없는 진짜 녹차아이스크림이니 꼭 먹어보자.

주소 전라남도 보성군 보성읍 봉산리 1287-1 대한다원
전화 061-852-4540
운영 09:00~19:00(동절기 18:00, 퇴장 20:00)
요금 성인 4,000원, 청소년 3,000원
홈페이지 www.dhdawon.com

소쇄원

소쇄원은 1530년경에 양산보梁山甫가 지은 주거기능을 갖춘 별서로서 한국 최고의 별서別墅 원림이다. 별서란 선비들이 자연에서 은거생활을 하기 위해 지은 집을 말한다.

입구에 들어서면 대숲이 시원하게 우거져 있으며, 소쇄원을 가로지르는 작은 계곡을 지나 안으로 들어가면 제월당, 광풍각 등의 건물이 있다. 계곡 옆 정자인 광풍각은 '침계문방'이라 하여 머리맡에서 계곡의 물소리를 들을 수 있는 선비의 방이라 이름 붙인 곳으로 소쇄원 48영 중에서 제2영에 해당한다. 소쇄원에서 가장 높은 곳에 있어 주변 풍광을 한눈에 내려다볼 수 있는 제월당은 '비 갠 뒤 하늘의 맑은 달'이라는 뜻으로 양산보가 조용히 독서를 즐기던 곳이다.

소쇄원은 조선 중엽 1520년대 후반에 만들어진 정원으로 자연과 어우러진 우리 정원의 아름다움을 잘 보여주는 곳이다. 급하게 외관만 보지 말고 천천히 감상해야 제대로 즐길 수 있다.

주소　전라남도 담양군 남면 지곡리 123
전화　061-382-1071, 매표소 061-381-0115
운영　09:00~19:00
요금　성인 2,000원, 청소년 1,000원, 어린이 700원
홈페이지　www.soswaewon.co.kr

담양온천

담양온천은 담양호의 시원한 경관이 어우러진 넓은 대지 위에 자리 잡고 있다. 온천탕은 담양 지역의 특색에 맞게 녹차탕, 침탕, 폭포탕 등이 있고, 무엇보다 대나무 숯을 만들 때 생성되는 죽초액을 첨가한 죽초액탕은 대나무의 고장 담양에서만 즐길 수 있다.

담양온천의 특이점은 일주일 단위로 남녀 온천탕의 자리를 서로 바꾼다는 점인데 음양의 조화를 위해서라고 한다. 가족 단위의 여행이라면 작은 휴게실과 온천탕을 단독으로 사용하는 가족탕 시설을 이용해 보자. 죽초액과 솔잎, 녹차 등 다양한 원액 중 하나를 선택하여 첨가하는 이벤트탕을 즐길 수 있다.

여행 중 피로를 씻어내기 위한 잠깐의 목욕만 원한다면 담양온천리조트의 온천 시설만 이용하거나 담양시내의 대중탕 시설인 대나무건강랜드를 이용하면 된다.

주소 　전라남도 담양군 금성면 원율리 399
전화 　061-380-5111
운영 　07:00~20:00(입장 19:00)
요금 　성인 8,000원, 어린이 6,000원
홈페이지 　www.damyangresort.com

죽녹원

2003년 5월 개원한 죽녹원은 대나무의 천국이다. 죽림욕을 즐길 수 있는 총 2.2km의 산책로는 운수대통길, 죽마고우길, 선비의 길 등 8가지 주제로 구성되어 있다. 단정하게 정돈된 탐방로를 걸어가면 깔끔한 정원을 산책하는 기분이 든다. 댓잎이 바람에 이는 소리를 들으며 청량감이 느껴지는 향기를 따라 걷는 발걸음이 가볍다.

매표소를 지나 운수대통길을 따라 죽녹원 전망대로 산책로가 이어지는데, 전망대에서는 담양천을 비롯하여 수령 200년이 넘은 고목들로 조성된 담양 관방제림과 담양의 명물로 잘 알려진 메타세쿼이아 가로수길 등이 한눈에 내려다보인다. 생태전시관, 인공폭포, 생태연못, 야외공연장이 있으며 밤에도 산책할 수 있도록 대숲에 조명이 설치되어 있다.

TIP 담양시내 중앙에 있어 관방제림, 메타세쿼이아 가로수길까지 도보 이동이 가능해 함께 둘러보기 좋다.

주소　전라남도 담양군 향교리 282
전화　061-380-2680
운영　09:00~19:00
요금　성인 3,000원, 청소년 1,500원, 어린이 1,000원
홈페이지　www.juknokwon.go.kr

댓잎이 바람에 이는 소리를 들으며 청량한 향기를 따라 걷는 발걸음이 가볍다.

여행정보 / Travel info

 알아두면 좋아요!

담양은 드라이브를 즐기기에 그만이다. 담양에서 순창으로 넘어가는 24번 국도가 바로 메타세쿼이아 길이다. 8.5km에 이르는 길을 느긋하게 달리면 영화 속 주인공이 된 기분이다.

담양에는 대나무를 테마로 한 공원이 많다. 어느 곳을 찾아도 나쁘지 않으니 동선에 따라 움직이는 것이 좋다.

보성군에서는 보성역에서 시작해 골망태다원→한국차박물관→대한다원→봇재식당→율포 솔밭해변의 코스로 녹차밭 시티투어를 운영한다.

    운영   09:00~14:30, 15:00~19:55
    전화   061-852-1966
    예약   보성군 홈페이지 tour.boseong.go.kr

 무얼 먹을까?

국일식당   꼬막정식
전라남도 보성군 벌교읍 벌교리 641,
061-857-0588

제일회관   꼬막정식
전라남도 보성군 벌교읍 벌교리 625-53,
061-857-1672

역전식당   짱뚱어탕
전라남도 보성군 벌교읍 벌교리 625,
061-857-2073

삼정회관   죽순나물비빔밥
전라남도 담양군 담양읍 지침리 113-1,
061-383-4900

수려재   떡갈비
전라남도 담양군 남면 학선리 88, 061-382-1203

 **어디서 묵을까?**

담양 온천리조트
전라남도 담양군 금성면 원율리 399,
061-380-5000, www.damyangresort.com

담양 그린파크모텔
전라남도 담양군 담양읍 96-1, 061-383-5858,
www.dygreenpark.co.kr

담양 골든리버모텔
전라남도 담양군 담양읍 백동리 352-7,
061-383-8960, www.goldenriver.kr

보성유스호스텔
전라남도 보성군 보성읍 옥평리 70,
061-853-0102, www.bsyh2868.com

보성관광모텔
전라남도 보성군 보성읍 현충로 6, 061-853-7474

 축제도 함께 즐겨요!

5월   담양 대나무축제
5월   보성 다향제
9월   담양 메타세쿼이아 가로수축제
10월   서편제 보성 소리축제
11월   벌교 꼬막축제
12월   보성차밭 빛의 축제

110여 년의 역사를 오롯이 담고 있는 목포의 골목길을 걷고 구수한 가락을 따라 진도를 여행한다. 붉은 홍주의 그윽함, 푸른 바다의 깊음, 해풍의 오묘함이 어우러진 예술과 낭만이 흐르는 여행이다. 바다가 우는 것 같다는 울돌목의 파도 소리와 아름다운 세방낙조의 일몰은 여행자의 마음을 뒤흔든다.

목포 · 진도

여행테마	**역사**
좋은시기	**3~4월**
서울에서 이동시간	**4시간30분**
가는 방법	서해안고속도로 동서천분기점→감진고가교 진입 후 고하대로를 따라 이동→'목포해양대학교, 유달산' 방면→죽교길, 유달로를 따라 이동

목포 · 진도 Course

역사와 문화를 체험할 수 있는 여행이다. 진도는 진돗개보호구역으로 반려동물(개)과 함께하는 여행은 불가능하다. 갓바위에서 자연사박물관까지는 도보로 여행해도 좋은 거리이다. 운림산방과 쌍계사도 지척이다.

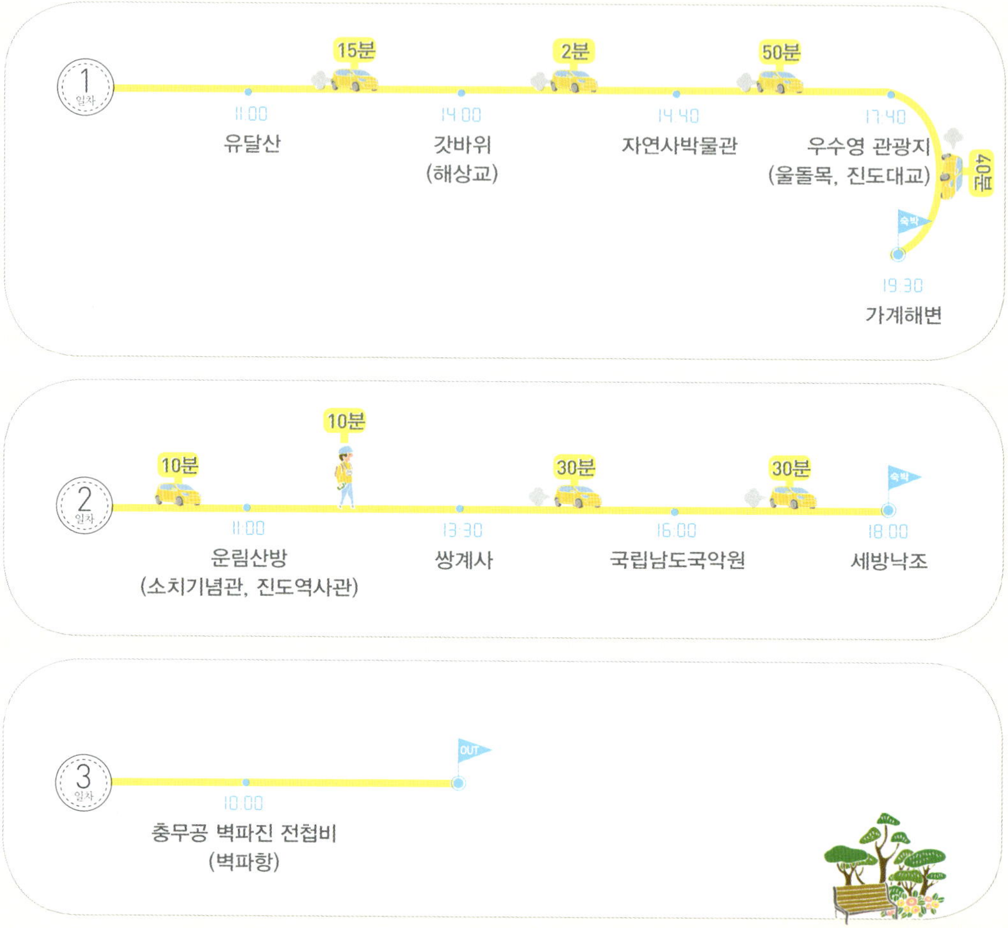

1일차
- 11:00 유달산 — 15분 →
- 14:00 갓바위(해상교) — 2분 →
- 14:40 자연사박물관 — 50분 →
- 17:40 우수영 관광지(울돌목, 진도대교) — 40분 →
- 19:30 가계해변

2일차
- 11:00 운림산방(소치기념관, 진도역사관) — 10분 →
- (10분) — 13:30 쌍계사 — 30분 →
- 16:00 국립남도국악원 — 30분 →
- 18:00 세방낙조

3일차
- 10:00 충무공 벽파진 전첩비(벽파항) — OUT

★ **꼭 들러야 하는 곳은 어디?**
유달산, 갓바위, 진도대교(울돌목), 세방낙조, 운림산방, 충무공 벽파진 전첩비(벽파항)

● **더 가볼 만한 곳은 어디?**
목포 종합수산시장, 소전미술관, 남진미술관, 용장산성, 금골산

☆ **무엇을 먹어야 할까?**
민어회, 낙지탕탕이, 낙지호롱이, 갈치, 꽃게, 홍탁, 간재미찜, 복탕, 진도 홍주

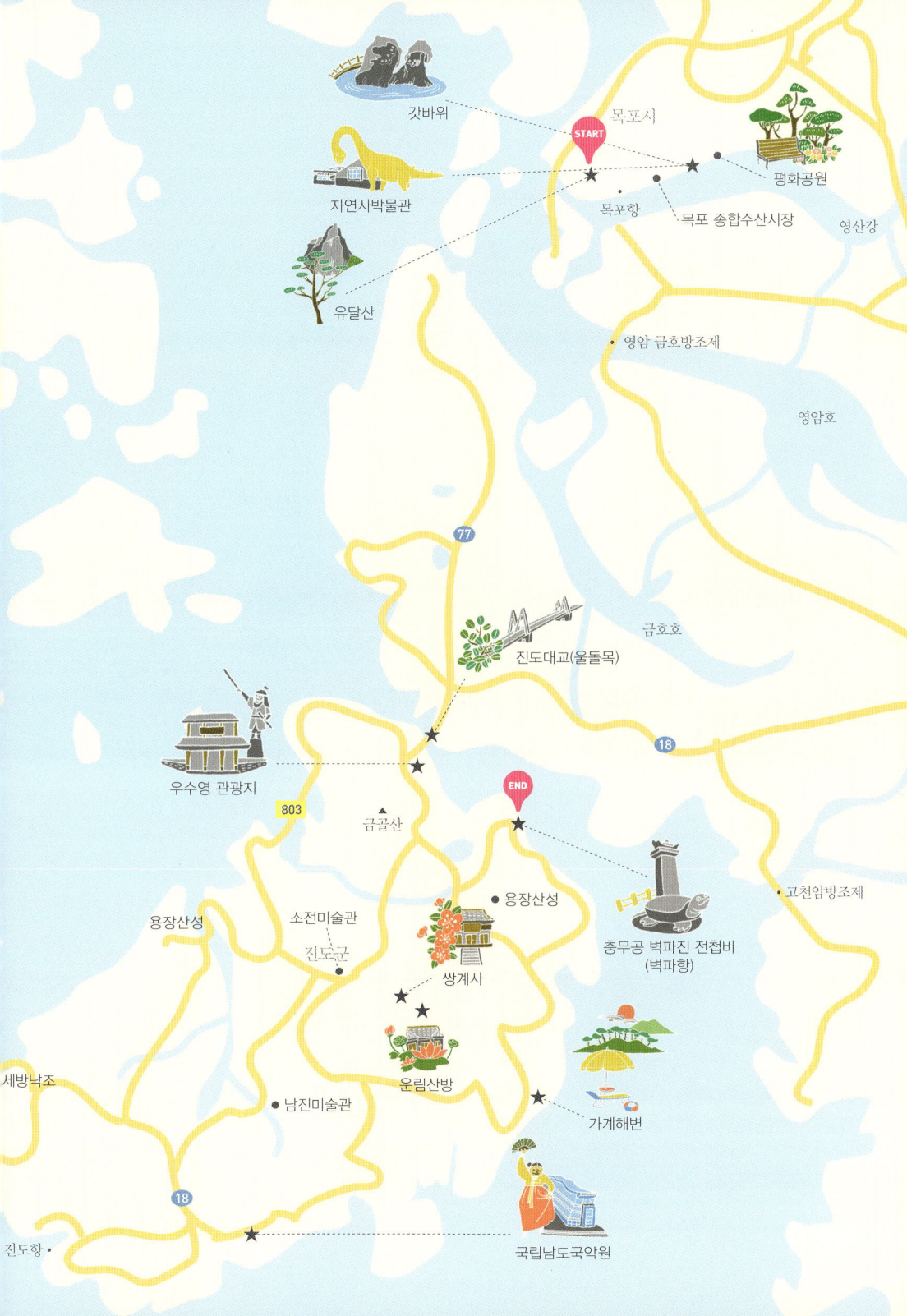

유달산에서는 목포 시내를 한눈에 내려다볼 수 있다.

갓을 쓰고 있는 사람처럼 보이는 갓바위.

유달산

목포를 방문했다면 꼭 한 번 들러야 할 곳이다. 유달산으로 오르는 길은 여러 갈래가 있지만 노적봉에서 시작하는 것이 가장 일반적이다. 노적봉은 임진왜란 때 이순신 장군이 돌 위로 거적을 쌓아 군량미처럼 보이게 해 왜군들의 사기를 꺾었던 곳이다. 노적봉 맞은편으로 난 길을 따라 오르면 일제시대 때 정오에 포를 쏘아 시간을 알리던 오포대와 이난영이 노래한 '목포의 눈물' 노래비가 나온다. 노래비에서 흘러나오는 노랫가락을 들으며 잠시 더 오르면 목포 시내를 시원하게 내려다볼 수 있는 유선각이 나온다. 유선각에서 마지막으로 쉬었다 다시 오르면 유달산의 정상인 일등바위다. 해발 228m로 길이 잘 정돈되어 한 시간 반 정도면 여유 있게 다녀올 수 있다.

주소   전라남도 목포시 죽교동 산27-1
운영   09:00~18:00

갓바위

천연기념물 제500호로 지정된 목포 갓바위는 파도, 해류의 침식작용으로 빚어진 자연 조각품으로 두 개의 바위가 갓을 쓰고 있는 사람처럼 보인다고 해서 갓바위라는 이름을 얻었다고 한다.

아주 먼 옛날에 병든 아버지를 모시고 소금을 팔며 살아가는 젊은이가 있었다. 아버지 치료비를 마련하기 위해 부잣집에서 머슴살이를 했으나 주인이 품삯을 주지 않아 한 달 만에 돌아와 보니 아버지는 이미 차갑게 식어 있었다. 젊은이는 한 달 동안 아버지를 모시지 못한 어리석음을 한탄하며 아버지를 양지바른 곳에 모시려다 그만 실수로 바다에 관을 빠뜨리고 만다. 젊은이는 불효자는 하늘을 바라볼 수 없다며 큰 갓을 쓰고 그 자리를 지키다가 숨을 거두었는데, 그 후에 이곳에 두 개의 바위가 솟아올라 사람들이 큰 바위는 '아버지 바위', 작은 바위는 '아들 바위'라고 불렀다는 전설이 있다.

바위를 제대로 보기 위해 예전에는 배를 타고 바다로 나가야 했지만 현재는 총 길이 298m에 달하는 갓바위 보행교를 걸어가면 감상할 수 있다.

주소   전라남도 목포시 용해동 갓바위 문화타운

자연사박물관

2004년 9월 정식 개관한 목포 자연사박물관은 목포 최대 관광명소인 갓바위근린공원 안에 자리해 있다. 46억 년 지구의 자연사와 지역문화예술사가 함께 어우러져 자연의 생태와 인간의 문화예술을 동시에 느낄 수 있도록 조성되었다. 목포 자연사박물관은 지하 1층, 지상 2층 규모로 자연사관과 문예역사관으로 나누어져 있다. 자연사관은 지질관, 육상생명관, 지역생태관 등으로 구성되어 있고 문예역사관은 수석전시길, 운림산방 4대 작품실, 문예역사실, 화폐진시실 등으로 구성되어 있다. 상설 전시 이외에도 다양한 기획전과 특별전이 열린다.

TIP ▶ 자연사박물관 티켓으로 생활도자박물관과 문예역사관까지 관람이 가능하다.

주소　전라남도 목포시 남농로 135(용해동 9-28)
전화　061-274-3655
운영　09:00~18:00(주말·공휴일 19:00, 매주 월요일 휴관)
요금　성인 3,000원, 청소년 2,000원, 어린이 1,000원
홈페이지　museum.mokpo.go.kr

우수영관광지(울돌목)와 진도대교

해남과 진도 사이에 끼여 있는 좁은 바다로 명량대첩이 있었던 곳이다. 폭이 짧은 곳은 300m 정도로 매우 좁다. 밀물 때면 남해의 바닷물이 서해로 빠지기 위해 이곳을 한꺼번에 통과하면서 초속 5.5m 이상으로 흐른다. 이 빠른 조류를 이용하여 임진왜란 때 이순신 장군이 왜적을 크게 물리쳤다. 암초가 물길에 부딪혀 나는 소리가 마치 바다가 우는 것 같다고 하여 '울돌목'이라고도 불린다. 해협 위로는 해남과 진도를 연결하는 진도대교가 가설되어 있고 진도대교 양쪽 끝으로 공원이 있어 울돌목을 가까이에서 볼 수 있다.

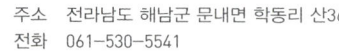

주소　전라남도 해남군 문내면 학동리 산36
전화　061-530-5541

BEST 5 가계해변

신비의 바닷길이 열리는 회동관광지 내에 위치한 가계해수욕장은 전국 해수욕장 중 물 좋은 곳으로 손꼽힌다. 교통이 편리하고 3만여 평의 넓은 주차장과 샤워장, 음수대, 화장실 등 편의시설이 잘 갖추어져 있어 여름이면 자가용을 이용한 피서객이 많이 찾는다. 또한 몽골텐트가 설치되어 있어 임대도 가능하며, 인근 해역에서는 바다낚시를 즐길 수 있다. 진도 신비의바닷길축제뿐 아니라 여름이면 진도 평화제, 진도 해변가요제 등이 열린다. 부근에 진도 해양생태관과 진도 청소년수련장도 있어 휴양과 관광을 즐기고자 하는 여행객들이 이용하기에 좋다.

> **TIP** 고군면 회동리와 의신면의 띠섬(모도) 사이 2.8km 정도의 바닷길은 해마다 음력 2~3월 보름쯤 한 차례씩 열린다. 조수 간만의 차로 서서히 바다를 가르며 폭 30~40m의 길이 드러나는데 약 1시간 동안 열렸다가 닫힌다.

뽕할머니 사당

주소 전라남도 진도군 고군면 금계리 153-3

운림산방

'진도에 가면 세 가지 자랑을 하지 마라.'는 말이 있다. 첫째가 글씨, 둘째가 그림, 셋째가 노랫가락이다. 그중 첫 번째, 두 번째는 전통 남화의 대가 소치 허련이 거처하던 운림산방에서 비롯된다. '소치'라는 아호는 스승인 추사 김정희가 하사했는데 이는 중국의 대화가인 대치 황공망과 비교한 것으로, 추사는 소치를 두고 '압록강 동쪽에서는 소치를 따를 자가 없다.'고 극찬했다. 시서화詩書畵로 당대를 휘어잡은 소치였지만, 스승 추사가 세상을 떠나자 모든 것을 버리고 고향으로 돌아와 이곳에서 여생을 보냈다.

세월을 담은 노송들이 정원을 지키고 서 있는 운림산방은 허련이 심었다는 연못 한가운데 배롱나무의 꽃이 피는 계절에 더욱 아름답다. 연못은 영화 〈스캔들 조선남녀상열지사〉의 배경이 되기도 했다.

주소   전라남도 진도군 의신면 운림산방로 315
전화   061-540-3540
요금   성인 2,000원, 청소년 1,000원, 어린이 800원

쌍계사

진도군 의신면 첨찰산 기슭에 있는 사찰이다. 절 양쪽으로 계곡이 흘러 쌍계사라 불린다. 857년에 창건된 절 옆으로 천연기념물 제107호인 쌍계사 천연상록수림이 사시사철 푸른 모습을 유지하고 있어 소박하면서도 고풍스러운 분위기를 풍긴다.

운림산방과 쌍계사를 포근히 감싸는 첨찰산(485m)은 등산 코스로도 인기다. 특히 5~6월 초까지 쌍계사 계곡을 중심으로 구실잣밤나무 꽃이 만발하면 온 산이 금색 물결로 출렁이고 햇빛을 볼 수 없을 정도로 숲 터널을 이룬다. 정상은 아는 사람들만 아는 일출 포인트. 쌍계사에서 출발해 도보로 1시간 걸린다.

주소　전라남도 진도군 의신면 운림산방로 299-30(사천리 76)
전화　061-542-1165
홈페이지　www.jdssanggyesa.com

국립남도국악원

 국악 전문 연수와 공연을 통한 국악 보급 활동에 앞장서는 국립 남도국악원은 2004년 개원했다. 600석의 국악 전용 대극장과 1,200석의 야외공연장, 160여 명의 인원을 동시에 수용할 수 있는 숙박시설도 갖추고 있다. 주말에는 가족 단위로 국악 공연 관람과 민속놀이 배우기, 국악 배우기 등을 통해 남도의 전통문화를 체험할 수 있고 진도군 민속 여행과 주변 유적지 탐방 등을 연계하는 주말 문화체험 프로그램에도 참여할 수 있다.

주소   전라남도 진도군 임회면 상만리 산373
전화   061-540-4031
홈페이지   www.namdo.go.kr

세방낙조

중앙기상대가 선정한 '한반도 최남단 제일의 낙조 전망지'로 선정된 세방낙조는 진도에서 빼놓지 말아야 할 볼거리 중 하나다. 지산면 가치리에서 세방리로 이르는 다도해의 푸른 바다가 순식간에 붉은색으로 물들어가는 풍경은 장관이다. 바다에 점점이 떠 있는 양덕도(발가락섬), 주지도(손가락섬), 장도, 소장도, 당구도, 혈도 등 징검다리 같은 섬과 섬 사이로 빨려 들어가는 해가 다섯 가지 색깔로 하늘을 물들여 '오색 낙조'로도 불린다.

대부분의 사람들이 낙조를 보기 위해 '세방낙조전망대'라 불리는 곳을 찾아가지만 굳이 전망대를 찾아갈 필요 없이 세방 해안일주도로인 801번 지방도로(지산면 가치리, 가학리)에서도 감상할 수 있다. 세방낙조는 대기가 맑아지는 9월부터 12월 말까지가 가장 아름답다.

주소　전라남도 진도군 지산면 가학리 415

충무공 벽파진 전첩비(벽파항)

 진도군 고군면 벽파리의 벽파나루는 진도대교가 개통되기 전까지 진도에서 가장 번창했던 나루였다. 지금은 예전 모습을 찾을 수 없지만 벽파나루는 삼별초 정부가 여몽연합군과 협상을 벌이던 장소로, 이곳에 상륙하여 용장산성을 함락하고 진도 정벌을 하게 된다. 정유재란 때 이순신이 해남의 어란포 해전에서 승리한 후 벽파나루 진을 전라우수영으로 옮기고 왜군들을 유인하여 전쟁의 판도를 뒤엎어 두 번째로 승리한다.

충무공 벽파진 전첩비는 충무공 이순신의 명량대첩 승리를 기념하기 위해 세운 비석이다. 가로 14m, 세로 18m, 높이 11m로 동양 최대 높이를 자랑한다.

주소 전라남도 진도군 고군면 벽파리 산 682-4

여행 정보
Travel info

 알아두면 좋아요!

목포 시티투어 버스는 오전 9시 목포역에서 시작한다. 매일(매주 월요일 휴무) 오전 9시~오후 3시까지 패키지형으로 운행된다. 인터넷과 전화를 통해 예약 가능하다.

　홈페이지　citytour.mokpo.go.kr
　예약　초원여행사　061-245-3088 (09:00~18:00)
　요금　성인 5,000원, 청소년 2,000원

목포에서 밤을 보내게 된다면 평화광장 주변에서 숙박하는 것이 좋다. 평화광장 앞바다에서 평일은 저녁 1회, 주말은 2회씩 춤추는 바다 분수 공연이 펼쳐진다.

 무얼 먹을까?

해촌　바지락회무침
전라남도 목포시 상동 1159-12, 061-283-7011
영란횟집　민어
전라남도 목포시 만호동 1-5, 061-243-7311
초록바다횟집　민어회 · 계절회
전라남도 목포시 상동 145-8, 061-285-3370
한양포차　낙지탕탕이 · 계절회
전라남도 목포시 상동 1132-17, 061-282-8000
제진관　간재미찜
전라남도 진도군 진도읍 성내리 43-7,
064-544-2419
굴포식당　복탕
전라남도 진도군 임회면 백동리 68,
061-543-3380
옥천횟집　한정식
전라남도 진도군 진도읍 성내리 43-5,
061-543-5664

 **어디서 묵을까?**

가족관광호텔
전라남도 목포시 대안동 12-1, 061-247-8877,
www.tophotel.kr
500th모텔
전라남도 목포시 옥암동 1092-4번지,
061-285-0505, 500thmotel.co.kr
샤르망호텔
전라남도 목포시 신흥로 59번길 5, 061-285-3300
로즈모텔
전라남도 진도읍 동외리 313-2, 061-544-7181
운림예술촌
전라남도 진도군 의신면 사천리 501번지,
061-543-5889, www.jindoullim.com
* 한옥 숙소로 식사와 공연 체험은 1인 기준 2만원, 숙박까지 함께하면 4만원이다.

 축제도 함께 즐겨요!

1월　목포 선상해맞이
2~3월　진도 바닷길축제
4월　목포 유달산꽃축제
5월　목포 생활도자전
8월　목포 해양문화축제
10월　진도 명량대첩축제

해남·보길도

남도로 가는 길은 고향을 찾아가듯 마음이 따스하다. 그윽하고 싱그러운 바람에 까닭 모를 넉넉한 감정이 솟구친다. 해남은 '땅끝'이라는 상징성만으로도 여행의 이유가 된다. 땅 끝에서 바라보는 바다는 사뭇 다른 느낌이다. 우리나라 그 어느 곳에서 마주한 바다보다 짙고 푸르고 드넓다.

여행테마	문화, 트레킹
좋은시기	3~4월
서울에서 이동시간	4시간10분
가는 방법	남해고속도로 서영암IC 이후 영풍교차로에서 '월출산, 성전' 방면→신제교차로 '독천, 월출산' 방면 지나 월산교차로 '진도, 완도, 해남' 방면→공룡대로 따라 이동하다 평동교차로에서 '해남, 고산유적지, 대흥사' 방면→고산로를 따라 이동

장시간 운전이 부담스럽다면 대중교통을 적절히 활용하자. 땅끝마을은 모노레일을 타고 올라가 땅끝탑까지 갔다가 걸어내려오는 편이 덜 힘들다. 모노레일 티켓은 편도로 구매하자.

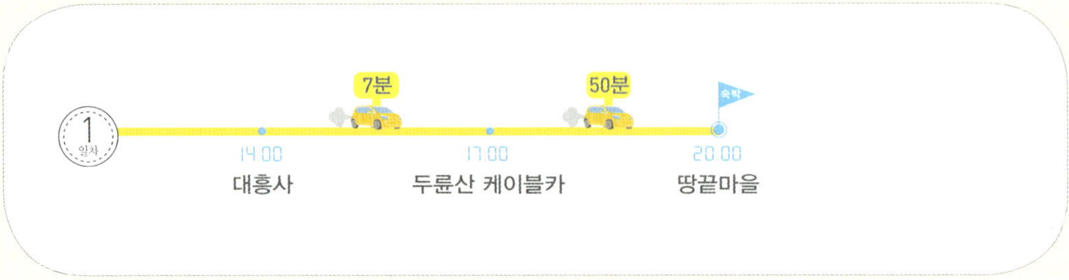

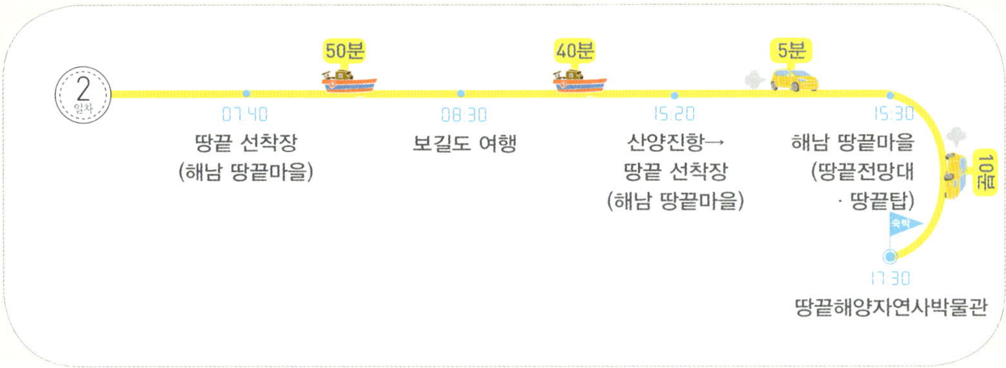

1일차
- 14:00 대흥사
- 7분
- 17:00 두륜산 케이블카
- 50분
- 20:00 땅끝마을

2일차
- 07:40 땅끝 선착장 (해남 땅끝마을)
- 50분
- 08:30 보길도 여행
- 40분
- 15:20 산양진항→땅끝 선착장 (해남 땅끝마을)
- 5분
- 15:30 해남 땅끝마을 (땅끝전망대·땅끝탑)
- 10분
- 17:30 땅끝해양자연사박물관

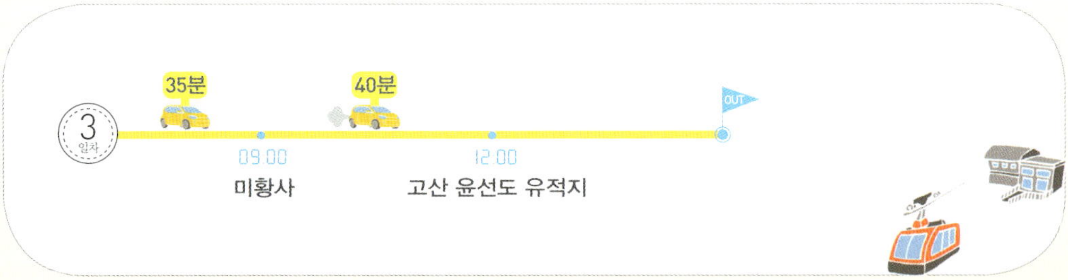

3일차
- 09:00 미황사
- 35분
- 12:00 고산 윤선도 유적지
- 40분
- OUT

★ 꼭 들러야 하는 곳은 어디?
땅끝마을(땅끝전망대·땅끝탑), 두륜산 케이블카, 대흥사, 미황사

• 더 가볼 만한 곳은 어디?
우항리 공룡테마파크, 고천암 갈대밭, 사구미해변

☆ 무엇을 먹어야 할까?
활어회, 전복, 한정식, 닭요리

꼭 가야 할
볼거리
BEST7

대흥사

두륜산을 배경으로 자리 잡은 대흥사의 창건 시기에 대해서는 여러 설이 있지만 대흥사에서는 신라 진흥왕 5년에 아도화상이 창건한 기록을 따르고 있다. 대흥사는 입구에서 경내로 들어가는 울창한 숲길과 계곡이 아름답기로 유명하다.

대흥사는 두륜산 골짜기에서 흘러내리는 금당천을 경계로 남원과 북원으로 나뉘고, 다시 남원 뒤편으로는 표충사 구역과 대광명전 구역으로 나뉜다. 북원 구역에는 대웅보전과 명부전, 범종각 등이, 남원 구역에는 천불전, 동국선원, 용화당 등의 강원과 승방이, 표충사 구역에는 서산대사의 사당이, 대광명전 구역에는 선원으로 사용되는 대광명전과 요사채 등이 있다.

대흥사 경내에 걸려 있는 현판 글씨는 조선시대의 명필가들이 직접 쓴 것으로 조선시대 서예의 진면목을 엿볼 수 있다. 경내에서 가장 큰 승방인 백설당에는 추사 김정희의 글씨가 있고, 대웅전 현판은 추사의 스승인 원교 이광사의 솜씨이다.

대흥사에 들렀다면 꼭 한 번은 찾아야 할 곳이 있다. 대흥사에서 40여 분 산길을 오르면 나오는 북미륵암이다. 우리나라에서 가장 아름다운 마애불이 보물처럼 숨어 있다. 우리나라 최남단 산속 깊은 곳에서 마주하는 마애불의 모습에서 온화한 기품이 느껴진다. 대흥사에서 북미륵암에 오르는 길이 녹록지 않지만 꼭 들러 보길 권한다.

주소 전라남도 해남군 삼산면 대흥사길 400
전화 061-534-5502
요금 성인 3,000원, 청소년 1,500원, 어린이 1,000원
홈페이지 www.daeheungsa.co.kr

마애불

두륜산 케이블카

두륜산 케이블카는 우리나라에서 두 번째로 긴 케이블카이다. 케이블카를 타고 두륜산(638m)에 오르면 어렵지 않게 봉우리 중 하나인 고계봉에 오를 수 있다. 길이 1600m의 케이블카는 구름을 뚫고 날아 8분 후 종착지에 여행객을 내려놓는다. 케이블카 종착지에서 전망대까지는 경사가 적당해 힘들이지 않고 오르내릴 수 있다. 산책로 계단을 따라 10여 분 올라가면 사방이 탁 트인 전망대에 다다른다. 전망대에서는 깊고 푸른 바다에 띄엄띄엄 떠 있는 아기자기한 다도해가 한눈에 들어온다. 일출과 일몰을 동시에 볼 수 있고 영암의 월출산, 광주의 무등산, 멀리는 한라산까지 조망이 가능하다.

주소 전라남도 해남군 삼산면 구림리 138-6
전화 061-534-8992
운영 08:00~18:00(상행 막차 출발 기준, 동절기 17:00)
요금 성인 9,000원, 어린이 6,000원
홈페이지 www.haenamcablecar.com

해남 땅끝마을(전망대·땅끝탑)

해남군 송지면 갈두산 사자봉에 자리한 땅끝전망대는 '끝'이자 '시작'을 알리는 지점이다. 높이 10m의 토말비土末碑는 북위 34도 17분 38초, 동경 126도 6분 01초에 있다. 육당 최남선은 〈조선상식문답〉에서 이곳에서 서울까지 1천 리, 서울에서 함경북도 온성까지 2천 리라 하여 우리나라를 3천 리 금수강산이라고 하였다. 태백산맥에서 갈라져 나온 노령산맥이 이곳에 와서 사자봉을 솟게 하고 바닷속으로 사라지는 형세다. 사자봉 아래 갈두마을은 땅끝마을이라는 이름으로 더 잘 알려져 있다.

타오르는 횃불 모양의 전망대에 오르면 흑일도, 백일도, 보길도 등 남해의 아름다운 풍경을 한눈에 조망할 수 있다.

모노레일을 이용하면 전망대까지 어렵지 않게 오를 수 있지만 땅끝탑에 가려면 400m 정도를 더 걸어야 한다. 키 작은 원시림이 양 옆으로 빽빽하게 들어선 계단을 따라 내려가면 바다를 바라보고 서 있는 삼각형 모양의 땅끝탑을 만날 수 있다. 새로운 다짐이 필요하다면 한반도의 땅 끝, 이곳에 서서 희망을 품어보자.

> **TIP** ▶ 땅끝 모노레일과 땅끝전망대 입장료는 별도다.

땅끝 모노레일
주소　전남 해남군 송지면 땅끝마을길 60-28(송호리 산 45)
전화　061-533-0121
운영　08:30~17:30(주말 07:00~17:30)
요금　왕복 성인 5,000원, 청소년 4,000원, 어린이 3,000원

땅끝전망대
운영　09:00~18:00
요금　성인 1,000원, 어린이 500원

보길도

보길도는 땅끝마을에서 배로 50분이면 갈 수 있는 아름다운 섬이다. 고산 윤선도는 병자호란이 일어나 인조 임금이 항복하고 적과 화친했다는 소식을 접하고, 이를 욕되게 생각해 보길도에 내려와 정착했다고 한다. 고산은 10여 년을 보길도에 머물면서 세연정, 낙서재 등 건물 25동을 짓고 전원생활을 즐겼다. 세연정은 그의 작품 〈어부사시사〉가 탄생한 곳이기도 하다. 현재 쓰이는 섬 내의 지명도 거의 윤선도가 붙인 것이다. 2011년 윤선도가 살았던 집인 낙서재와 그의 아들이 살았던 곡수당이 복원되기도 했다.

보길도에는 은빛 모래와 자갈밭이 펼쳐진 해수욕장이 세 곳 있어 여름 피서지로 인기다. 그중 섬 남쪽에 위치한 예송리해수욕장은 몽돌이 1.4km나 펼쳐진 해수욕장으로 천연기념물 제40호인 예송리 상록수림과 섬 전체를 덮고 있는 동백나무가 어우러져 더욱 아름답다.

보길도에 들렀다면 우암 송시열이 제주도 유배 중에 태풍을 피해 보길도에 들어왔다 자신의 신세를 한탄하며 새겼다는 '글씐바위'와 예송리 일출, 보족산, 선창리 일몰, 부용리 동백림 등도 빼놓지 말고 둘러보자.

TIP ▶ 배는 땅끝 선착장에서 노화도의 산양항을 오간다. 차를 배에 싣고 가자. 노화도에서 보길대교를 건너야 보길도에 닿는다.

주소   전라남도 완도군 보길면
전화   보길면사무소 061-550-6621
        땅끝 선착장 매표소 061-535-4268, 산양 매표소 061-533-6107, 넙도 매표소 061-553-4466

동백나무가 보길도 전체를 덮고 있다.

BEST 5 땅끝해양자연사박물관

땅끝마을에서 북동쪽으로 10여 분 가다 보면 땅끝해양자연사 박물관이 자리하고 있다. 폐교된 초등학교를 단장하여 박물관으로 꾸몄는데 허름한 외관과는 달리 내부 전시품들은 조개 속 진주처럼 화려하다. 세계적인 패류와 산호류, 어류, 갑각류와 화석류, 육지 곤충에 이르기까지 약 2만 5,000여 점이 전시되어 있다. 바다고래와 크기 3m가 넘는 가오리의 표본도 볼 수 있다. 특히 패류관은 전 세계 바다에서 서식하는 희귀하고 다양한 고둥과 조개류 1,200여 종 이상이 화려한 색을 뽐내며 전시되어 있어 눈을 뗄 틈이 없다.

이곳은 사립 박물관으로 관장이 원양어선 선장 생활을 통해 직접 채취, 수집한 것을 대부분 손수 표본 제작하여 운영하고 있다는 점에서 의미가 있다. 천천히 둘러보면 1시간 이상 걸린다.

주소   전라남도 해남군 송지면 중대동길 5-4(통호리 195-4)
전화   061-535-2110
운영   08:00~19:00(동절기 18:00)
요금   성인 3,000원, 청소년 2,000원, 어린이 1,000원

BEST 6 미황사

백두대간의 끝에 자리한 달마산은 해발 480m로 그리 높지 않지만 하늘이 세월을 도구로 조각한 기암괴석이 멋지게 둘러서 있다. 달마산의 중턱에 자리한 미황사는 마치 암석들의 호위를 받는 듯하다. 미황사는 우리나라 육지의 최남단에 있는 사찰로 749년(신라 성덕왕 8) 의조義照에 의해 창건되었다. 보물 제947호로 지정된 해남 미황사 대웅전 천장에는 1,000부처가 그려져 있는데, 이곳에서 세 번만 절을 올리면 소원이 이뤄진다고 한다.

사적비에 따르면 성덕왕 8년에 돌로 만든 배가 사자포구에 닿았는데 금인金人이 노를 잡고 있고, 배 안에는 〈화엄경〉·〈법화경〉·〈비로자나불〉·〈문수보살〉을 비롯한 탱화들이 있었다. 배를 하선시켜 임시로 봉인할 곳을 찾던 중 갑자기 검은 소 한 마리가 나타났다. 금인이 말하기를 "이 소에 경을 싣고 나가 소가 누워 일어나지 않는 곳에 봉안하라." 하여 다음 날 소가 크게 울고 멈춘 곳에 절을 지었다고 한다. 미황사라 한 것은 소의 울음소리가 지극히 아름다웠다고 하여 미

美 자를 취하고, 금인의 빛깔을 상징한 황黃 자를 택한 것이라 한다.
절 아래 서정리에서 올려다보면 동백나무와 소나무 숲 사이로 대웅보전이 구름처럼 떠 있고 사찰 위에서 내려다보면 서해안 땅끝이 보인다. 석양이 비치는 시간이면 대웅보전과 주변 전각들은 황금빛으로 물들고, 해질녘 보드라운 금빛을 입은 사찰의 모습을 보노라면 마음마저 고운 빛으로 물든다.

주소   전라남도 해남군 송지면 미황사길 164
전화   061-533-3521
홈페이지   www.mihwangsa.com

고산 윤선도 유적지

녹우당은 고산 윤선도의 고택으로 집 뒤 비자나무 숲이 바람에 흔들릴 때마다 비가 내리는 듯한 소리가 난다 하여 이름 붙여졌다. 고산이 수원에 있을 당시 효종이 자신의 스승이었던 고산에게 하사한 집의 일부를 옮겨와 사랑채를 만들고 녹우당이라 이름 붙였다. 현재는 안채와 사랑채, 문간채로 이루어진 해남 윤씨 종가 전체를 녹우당이라 부른다. 한때 아흔아홉 칸에 달하던 녹우당 고택은 현재 55칸만 남아 있다.

녹우당 옆 유물관에는 고산 윤선도와 증손인 공재 윤두서와 관련된 여러 유물이 전시되어 있다. 유물관과 녹우당 사이로 난 길을 오르면 해남 윤씨 중시조인 어초은공 윤효정과 윤선도를 모신 사당이 있다. 현재도 녹우당 뒤편의 천연기념물 제241호 비자나무 숲과 대나무 숲에 바람이 불면, 고산이 들었던 녹색의 빗소리를 들을 수 있다.

주소   전라남도 해남군 해남읍 녹우당길 135(연동리 81)
전화   061-530-5548
운영   09:00~18:00(월요일 휴관)
요금   성인 1,000원, 청소년 700원

여행정보
Travel info

 알아두면 좋아요!

송호해수욕장 인근의 땅끝 오토캠핑장에는 10대의 캐러밴이 있다. 인기가 많아 한두 달 전에 예약을 해야 이용 가능하다.

　　땅끝 관광안내소　061-530-5544

해남에서도 모세의 기적이 일어난다. 대죽리에서 대섬까지 하루 두 번 물이 갈라진다. 7·8월에는 조개잡이 체험도 가능하다.

완도 화흥포항(일일 12회 왕복 운항)에서도 보길도에 갈 수 있다. 노화도의 동천항까지 35분이 소요되는 카페리호를 이용해 동천항으로 간 후 보길도로 이동한다. 보길버스(061-553-7077) 2대가 보길도 해안도로 전역을 일일 5회 운행한다.

 무얼 먹을까?

땅끝바다횟집　활어회·전복요리
전라남도 해남군 송지면 송호리 1194,
061-534-6422

전라도한정식　한정식
전라남도 해남군 송지면 송호리 1174,
061-534-3701

한성정　한정식
전라남도 해남군 해남읍 구교리 337-1,
061-536-1060

유정가든　닭요리
전라남도 해남군 해남읍 연동리 415-2,
061-536-4134

보길도의 아침　해물된장찌개
061-553-6722, 전남 완도군 보길면 부황리 1-32

 **어디서 묵을까?**

유선관
전라남도 해남군 삼산면 구림리 799,
061-534-5929

땅끝 굿스테이모텔
전라남도 해남군 송지면 땅끝마을길 35,
061-535-5001

해남 땅끝호텔
전라남도 해남군 송지면 땅끝 해안로 1954,
061-530-8000

땅끝 오토캠핑장
전라남도 해남군 송지면 땅끝마을길 38-5,
061-535-0830, autocamp.haenam.go.kr

토말하우스
전라남도 해남군 북평면 영전리 1505,
061-535-5959, www.tomalhouse.co.kr

 축제도 함께 즐겨요!

4월 말~5월 초　초의문화제
5월　흑석산철쭉제
9월　명량대첩축제
12월 31일~1월 1일　땅끝 해넘이·해맞이축제

여수·순천

'2012 세계박람회'를 성공적으로 유치하면서 세계적인 도시로 떠오른 여수와 '2013 국제정원박람회'를 개최한 생태도시 순천은 자연이 만든 천연 테마파크라 해도 과언이 아니다. 아름다운 물에 둘러싸인 여수, 바다 끝을 붉게 물들이는 오동도, 넘실대는 갈대의 몸부림에 햇빛마저 춤을 추는 순천만까지. 2박 3일 동안 자연을 온몸으로 품어보자.

여행테마	문화, 트레킹
좋은시기	3~4월
서울에서 이동시간	4시간 10분
가는 방법	순천완주고속도로 완주분기점→동순천 IC에서 '여수, 광양항' 방면→무평로 따라 이동하다 신대교차로에서 '여수, 목포' 방면→엑스포대로를 따라 이동하다 만흥 IC에서 '해양항만청, 만성리검은 모래해변, 해양레일바이크' 방면→만흥 IC에서 '해양항만청, 만성리해수욕장' 방면으로 가다 망양로 지나 만성리길을 따라 이동

여수·순천
Course

순천만 자연생태공원에서 용산 전망대까지는 도보로 20분 정도 소요되는데, 멋진 풍광을 볼 수 있으니 꼭 들러보길 권한다.
낙안읍성 민속마을은 관광객들로 붐비니 아침 일찍 방문하자.

1일차
- 14:00 만성리 검은모래해변
- 17분
- 16:00 오동도
- 13분
- 18:30 돌산대교, 돌산공원

2일차
- 06:30 향일암 (일출)
- 35분
- 11:30 순천만 자연생태공원
- 1시간 20분
- 18:00 낙안읍성 민속마을
- 40분

3일차
- 10:30 송광사
- 40분
- OUT

★ 꼭 들러야 하는 곳은 어디?
  향일암, 오동도, 낙안읍성 민속마을, 순천만 자연생태공원
• 더 가볼 만한 곳은 어디?
  선암사, 뿌리깊은나무박물관, 순천 드라마 촬영장, 진남관, 금오도
☆ 무엇을 먹어야 할까?
  장어탕, 한정식, 짱뚱어탕, 선어회

꼭 가야 할
볼거리
BEST7

BEST 1 만성리 검은모래해변

검은 모래로 유명한 여수의 만성리해수욕장은 일제 강점기인 1939년에 개장했다. 이곳의 모래가 검은빛을 띠는 이유는 철 성분이 많기 때문인데, 실제로 자석을 모래 위로 가져가면 모래가 자석에 달라붙는 모습을 볼 수 있다고 한다. 철 성분이 많이 함유된 모래라 다른 곳들보다 뜨겁게 달구어져 찜질을 즐기기 좋다. 매년 음력 4월 중순이면 '검은 모래가 눈뜨는 날'이라 해서 동네 주민들이 모래찜질을 시작한다. 모래찜질은 신경통에 좋기로 유명한데 햇볕에 달구어진 모래에 다리나 온몸을 파묻고 있으면 뼛속까지 마사지를 받는 기분이다.

5월 중순부터 9월 말까지는 모래찜질을 즐기기 좋아 이곳을 찾는 사람들이 꽤 많다. 작은 해수욕장이지만 수심이 완만하고 물이 따뜻해서 가족 단위 피서객이 해수욕을 즐기기에도 적당하다.

주소 전라남도 여수시 만흥동 85-5

오동도

동백나무가 많아 동백섬이라는 별칭을 가진 오동도는 멀리서 보면 섬의 모양이 오동잎처럼 보인다. 예전에 이곳에 오동나무가 많아 오동도라 불리게 되었다고 한다.

전설에 의하면 이곳에 봉황새가 자주 날아와 오동나무 열매를 따먹었는데 봉황새가 드나드는 것이 왕이 나올 징조라고 생각한 고려 공민왕이 봉황새가 들지 못하도록 오동나무를 모두 베어버리도록 했다고 한다. 현재 오동도에는 3,600여 그루의 동백나무와 10여 종의 희귀 수목이 자라고 있다.

오동도는 1933년에 길이 768m의 방파제가 준공되면서 육지와 연결되어 섬 아닌 섬이 되었다. 길이가 꽤 긴 탓에 방파제 위를 달리는 동백열차를 운행하는데 동백열차를 타고 달리며 맞는 시원한 바닷바람이 마음을 설레게 한다. 온 섬을 장식하는 동백은 10월부터 피기 시작해 다음 해 4월까지 만개하는데 겨울 내내 어린아이 주먹만 한 붉은색 동백꽃이 섬 전체를 수놓는 풍경이 장관이다.

주소　전라남도 여수시 수정동 산1-11
전화　061-690-7303
홈페이지　www.odongdo.go.kr

돌산대교와 돌산공원

돌산공원은 여수시에서 돌산도 방향으로 돌산대교를 건너자마자 왼편 언덕에 조성된 공원이다. 작은 규모지만 사방이 탁 트여 있어 전망이 좋다. 돌산대교와 여수 앞바다, 여수항, 장군도, 여수 시가지가 어우러지는 아름다운 풍경이 훤히 내려다보이는 곳으로 관광객들에게 잘 알려진 명소이다.

공원 한쪽에는 SBS 아침드라마 〈선택〉을 촬영한 세트장이 설치되어 있고 공원 산마루에는 돌산대교 준공 기념탑이 서 있다. 기념탑은 돌산대교를 형상화한 탑신과 조형물로 구성되어 있는데 형형색색 돌산대교의 야경을 감상하기에 가장 좋은 자리이다.

돌산공원 아래에는 장군도-진남관-오동도-쇠머리등대-방죽포-향일암을 관광하는 유람선의 선착장과 횟집촌, 거북선 모형 체험관이 있다.

주소　전라남도 여수시 돌산읍 우두리 816

형형색색의 돌산대교 야경.

향일암

삼국시대 원효대사가 창건했다고 전해지는 향일암은 우리나라 4대 관음기도처 중 하나다. 오르는 길은 계단으로 정리돼 있고 계단 왼편으로 펼쳐진 바다와 점점이 떠 있는 남해의 섬을 감상할 수 있는 곳이다.

향일암에 오르는 길은 녹록지 않다. 가파른 계단과 비좁은 바위 틈새를 두 번이나 지나야 비로소 향일암을 만날 수 있다. 대웅전 뒤로 동굴 같은 석문을 지나면 동백나무 숲에 둘러싸인 절집이 나오는데 바로 관음전이다. 관음기도처인 향일암을 찾은 사람들은 저마다의 소원을 담아 관음보살과 대웅전 주변 바위 위에 작은 돌이나 동전을 올려놓기도 한다.

향일암은 글자 그대로 '해를 향한 암자'라는 뜻이다. 기암절벽에 올라 탁 트인 남도 바다를 내려다보며 맞이하는 일출은 눈부시도록 아름답다. 매년 12월 31일과 1월 1일에 향일암 일출제가 열려 전국 각지에서 관광객이 몰려든다.

주소　전라남도 여수시 돌산읍 율림리 산7
전화　061-644-4742
홈페이지　www.hyangiram.org

순천만 자연생태공원

고흥반도와 여수반도 사이에 깊숙이 들어간 순천만은 거대한 갈대밭이다. 김승옥의 소설 〈무진기행〉의 배경으로 알려져 한때는 문학기행의 명소였으나 지금은 자연생태공원으로 사랑받고 있다. 갯벌에 펼쳐지는 갈대밭과 칠면초 군락, S자형 수로가 어우러진 풍경은 언제 보아도 장관이다. 갈대밭 사이의 데크 아래에서는 갯벌 위를 나다니는 짱뚱어와 게를 쉽게 찾아볼 수 있다.

가을이면 금빛으로 물든 갈대에 눈이 부시고 겨울이면 200여 종의 철새가 군무를 춘다. S자 물길 사이를 오가는 생태 체험선을 타고 드넓은 갯벌과 갈대 군락, 다양한 철새를 가까이에서 볼 수도 있고 갈대열차를 타고 출렁이는 갈대밭 사이를 달릴 수도 있다.

용산전망대는 갈대밭과 순천만 일대를 한

씽씽~
갈대열차

눈에 내려다볼 수 있는 최고의 조망대다. 갈대밭 중심지인 대대포구 건너편에 길게 뻗은 산줄기 남쪽 끝 해발 80m 지점에 있다. 갈대밭 사이로 난 데크를 지나 산책로를 따라 1km 정도 더 가야 한다. 노약자나 유모차도 다닐 수 있도록 잘 정비되어 있기 때문에 어렵지 않게 다녀올 수 있다.

TIP 생태환경 보호를 위해 공원 입장 사전예약제(1일 10,000명 입장 제한)를 실시한다. 방문 1일 전까지 홈페이지를 통해 예약해야 입장이 가능하다(전화 예약 불가).

주소　전라남도 순천시 순천만길 513-25(대대동)
전화　061-749-4007
운영　08:00~일몰 후 1시간(입장 마감 17:00)
요금　순천만 통합권(공원+정원) 성인 8,000원, 청소년 6,000원, 어린이 4,000원
　　　순천만 자연생태공원 성인 7,000원, 청소년 5,000원, 어린이 3,000원
　　　순천만 정원 성인 4,000원, 청소년 3,000원, 어린이 2,000원
홈페이지　www.suncheonbay.go.kr

낙안읍성 민속마을

과거의 모습으로 현재를 사는 마을이 있다. 마치 사극 촬영지를 찾은 듯한 착각이 들지만 분명 21세기 사람들이 살고 있는 마을이다. 낙안읍성은 우리나라 3대 읍성 중 하나로 조선 중기에 만들어진 석성 내부에 현재도 100여 가구가 거주한다. 고려 후기에 흙으로 성을 쌓았다가 이후 여러 해에 걸쳐 돌을 쌓아 규모를 확장했으며 그 길이가 1,410m에 달한다. 입구인 동문에는 낙풍루가, 남문에는 진남루가 세워져 있으며 서문은 만약의 화재에 대비해 진입로로 사용하기 위해 복원하지 않았다.

동문으로 들어서면 먹거리 장터가 있고, 서문 쪽으로 난 계단을 따라 올라가면 마을을 감싸고 있는 성곽에 오를 수 있다. 이곳에서 내려다보는 마을의 모습이 장관이다. 초가지붕 위로 피어오르는 연기가 바람에 산들거리는 모습을 보고 있자면 고향에 온 듯 마음이 푸근해진다.

국악체험을 비롯해 농악교실, 짚공예, 자연생태체험 등 다양한 프로그램이 상시 마련돼 있다. 매주 토요일 오후 4시30분에는 명창들의 소리를 들을 수 있는 달빛 공연이 펼쳐진다.

주소 전라남도 순천시 낙안면 충민길 30
전화 061-749-3347
운영 08:30~18:30(동절기 17:00)
요금 성인 4,000원, 청소년 2,500원, 어린이 1,500원
홈페이지 www.nagan.or.kr

BEST 7 송광사

송광사는 양산 통도사, 합천 해인사와 더불어 한국의 삼보三寶 사찰로 불린다. 삼보란 불교에서 가장 귀하게 여기는 세 가지 보물인 불佛, 법法, 승僧을 가리키는 말로 송광사는 그중 교법을 수행하는 제자들을 위한 승보 사찰이다. 남아 있는 기록에 따르면 신라 말기에 혜린이라는 선사가 지었으며 당시 산의 이름을 '송광'이라 한 데서 유래해 송광사가 되었다고 한다.

송광사 조계문으로 들어서면 왼편에 자리한 개울이 송광사 여행의 포인트다. 개울을 건너는 징검다리에서 보는 경내 앞의 홍예교와 우화각의 모습이 아름답다. 삼청교 또는 능허교라 부르는 다리 아래 부분을 보면 용머리 조각이 튀어나와 있다. 다리를 놓을 때 양쪽에서 쌓아올린 돌이 만나는 곳에 끼우는 멍에돌을 대신해 용머리 조각을 넣은 것이다. 이 석상이 잡귀를 물리친다고 전해진다.

송광사는 몇 해 전 타계한 법정 스님이 수행했던 곳으로도 잘 알려졌다. 불일암에는 법정 스님의 유골이 모셔져 있다. 청량각 앞의 두 갈래길 왼쪽으로 30분 정도 오솔길을 오르면 나온다. 산속의 작은 암자로 향하는 숲길은 편백나무와 대나무가 우거져 호젓하게 걸을 수 있어 좋다.

TIP 송광사 주차장에서 불일암으로 가는 길이 있다. 불일암에 먼저 들렀다가 송광사를 관람하는 것이 좋다.

주소　전라남도 순천시 송광면 송광사안길 100
전화　061-755-0107
요금　성인 3,000원, 청소년 2,500원, 어린이 2,000원
홈페이지　www.songgwangsa.org

여행 정보 Travel info

 알아두면 좋아요!

송광사에서 선암사로 가는 산행길이 인기다. 송광사에서 선암사로 넘어오는 등산로 길목에 위치한 천자암과 이곳에 자리한 800년 수령의 쌍향수는 빼놓지 말아야 할 포인트다. 단 대중교통으로 다시 송광사로 돌아가기에는 차편이 여의치 않으니 콜택시를 이용하자.

여수에는 충무공 이순신 장군의 발자취가 곳곳에 남아 있다. 도심 한가운데 장군이 수병을 조련하고 전략을 세웠던 진남관(국보 제304호)이 있다. 진남관은 정면 15칸, 옆면 5칸에 아름드리 나무 기둥 68개로 이뤄졌으며, 국내 기와 단층 건물로는 최대 규모이다.

 무얼 먹을까?

조일식당 선어회
전라남도 여수시 문수동 189-3, 061-655-0774
7공주식당 장어탕
전라남도 여수시 교동 595-2, 061-633-1580
한일관 회 한정식
전라남도 여수시 여서동 229-4, 061-654-0091
대원식당 한정식
전라남도 순천시 장천동 35-11, 061-744-3582
대대선창집 짱뚱어탕
전라남도 순천시 대대동 572-1, 061-741-3157

 **어디서 묵을까?**

코모도모텔
전라남도 여수시 여서동 451, 061-655-0011
오페라모텔
전라남도 여수시 돌산읍 강남1길 39-17, 061-644-5005
프랑스모텔
전라남도 여수시 시청서6길 23, 061-681-0001~2
다이아모텔
전라남도 여수시 교동남1길 6-3, 061-663-3347
갈대밭사랑채
전라남도 순천시 교량동 753, 010-8490-6626
밀라노모텔
전라남도 순천시 장선배기2길 5-15(조례동), 061-723-4207
흑두루미펜션
전라남도 순천시 대대동 160-1, 010-2665-8852, www.heukdurumi.com
큰샘민박
전라남도 순천시 낙안면 읍성안길 145, 061-754-3038, 낙안읍성 내

 축제도 함께 즐겨요!

4월   영취산 진달래축제
5월   여수 거북선축제
10월   남도음식문화 큰잔치
10월 말   여자만 갯벌노을축제
11월   순천만 갈대축제

PART
5

단언컨데

제주도

제주·제주 걷기

어느 계절이라도 좋다. 돌, 바람, 물이 많은 제주에서 노랗게 물든 유채꽃을 만나자. 바람이 찰랑이는 보리 물결에 춤을 추자. 부드러운 능선을 타고 귓가를 간질이는 바람과 옥빛 바다는 마음에 휴식을 준다. 바다라고 다 같은 바다가 아니다. 환상의 섬 제주, 그 파라다이스의 매력을 온전히 즐겨보자.

여행테마	문화, 트레킹
좋은시기	3~4월
서울에서 이동시간	4시간10분
가는 방법	제주국제공항↔성산포항여객터미널 용문로로 이동하다 월성사거리에서 '시청, 종합경기장' 방면→월성로, 서광로, 번영로, 비자림로 지나 수산사거리에서 '시흥, 성산' 방면→수시로, 서성일로, 일출로 지나 '장흥선착장' 방면으로 이동

제주 Course

명승지들이 묶여 있는 코스라 주말이나 휴가철에는 붐빌 수 있다. 우도를 한 바퀴 돌아볼 생각이라면 배에 차를 싣고 들어가자. 쇠소깍 투명카약 체험은 예약이 가능하다.

1일차
- 10:30 제주국제공항 도착
- 1시간 10분
- 11:30 성산포항 여객터미널
- 12:00 우도
- 15:00 우도→성산포항
- 15:50 용눈이오름
- 15분
- 25분
- 17:50 두모악 (김영갑 갤러리)
- 50분
- 19:30 서귀포

2일차
- 10:00 쇠소깍
- 10분
- 13:00 감귤박물관
- 10분
- 14:30 정방폭포
- 6분
- 15:30 천지연폭포
- 4분
- 18:00 이중섭문화거리
- 25분
- 20:30 중문관광단지

3일차
- 09:00 오설록티뮤지엄
- 20분
- 12:00 용두암
- 45분
- 10분
- 제주공항 OUT

★ **꼭 들러야 하는 곳은 어디?**
  우도, 용눈이오름, 이중섭문화거리, 쇠소깍, 정방폭포, 용두암

● **더 가볼 만한 곳은 어디?**
  김녕미로공원, 만장굴, 성읍민속마을, 섭지코지, 비자림, 조랑말테마공원, 초콜릿박물관, 에코랜드 테마파크, 제주 절물자연휴양림, 협재해수욕장

☆ **무엇을 먹어야 할까?**
  전복죽, 고기국수, 몸국, 보말국, 보말칼국수, 고등어회, 제주똥돼지 두루치기, 갈치조림, 돔베고기, 소라

BEST 1 우도

종달리에서 약 2.8km 떨어진 곳에 위치한 섬 속의 섬 우도는 제주도의 부속 섬 중 가장 크다. 종달리 해안가에서 바라보면 마치 소 한 마리가 누워 있는 것처럼 보여서 소섬, 우도라 불린다.

우도 등대가 있는 소머리오름을 중심으로 완만한 구릉지대가 펼쳐지고 돌담을 두른 작은 섬마을은 제주의 전통과 자연을 고스란히 담고 있다. 모래가 진주알처럼 반짝이는 서빈백사와 성글게 쌓인 마을 돌담 사이로 흐르는 바람은 이국적인 정취를 풍긴다.

우도 여행은 총 17km의 해안도로를 포함해 내륙까지 둘러봐도 25km 정도로 자동차로 3시간30분이면 전부 돌아볼 수 있다. 해안도로는 자동차 두 대가 비켜 지나야만 갈 수 있는 좁은 길이다. 자동차를 실을 수 있는 배가 운항해 자동차로 여행할 수도 있지만 빠르게 지나치기엔 아까운 비경이 많으니 시간을 두고 찬찬히 음미하며 걸어보는 것이 좋다. 우도8경을 중심으로 포인트를 잡아 여행하는 것도 좋지만 해안선을 따라 숨은 이야기를 찾아다니는 것도 좋다. 영화 〈인어공주〉, 〈시월애〉, 〈연풍연가〉와 드라마 〈여름향기〉, 〈러빙유〉 등이 이곳에서 촬영됐다.

주소 제주도 제주시 우도면
전화 우도면사무소 064-728-4381
운영 성산항→우도(천진항/하우목동항) 08:00~18:30, 우도→성산항 07:00~18:00
요금 왕복 5,500원

용눈이오름

제주의 동쪽 가장자리에 자리한 용눈이오름은 400여 개에 달하는 제주 오름 중 유일하게 3개의 분화구를 가지고 있다. 숨을 헐떡이게 만드는 다른 오름과는 달리 평탄하다. 용이 누워 있는 모양이라고도 하고 위에서 내려다보면 화구의 모습이 용의 눈처럼 보인다 하여 한자로는 용와악龍臥岳이라고 표기한다. 햇살이 보드라워지는 오후에 더욱 아름다운 오름은 사진가들에게 손꼽히는 촬영 장소이며, 영화 〈늑대소년〉의 촬영지이기도 하다.

경사가 완만하고 탐방로가 길지 않아 정상까지는 15분 남짓이면 오를 수 있고, 능선을 따라 한 바퀴 도는 데도 30~40분 정도면 충분하다. 완만한 능선을 따라 정상부에 오르면 에메랄드빛 바다와 어우러진 성산 일출봉을 한눈에 볼 수 있다.

주소　제주도 제주시 구좌읍 종달리 산28
운영　09:00~18:00

BEST 3 두모악(김영갑 갤러리)

두모악은 한라산의 옛 이름으로, 폐교였던 삼달분교를 개조해 2002년 여름에 문을 열었다. 제주의 바람과 돌, 자연을 사랑했던 사진작가 고 김영갑 씨가 20년간 사진에 담은 제주의 모습을 만날 수 있는 곳이다. 고인이 하나하나 정성을 들여 꾸민 정원에 들어서면 그가 제주를 얼마나 사랑했는지 느낄 수 있다. 아기자기한 정원을 지나 들어서는 아담한 갤러리에는 지금은 잊혀진 제주의 옛 모습과 해녀들의 모습, 제주의 중산간지대와 오름을 담은 사진들이 전시되어 있다. 전시실 한편에 마련된 유품실에는 작가가 사용하던 카메라와 유품 등이 남아 있으나 입실이 금지되어 유리창을 통해서만 볼 수 있다.

루게릭병으로 2005년 5월 세상을 떠나기 전까지 그가 카메라에 담은 제주는 고요하고 아름답다. 갤러리를 둘러보고 나면 마음이 아련해져 제주를 바라보는 시선도 달라진다. 입장료를 내면 엽서 형태의 작품 사진 한 장을 받을 수 있고 고인의 사진집과 수필집, 포스터 등을 구입할 수도 있다.

주소　제주도 서귀포시 성산읍 삼달리 437-5(삼달로137)
전화　064-784-9907
운영　3~6월 09:30~18:00, 7~8월 09:30~19:00,
　　　9~10월 09:30~18:00, 11~2월 09:30~17:00
　　　(매주 수요일, 설날, 추석 당일 휴관)
요금　성인 3,000원, 어린이 1,000원
홈페이지　www.dumoak.co.kr

두모악

BEST 4 쇠소깍

쇠소깍이란 이름은 '소가 누워 있는 모습의 연못'이라는 뜻의 '쇠소'에 마지막을 의미하는 '깍'이 더해진 제주 방언이다. 서귀포시 하효동과 남원읍 하례리 사이를 흐르는 효돈천 하구에 제주 현무암 아래로 흐르는 물이 분출하여 바닷물과 만나 깊은 웅덩이를 형성한 곳이다. 민물과 바닷물이 어울리는 빛깔은 유난히 맑아 그 깊은 속을 그대로 내보인다. 썰물 때면 계곡 바위 틈으로 지하수가 솟아오르는 신기한 광경도 볼 수 있다.

계곡 주변을 돌아볼 수 있도록 정돈된 산책로를 따라 걷는 것도 좋지만 제주 전통 목선 '테우'를 직접 타보는 것이 좋다. 별도의 동력 없이 사람과 바람의 힘으로 항해하는 테우는 바닷물에 절인 나무를 이어 만든 뗏목이다. 비록 밧줄에 묶인 배를 타는 30여 분의 짧은 승선이지만 쇠소깍의 전설을 들으며 경관을 감상하는 것은 이곳에서만 즐길 수 있는 특별한 체험이다.

주소   제주도 서귀포시 하효동 140
전화   쇠소깍 안내 센터 064-732-1562, 투명카약 문의 010-6417-1617, 테우 문의 064-732-9998
운영   09:00~18:00
요금   투명카약 성인 10,000원(1인), 15,000원(2인), 어린이 5,000원, 테우 성인 7,000원, 어린이 4,000원

쇠소깍에서 맑은 물속이 들여다보이는 투명 카약을 즐겨보자.

감귤박물관

제주 특산물인 감귤을 테마로 감귤의 모든 것을 한눈에 보고 느끼고 체험할 수 있는 국내 최초의 공립 전문 박물관이다. 지하 1층, 지상 2층 규모로 테마전시실과 3차원 입체영상실 및 세미나실, 민속유물전시실, 세계감귤전시관 등으로 이루어져 있다.

테마전시실은 감귤의 역사와 종류, 재배 방법, 감귤의 발생, 세계 감귤의 모습 등을 테마별로 관찰할 수 있도록 구성되어 있으며 3차원 입체영상실과 세미나실에서는 박물관 홍보 영상물과 입체 만화영화를 볼 수 있다.

세계감귤전시관에는 한국·일본·아시아·아메리카·유럽 등 세계 곳곳의 감귤류 80여 종 160여 그루, 아열대식물원에는 아열대지방에서 자라는 꽃과 과일나무 100여 종 5,600본이 식재되어 있다. 그 밖에도 인공폭포, 감귤체험학습장, 직거래장터, 산책로, 놀이터 등 부대시설이 있어 풍성한 볼거리와 즐길거리를 제공한다.

주소 　제주도 서귀포시 효돈순환로 441
전화 　064-767-3010
운영 　09:00~18:00
요금 　성인 1,500원, 어린이 800원
홈페이지 　www.citrusmuseum.com

감귤의 모든 것을 한눈에 느끼고 체험해보자.

주렁주렁 매달린 감귤이 탐스럽다.

정방폭포

천지연폭포, 천제연폭포와 더불어 제주도의 3대 폭포 중 하나로 우리나라에서 유일하게 물이 바다로 직접 떨어지는 폭포이다. 높이 23m의 두 줄기 폭포가 까만 절벽에서 장쾌한 소리를 내며 떨어지는데, 시원한 바다와 어울려 멋진 풍광을 보여준다. 폭포의 경관이 하늘에서 하얀 비단을 드리운 듯하다고 해 정방하폭正房夏瀑이라 하고, 제주에서 경관이 특히 뛰어난 열 곳을 선정한 영주10경 중 하나로 꼽힌다.

옛날 중국 진시황의 명으로 불로초를 구하러 왔던 서불이라는 사람이 불로초를 구하지 못하고 서쪽으로 갔다가 이곳의 아름다움에 반해 절벽에 서불과차徐市過此라는 글씨를 새겼다는 이야기가 전해지는데 현재는 찾을 수 없다. 주차장에서 5분 정도 계단을 내려오면 폭포에 도착한다.

주소 제주도 서귀포시 동홍동 278
전화 064-733-1530
운영 08:00~18:30(동절기 17:30)
요금 성인 2,000원, 어린이 1,000원

BEST 7 천지연폭포

하늘과 땅이 만나 이룬 연못이라 하여 천지연이라 부른다. 폭포 가까이에 서면 높이 22m의 기암절벽 위에서 하얀 물기둥이 우레와 같은 소리를 내며 쏟아진다. 천지연폭포 계곡에는 천연기념물 제163호 담팔수나무가 자생하고 가시딸기, 송엽란 같은 희귀식물들이 분포하고 있어 계곡 전체가 천연기념물 제379호로 보호되고 있다. 폭포 일대에는 아열대성·난대성의 각종 상록수와 양치식물 등이 울창한 숲을 이룬다. 폭포 아래 물속 깊은 곳에는 밤에만 활동한다는 무태장어가 서식하는 것으로 알려져 있다.

주소   제주도 서귀포시 천지동 667-7
전화   064-733-1528
운영   일출 시~22:00(입장 마감 21:00)
요금   성인 2,000원, 어린이 1,000원

하늘과 땅이 만나 이룬 천지연.

BEST 8 이중섭문화거리

1996년 한국을 대표하는 서양화가이자 천재 화가인 이중섭을 기리기 위해 6·25전쟁 피란 당시 그가 거주했던 초가 일대를 이중섭문화거리로 명명했다. 이어 그가 살던 집과 부속 건물을 복원해 그의 호인 대향大鄕을 따서 대향전시실을 꾸미고 이중섭미술관을 설립하였다. 이중섭미술관은 서귀포항이 내려다보이는 언덕 위에 있으며 앞에는 이중섭공원이 있다.

이중섭문화거리에 들어서면 간판과 가로등, 가로수 등이 이중섭 테마로 구성되어 있고 매주 토요일에는 아트마켓, 작가의 산책길 탐방, 공연 등 다양한 문화체험을 할 수 있다. 특히 매년 10월 말 이중섭의 사망 주기에 맞추어 이중섭예술제를 개최한다.

주소 제주도 서귀포시 이중섭거리 87(서귀동 532-1)
전화 미술관 064-733-3555
운영 09:00~18:00(매표 마감 17:30)
요금 미술관 성인 1,000원, 청소년 500원, 어린이 300원
홈페이지 미술관 jslee.seogwipo.go.kr

BEST 9 오설록티뮤지엄·서광다원

내륙에는 경남 하동, 전남 보성 녹차밭이 있다면 제주에는 서광다원이 있다. 서광다원이 자리한 지역은 조선시대 대학자인 추사 김정희가 유배된 곳으로, 초의선사草衣禪師가 위로하며 준 차를 가꾸고 즐겨 마시던 유서 깊은 유적지이다.

한라산을 배경으로 광활하게 펼쳐진 녹차밭에 한국 최초의 차 전문 박물관인 오설록티뮤지엄이 들어서 있다. 차 박물관에서는 차의 역사와 녹차 만드는 과정 등을 영상으로 관람할 수 있고 박물관 안에 있는 전망대에 서면 한라산과 서광다원의 광활한 풍경이 내려다보인다. 박물관 주변 정원에는 연못과 산책로가 조성되어 있어 휴식을 취하기 좋고 길이 한적해 연인들의 산책길로도 인기가 많다. 카페에서는 녹차아이스크림, 녹차쿠키, 녹차초콜릿 등을 맛볼 수 있다.

주소　제주도 서귀포시 안덕면 서광서리 1235-3
전화　오설록티뮤지엄 064-794-5312
운영　09:30~18:00
홈페이지　www.osullocmall.com

용두암

용머리 형상을 하고 있다고 하여 용두암이라 이름 붙여진 바위로, 제주시내 북쪽 해안가에 10m 높이로 솟아 있다. 화산 용암이 바닷물에 의해 해식을 받아 형성된 것으로 보이며 바닷속에 잠겨 있는 바위의 나머지 부분은 30m가 넘는 것으로 알려져 있다.

전설에 의하면 한라산 신령의 옥구슬을 훔쳐 하늘로 승천하려던 용이 신령이 쏜 화살에 맞아 몸뚱이는 바다에 잠기고 머리만 나와서 울부짖다가 돌로 굳어졌다고 한다. 파도가 센 날은 마치 용이 살아 움직이는 듯하다. 용머리 모양을 한 화산암을 잘 관찰하려면 아래로 난 계단을 따라 5분 정도 내려가야 하는데 경사가 가파르고 폭이 좁으니 주의해야 한다.

TIP 용두암에서 이호해수욕장과 애월읍으로 이어지는 해안도로는 드라이브 코스로 인기가 좋다.

주소   제주도 제주시 용담 1동
전화   관광안내소 064-728-3918

제주 걷기 Course

신비의 땅 제주에서는 조금 느리게 걸어도 좋다. 코스를 모두 완주해도 좋지만 '놀멍 쉬멍' 스폿들의 경치를 만끽하며 걸어보자.

★ 꼭 들러야 하는 곳은 어디?
　우도 올레길, 올레 6코스
● 더 가볼 만한 곳은 어디?
　한라산, 가파도 올레길, 청수곶자왈, 사려니숲길, 화순곶자왈, 사라오름, 거문오름, 어승생악, 다랑쉬오름
☆ 무엇을 먹어야 할까?
　전복죽, 고기국수, 몸국, 보말국, 보말칼국수, 고등어회, 제주똥돼지두루치기, 갈치조림, 돔베고기, 소라

꼭 가야 할 볼거리
BEST4

우도봉에 오르면 아기자기한 우도의 풍경이 한눈에 들어온다.

우도 올레길

제주도에 딸린 섬 중 가장 큰 섬으로 종달리 해안가에서 바라보면 소 한 마리가 누워 있는 형상이다. 천진항에서 시작되는 우도 올레길은 섬을 시계 방향으로 한 바퀴 도는 여정이다. 정겨운 돌담과 여름날의 청보리밭, 제주의 원형을 고스란히 간직한 우도를 따라 걷는 길은 가장 제주답다.

길은 천진항에서 출발하여 쇠물통 언덕, 홍조단괴 해빈해수욕장 입구, 하우목동항, 망루 앞 삼거리, 파평 윤씨 공원, 하고수동해수욕장, 검멀레해수욕장, 우도봉을 지나 천진항으로 되돌아온다. 총 거리는 16km로 5시간 정도 소요된다.

소의 허리처럼 부드러운 곡선을 하고 있는 우도봉에 오르면 아기자기한 우도의 풍경이 한눈에 들어온다. 큰 경사 없이 나란한 풍경 속을 걷는 우도 올레는 올레길의 화두인 '느리게 걷는 길'의 표본이다. 조각보를 꿰매어 엮어 놓은 것 같은 밭, 에메랄드빛 바다와 또렷한 대비를 이루는 파란 지붕의 낮은 집들이 다정하게 다가온다.

주소 제주도 제주시 우도면
전화 우도면사무소 064-728-4381
운영 성산항→우도(천진항/하우목동항) 08:00~18:30, 우도→성산항 07:00~18:00
요금 왕복 5,500원

BEST 2 올레길 6코스 (쇠소깍~외돌개)

제주 올레길 중 비교적 평탄하고 무난한 코스로 쇠소깍에서 시작해 외돌개에서 끝난다. 쇠소깍에서 출발하여 제지기오름 정상, 보목포구, 문필봉 입구, 구두미포구, 보목하수처리장, 검은여, 소정방폭포, 제주올레사무국, 정방폭포, 서귀포항, 천지연 기정길을 지나 외돌개에 닿는다. 총 14.4km로 4~5시간 정도 소요된다.
코스 시작점인 쇠소깍은 서귀포시 하효동과 남원읍 하례리 사이로 흐르는 효돈천이 바다와 합쳐지는 곳으로 원래는 소가 누워 있는 형태라서 '쇠둔'이라 불렸다가 '쇠'는 소, '소'는 연못, '깍'은 끝이라는 뜻으로 쇠소깍이라 불린다. 바닥이 비치는 투명한 배를 타고 연못 곳곳을 둘러볼 수 있다.
쇠소깍에서 보목포구로 평탄한 포장도로를 따라 눈길을 끄는 길을 따라 걷는다. 풍경에 취해 느리게 걸어도 좋다. 보목포구와 구두미포구, 검은여, 소정방폭포를 지나면 제주올레사무국이 나온다. 사무국에서는 제주 올레에 대한 다양한 정보를 얻고 제주올레기념품을 구입할 수 있다. 사무국을 나와 정방폭포와 서귀포항을 지나면 천지연 기정길이 나온다. '기정'은 '벼랑'의 제주 방언으로, 이 길은 기암절벽이 절경을 이루고 아열대성과 난대성 상록수가 우거진 천지연 계곡을 끼고 도는 코스로 천연보호구역으로 지정되어 있다. 천지연 기정길에서 3km 정도 걸어가면 6코스의 종점이자 7코스의 시작점인 외돌개를 만난다. 외돌개는 삼매봉 아래 바다에 우뚝 솟은 바위 기둥이다. 150만 년 전 화산 폭발에 의해 만들어진 것으로 바다에 외롭게 서 있는 기둥이라 하여 '외돌개'라 이름 붙여졌다.

> **TIP** 제주 올레 홈페이지(www.jejuolle.org)에서 올레길에 대한 더 자세한 정보를 확인할 수 있다. (064-762-2190).

주소 쇠소깍 제주도 서귀포시 남원읍 하례리 123
제주올레사무국 제주도 서귀포시 동홍동 234-2
외돌개 제주도 서귀포시 서홍동 791

자연을 온몸으로 느끼며 느릿느릿 걸어보자.

산방산 · 용머리해안

제주 북쪽의 용두암이 고개를 들고 하늘을 바라보고 있는 모양이라면, 제주 남쪽의 용머리해안은 용이 바다로 들어가는 형상이다. 용머리해안은 해식절벽으로 한국의 그랜드캐니언이라 불러도 손색이 없을 만큼 층층이 색을 달리하는 바위이다. 제주에서 보기 드문 사암층으로 30~50m에 이르는 바위가 높은 절벽을 이루며 물결치듯 둘러쳐 있다.

용머리해안에서 바라보는 산방산은 기세 좋게 하늘로 치솟은 모습이다. 산방산에 올라 내려다보면 용머리해안의 바위는 영락없는 용의 모습을 하고 있지만 머리와 등 부분 곳곳이 떨어져 있는 듯 보인다. 전설에 따르면 중국 진시황이 이곳에서 왕이 날 것이란 이야기를 듣고는 사람을 보내서 칼로 곳곳을 갈라놓았다고 하는데 그때 칼 맞은 바위에서 피가 흐르고 비명소리가 울려 퍼졌다고 한다.

TIP 용머리해안은 바다를 바로 접하고 있는 길이라 물때를 맞춰 찾아가야 관람할 수 있으며, 바람이 많이 불거나 파도가 거친 날은 입장이 제한되니 미리 확인하고 방문해야 한다.

주소 제주도 서귀포시 안덕면 사계리 산16
전화 064-794-2940
운영 08:00~18:00
요금 성인 2,000원, 어린이 1,000원

층층이 색을 달리하는 용머리해안.

애월한담 해안 산책로

작은 올레길이라고도 불리는 애월한담 해안 산책로는 곽지해변까지 이어지는 약 1.2km의 산책길이다. 이 해안 산책로의 바로 위로 올레 16코스가 있지만 이 길은 올레 코스에 속해 있지 않다. 비록 짧은 길이지만 지역 주민들과 여행 고수들만 찾는 명소이다. 구불구불하게 이어진 산책로는 바다와 인접해 있다. 연옥빛 바다를 여유롭게 감상하며 가볍게 걸을 수 있는 산책로는 '제주의 숨은 비경 31' 중 하나로 꼽히기도 한다. 울퉁불퉁한 현무암 지대에 연옥빛 파도가 출렁이는 해안은 일몰 시 석양이 아름답기로 유명하다.

주소　제주도 제주시 애월읍 곽지리

여행정보
Travel info

 무얼 먹을까?

오조 해녀의집　전복죽
제주도 서귀포시 성산읍 도조리, 064-784-7789

춘자 멸치국수　멸치국수
제주도 서귀포시 표선면 표선리 면사무소 사거리 신협골목, 064-787-3124

가시식당　몸국, 두루치기
제주도 서귀포시 표선면 가시리 1898, 064-787-1035

섬사랑식당　검멀레정식(옥돔+고등어+갈치+뿔소라뚝배기)
제주도 제주시 우도면, 우도 검멀레 해수욕장 앞, 064-784-8382

옥돔식당　보말국
제주도 서귀포시 대정읍 하모리 1067-23, 064-794-8833

만선식당　고등어회
제주도 서귀포시 대정읍 하모리 770-50, 064-794-6300

산방식당　밀면
제주도 서귀포시 대정읍 하모리 864-3, 064-794-2165

용이식당　제주도식 두루치기
제주도 서귀포시 천지동 298-8, 064-732-7892

올레길 식당　보말칼국수, 소라전
제주도 서귀포시 대정읍 가파리, 가파도 내, 064-792-7575

 **어디서 묵을까?**

외돌개나라
제주도 서귀포시 서홍동 744-13, 080-732-1188

대명리조트
제주도 제주시 조천읍 신북로 577, 1588-4888

풍차와 바다
제주도 제주시 한림읍 월령리 317, 064-796-9966

올레풍차 펜션/게스트하우스
제주도 서귀포시 안덕면 창천리 890-4,
펜션 064-738-6310, 게스트하우스 064-738-6313

율 게스트하우스
제주도 서귀포시 법환동 168, 010-9716-3416

서귀포 통나무집
제주도 서귀포시 보목동 425, 064-732-6747

봄날 게스트하우스
제주도 제주시 애월읍 애월리 2540, 064-799-4999

산방산 게스트하우스
제주도 서귀포시 안덕면 사계리 2019-1, 064-792-2533

 축제도 함께 즐겨요!

3월　제주 들불축제, 제주 왕벚꽃축제
4월　우도 소라축제, 한라산 고사리투어 테마축제, 유채꽃큰잔치
5월　오설록 햇차페스티벌, 가파도 청보리축제, 가시리 조랑말체험축제
7월　쇠소깍 검은모래축제
10월　서귀포 칠십리축제
11월　최남단 방어축제
12월 31일　성산일출축제

저자가 꼽은 테마별 BEST 여행지

마음에 위안을 주는 여행지 BEST8

팍팍한 현실 속에서 도망치고 싶은 순간. 일단 가방을 챙겨보자.
그저 머무르기만 해도 마음이 풀어지는 여행도 있다.

강원 동해 망상해수욕장
p.034

경북 영덕 풍력발전단지
p.172

전남 해남 땅끝마을
p.391

경북 영주 부석사
p.159

전북 부안 채석강
p.344

울릉도
p.211

경남 남해 금산 보리암
p.292

경북 영주 무섬마을
p.157

저자가 꼽은 테마별 BEST 여행지

숨겨두고 싶은 보물같은 여행지 BEST8

깨알 같은 아기자기함이 있는 소도시와 이국적인 분위기가 가득한 여행.
멀리 가지 않아도, 비행기를 타지 않아도 우리나라에서 찾을 수 있다.

강원 강릉 묵호항, 논골담길
p.033

강원 속초 아바이마을
p.020

경기 가평 쁘띠프랑스
p.079

전북 전주 한옥마을
p.321

경남 남해 가천 다랭이마을
p.294

부산 감천 문화마을
p.267

경남 통영 동피랑마을
p.280

경북 경주 양동 민속마을
p.240

> 저자가 꼽은 테마별 BEST 여행지

일상에 활력을 주는 비타민 여행지 BEST8

무기력한 일상에서 탈출해 건강도 찾고 활력도 찾자.
내딛는 걸음마다 마음을 내려놓자.
느리게 걷는 여행이 때로는 삶을 지속하게 해주는 에너지가 된다.

강원 태백 검룡소
p.054

경남 합천 해인사 소리길
p.248

충남 태안 태안 노을길
p.134

전남 구례 노고단
p.303

경북 문경 문경새재 도립공원
p.191

제주 올레길(걷기 코스)
p.434

경북 봉화 서벽리 금강소나무숲
p.199

충남 아산 영인산 자연휴양림
p.143

저자가 꼽은 테마별 BEST 여행지

힐링이 필요한 당신을 위한 여행지 BEST 8

언제나 분주함에 떠밀리는 삶은 일단 정지!
모든 걸 내려놓고 잠깐 쉬어가자.
천천히 가야 멀리 갈 수 있다.

경기 인천 덕적도
p.109

강원 횡성 숲체원
p.098

충남 서산 개심사
p.131

전남 담양 소쇄원
p.364

전북 완주 화암사
p.317

경남 통영 소매물도
p.279

경북 울진 덕구온천
p.176

전남 보성 보성차밭
p.363

저자가 꼽은 테마별 BEST 여행지

함께 즐기는 추억을 주는 여행지 BEST8

같은 장소를 여행하더라도 누구와 함께하는가에 따라 다르다.
함께해야 더 좋은 곳이 있다. 즐거움의 크기만큼 추억도 오래 남는다.

경기 강화 아르미애월드
p.124

강원 정선 5일장
p.070

강원 삼척 해양레일바이크
p.057

전북 군산 선유도
p.336

전북 전주 막걸리골목
p.323

전남 순천 순천만 자연생태공원
p.407

제주 쇠소깍
p.422

경북 영덕 해맞이캠핑장
p.172

저자가 꼽은 테마별 BEST 여행지

맛을 찾아 떠나는 식도락 여행 코스 BEST8

여행의 또 다른 즐거움 먹을거리. 온전히 먹기 위해서만 찾아도 좋은 곳들이 있다.
눈도 즐겁고 입도 즐거운 여행지로 떠나보자.

속초 · 양양
p.015

정선 · 평창
p.061

문경 · 예천 · 안동
p.181

울릉도
p.211

부산
p.257

전주 · 완주
p.313

부안 · 고창
p.339

제주
p.415

• 찾아보기 •

ㄱ

가계해변 370, 371, 376
가천 다랭이마을 284, 285, 294, 443
간월암 128, 129, 132
감귤박물관 416, 417, 423
감은사지 226, 227, 239,
감천 문화마을 258, 259, 267
갓바위 370, 371, 373
강릉 바다열차 30, 31, 33
강축해안도로 168, 169, 171
강화 5일장 116, 117, 119
거제도 포로수용소유적공원 272, 273, 276
검룡소 46, 47, 54, 444
격포항 340, 341, 346
경암동(항동) 철길마을 328, 329, 335
경주 동궁과 월지 226, 227, 230
경주 포석정지 226, 227, 234
계서당(이몽룡 생가) 196, 197, 200
고산 윤선도 유적지 386, 387, 396
고인돌박물관 340, 341, 352
고창읍성 340, 341, 351
곰소염전 340, 341, 350
공세리성당 140, 141, 143
광성보 116, 117, 119
괴시리 전통마을 168, 169, 174
교동 고분군 244, 245, 252
구인사 154, 155, 160
국립남도국악원 370, 371, 380
국립경주박물관 226, 227, 236
금강 하구둑(철새도래지) 328, 329, 334
금산 보리암 284, 285, 292, 441
김정희 선생(추사) 고택 140, 141, 146
꽃지해안공원 128, 129, 135

ㄴ

나리분지 212, 213, 218
낙산사 16, 17, 22
낙안읍성 민속마을 400, 401, 409
남애항 16, 17, 26
남이섬 76, 77, 80
내소사 340, 341, 348
노고단 300, 301, 303, 444
논골담길 30, 31, 33, 442
누에섬 102, 103, 108

ㄷ

다솔사 284, 285, 287
달기약수 196, 197, 206
달맞이동산(문텐로드) 258, 259, 262
달아공원 272, 273, 276
닭실 한과마을 196, 197, 202
담양온천 358, 359, 365
대둔산 314, 315, 317
대릉원과 천마총 226, 227, 229
대소산 봉수대 168, 169, 171
대아수목원 314, 315, 318
대흥사 386, 387, 389
덕구온천 168, 169, 176

덕산온천 관광단지 140, 141, 150
덕적도 102, 103, 109, 446
도담삼봉 154, 155, 162
도동항 212, 213, 215
독도박물관 212, 213, 220
독도전망대 212, 213, 220
독일마을 284, 285, 290
돌산대교와 돌산공원 400, 401, 404
동명항 16, 17, 19
동백섬(누리마루) 258, 259, 261
동피랑마을과 중앙시장 272, 273, 280, 443
두륜산 케이블카 386, 387, 390
두모악(김영갑 갤러리) 416, 417, 421
두물머리 88, 89, 91
등명낙가사 30, 31, 37
땅끝해양자연사박물관 386, 387, 394

ㅁ

마량리 동백나무숲(동백정) 328, 329, 331
마애여래삼존상 128, 129, 131
막걸리골목 314, 315, 323
만성리 검은모래해변 400, 401, 403
망상오토캠핑리조트 30, 31, 34
망상해수욕장 30, 31, 34, 440
맹방해수욕장 46, 47, 56
맹씨행단 140, 141, 145
무섬마을 154, 155, 157, 441
묵호항 30, 31, 33, 442
문경새재 도립공원 182, 183, 191, 445
문무대왕릉 226, 227, 238
미술관 자작나무숲 88, 96
미조항 284, 285, 291
미황사 386, 387, 394
바람의 언덕 272, 273, 275

ㅂ

벌교 358, 359, 361

보길도 386, 387, 392
보성차밭 358, 359, 363, 447
보수동 책방골목 258, 259, 263
봉래폭포 212, 213, 220
부석사 154, 155, 159, 440
부안 영상테마파크 340, 341, 347
분황사와 황룡사지 226, 227, 229
불국사 226, 227, 233
불영계곡 168, 169, 178
불영사 168, 169, 178
비프광장 258, 259, 264
쁘띠프랑스 76, 77, 79
산방산 430, 431, 436

ㅅ

삼성궁 300, 301, 309
삼수령 46, 47, 53
삼천포 유람선 284, 285, 288
상왕산 개심사 128, 129, 131
상주 은모래비치 284, 285, 292
서벽리 금강소나무숲 196, 197, 199, 445
석굴암 226, 227, 232
석모도 116, 117, 122
선비촌 154, 155, 158
선운사 340, 341, 353
선유도 328, 329, 336, 448
세미원 88, 91
세방낙조 370, 371, 381
소금강(몰운대) 62, 63, 65
소래습지생태공원 102, 103, 105
소래포구 103, 104, 105
소매물도 272, 273, 279, 447
소쇄원 358, 359, 364, 446
소수서원 154, 155, 157
소양예술농원 76, 77, 82
송광사(여수·순천) 400, 401, 410
송광사(완주·전주) 314, 315, 320
송소고택 196, 197, 204

쇠소깍 416, 417, 422, 431, 434
수덕사 140, 141, 149
수성당 340, 341, 344
순천만 자연생태공원 400, 401, 407
숲체원 89, 98, 446
신성리 갈대밭 328, 329, 332
신재생에너지관 168, 169, 172
쌍계사(구례·하동) 300, 301, 305
쌍계사(목포·진도) 370, 371, 378

ㅇ

아라리촌 62, 63, 66
아르미애월드 116, 117, 124, 448
아바이마을 16, 17, 20, 442
아우라지 62, 63, 69
아침고요수목원 76, 77, 79
안동 하회마을 182, 183, 185
안면도 꽃지해변 128, 129, 135
안면도 자연휴양림 128, 129, 136
안목해변 30, 31, 42
애니메이션박물관 76, 77, 81
애월한담 해안 산책로 430, 431, 438
양동 민속마을 226, 227, 240, 443
양떼목장 62, 63, 70
에디슨과학박물관 30, 31, 40
영금정 16, 17, 19
영인산 자연휴양림 140, 141, 143
예당호 국민관광지 140, 141, 148
예림원 212, 213, 218
예천 곤충생태체험관 183, 188
옛길박물관 182, 183, 190
오동도 400, 401, 404
오름 226, 227, 234
오목대 314, 315, 323
오산리 선사유적박물관 16, 17, 23
오설록티뮤지엄 416, 417, 427
오스갤러리 314, 315, 318
온달관광지 154, 155, 160

올레길 6코스 430, 431, 434, 445
외암리 민속마을 140, 141, 146
용눈이오름 416, 417, 420
용두암 416, 417, 428
용머리해안 430, 431, 436
용문사(문경·예천·안동) 182, 183, 188
용문사(양평·횡성) 88, 94
용연동굴 46, 47, 50
우도 416, 417, 419, 430, 431
우도 올레길 430, 433
우수영관광지(울돌목)과 진도대교 374
우포늪 244, 245, 253
운림산방 370, 371, 377
월정사 62, 63, 72
유달산 370, 371, 373
율포관광지(해수녹차탕) 358, 359, 362
이중섭문화거리 416, 417, 426
임해자연휴양림 30, 31, 38

ㅈ

자갈치시장 258, 259, 266
자연사박물관 370, 371, 374
장화리 116, 121
적벽강 340, 341, 343
전등사 116, 117, 120
전주 한옥마을 314, 315, 321
전주 한지박물관 314, 315, 324
정방폭포 416, 417, 424, 431
정선 5일장 62, 63, 70, 448
정선 레일바이크 62, 63, 68
주왕산국립공원 196, 197, 206
죽녹원 358, 359, 366
죽변등대 168, 169, 176
죽변항 168, 169, 176
죽서루 46, 47, 55
중앙시장(속초 관광수산시장) 16, 17, 20
중앙시장(통영·거제) 272, 273, 280

ㅊ

차문화센터 300, 301, 306
차유마을 168, 169, 174
참소리축음기박물관 30, 31, 40
창녕박물관 244, 245, 252
창녕시장 244, 245, 251
창선 삼천포대교 284, 285, 289
채석강 340, 341, 344, 441
천지연폭포 416, 417, 425, 431
첨성대와 계림 226, 227, 230
청량사 196, 197, 204
청량산 196, 197, 204
청송 얼음골 196, 197, 208
청평사 76, 77, 84
초당순두부마을 30, 31, 40
최참판댁 300, 301, 306
추전역 46, 47, 50
축서사 196, 197, 202
춘천막국수체험박물관 76, 77, 82
충무공 벽파진 전첩비(벽파항) 370, 371, 382

ㅌ

탄도항 102, 103, 108
태백 석탄박물관 46, 47, 49
태안 노을길 128, 129, 134, 444
태종대 258, 259, 265
태하(황토굴) 212, 213, 216
테디베어박물관 226, 227, 236
테디베어팜 16, 17, 19
통구미 212, 213, 215
통일공원 30, 31, 38

ㅍ

평사리 공원 300, 301, 308
평사리(악양) 들판 300, 301, 308
풍력발전단지 168, 169, 172, 440
풍수원성당 88, 89, 95

ㅎ

하내테마파크 102, 103, 106
하섬 340, 341, 343
하섬 전망대 340, 341, 343
하슬라아트월드 30, 31, 36
하조대 16, 17, 24
한려수도 조망 케이블카 272, 273, 278
한산모시관 328, 329, 331
합천 영상테마파크 244, 245, 250
항공우주박물관 284, 285, 287
해금강 테마박물관 272, 273, 275
해남 땅끝마을 386, 387, 391, 440
해맞이캠핑장 168, 169, 172, 449
해미읍성 128, 129, 132
해신당공원 46, 47, 58
해양레일바이크 46, 47, 57, 448
해운대해수욕장 258, 259, 261
해인사 244, 245, 247
해인사 소리길 244, 245, 248
행남 산책로 212, 213, 222
향일암 400, 401, 406
허균.허난설헌생가 30, 31, 40
헌화로 30, 31, 35
현충사 140, 141, 144
홍류동계곡 244, 245, 248
화개장터 300, 301, 304
화성 공룡알 화석지 103, 104, 106
화암동굴 62, 63, 66
화암사 314, 315, 317, 447
화암약수 62, 63, 65
화엄사 300, 301, 303
황지연못 46, 47, 53
회룡포마을 182, 183, 186
횡성 한우마을 89, 96
휴휴암 16, 17, 24

주말에 어디가?

초판 1쇄 2013년 9월 27일
초판 3쇄 2015년 6월 17일

지은이　　|　이주영

발행인　　|　노재현
편집장　　|　이정아
책임편집　|　박근혜
디자인　　|　권오경 김덕오
마케팅　　|　김동현 김용호 이진규
제작　　　|　김훈일

교정·교열　|　전경서
일러스트　|　최은선
출력　　　|　성전기획
인쇄　　　|　성전기획

발행처　　|　중앙북스㈜
등록　　　|　2007년 2월 13일 제2-4561호
주소　　　|　(135-010)서울시 강남구 도산대로 156 jcontentree 빌딩
구입 문의　|　1588-0950
내용 문의　|　(02)3015-4524
팩스　　　|　(02)512-7590
홈페이지　|　www.joongangbooks.co.kr

ⓒ이주영, 2013

ISBN 978-89-278-0482-6 13980

- 이 책은 저작권법에 따라 보호받은 저작물이므로 무단 전재와 무단 복제를 금지하며,
  이 책의 내용의 전부 또는 일부를 이용하려면 반드시 저작권자와 중앙북스㈜의 서면 동의를 받아야 합니다.
- 잘못된 책은 구입처에서 바꾸어 드립니다.
- 책 값은 뒤표지에 있습니다.